铁路桥梁
施工质量的过程控制

郭 锐 著

东北林业大学出版社

Northeast Forestry University Press

·哈尔滨·

图书在版编目（CIP）数据

铁路桥梁施工质量的过程控制／郭锐著. —哈尔滨：
东北林业大学出版社，2023.3
　ISBN 978 - 7 - 5674 - 3085 - 3

Ⅰ．①铁…　Ⅱ．①郭…　Ⅲ．①铁路桥-桥梁工程-
工程质量-质量控制　Ⅳ．①U448.135.1

中国国家版本馆 CIP 数据核字（2023）第 046461 号

责任编辑：于之承
封面设计：文　亮
出版发行：东北林业大学出版社
　　　　　　（哈尔滨市香坊区哈平六道街 6 号　邮编：150040）
印　　装：河北创联印刷有限公司
开　　本：787 mm×1092 mm　1/16
印　　张：16
字　　数：230 千字
版　　次：2023 年 3 月第 1 版
印　　次：2023 年 3 月第 1 次印刷
书　　号：ISBN 978 - 7 - 5674 - 3085 - 3
定　　价：68.00 元

前　言

建筑施工项目的质量不仅关系到工程适用性，而且与企业的生存息息相关，所以把质量管理放在施工管理的核心地位是当务之急。特别是客运专线铁路对高平顺性、高舒适度、高可靠性的要求越来越高，因此，研究如何加强工程项目质量管理有着重要的现实意义。

虽然现代工程项目管理在我国经过二十多年的发展，管理水平得到了较大的提高，但与国外大型建筑企业的管理水平相比仍存在较大的差距。因此建筑企业要在激烈的竞争中处于优势地位，获得最大的经济效益，就必须提高项目的综合管理水平，树立品牌意识。而要树立企业的品牌，提高企业的信誉，就必须努力提高工程项目的质量。

近年来，随着建筑企业深化改革和"一法两条例"的颁布实施，施工企业都采取了项目法施工，这对推进建设工程质量提供了一个有效便捷的途径，特别是项目经营责任制和质量责任终身制的实行和完善，可以说是对工程质量起到了保证作用，建设工程质量有了明显的提高改善，桥梁的施工质量和施工技术也有了很大突破。但是从多个工程项目的实践来看，因受外部环境、施工难度、利益目标的驱使以及项目自身管理水平等因素的影响，桥梁工程质量事故屡屡发生，多次发生桥梁塌垮、基础下沉事故，造成了巨大的经济损失和不良的社会影响。因此，如何提高施工项目的质量管理水平成为目前施工项目管理的关键所在。

郭　锐

2023 年 3 月 10 日

目　录

第一章 铁路桥梁项目施工质量管理

第一节 铁路桥梁施工质量概述

随着社会生产力的发展，科学技术和社会文明的进步，质量的含义也不断丰富和扩展，从开始的实物产品质量发展为产品或服务满足规定和潜在需要的特征和特性之总和，再发展到今天的实体，即可以单独描述和研究的事物的质量。来源于传统手工业的质量检验管理引入了数理统计方法和其他工具之后，就进入了"统计质量管理"阶段；后来质量管理与系统工程结合又迈进了"现代质量管理"阶段；进而逐步完善并从管理科学体系中脱颖而出，派生成"质量管理工程"。

从开始出现质量管理一直到 19 世纪末资本主义的工厂逐步取代分散经营的家庭手工业作坊为止，受小生产经营方式或手工业作坊式生产经营方式的影响，产品质量主要依靠工人的实际操作经验，靠手摸、眼看等感官估计和简单的度量衡器测量而定。工人既是操作者又是质量检验者、质量管理者，且经验就是"标准"。质量标准的实施是靠"师傅带徒弟"的方式口授手教进行的，因此，有人又称之为"操作者的质量管理"。

资产阶级工业革命之后，机器工业批量生产取代了手工作坊式生产，于是产生了企业管理和质量检验管理，即通过严格检验来控制和保证出厂或转入下道工序的产品质量。检验工作是这一阶段执行质量职能的主要内容。然而，执行这一职能者，随着时间的推移也在不断发生着变化。

这种检验既是从产成品中挑出废品，保证出厂产品质量，又是一道重要的生产工序。检验反馈质量信息，从而预防今后出现同类废品。

但是这种检验也有其弱点。其一，出现质量问题各方容易扯皮、推诿，缺乏系统优化的观念；其二，它属于"事后检验"，无法在生产过程中完全起到预防、控制的作用，一经发现废品，就是"既成事实"，一般很难补救；其三，它要求对成品进行百分之百的检验，这样做有时在经济上并不合理（它增加检验费用，延误出厂交货期限），有时从技术上考虑也不可能（例如导致破坏性检验），在生产规模扩大和大批量生产的情况下，这个弱点尤为突出。后来，其又改为百分比抽样方法，以减少检验损失费用。但这种抽样方法片面认为样本和总体是成比例的，因此，抽取的样本数总是和检查批量数保持一个规定的比值，如百分之几或千分之几。但这实际上存在着大批严、小批宽，以致产品批量增大后，抽样检验越来越严格的情况，使相同质量的产品因批量大小不同而受到不同的处理。

利用数理统计原理预防产出废品并检验产品质量的方法，将责任由专职检验人员转移给专业的质量控制工程师承担。这标志着将事后检验的观念改变为预测质量事故的发生并事先加以预防的观念。

但这种过分强调质量控制的统计方法，忽视其组织管理工作，使得人们误认为"质量管理就是统计方法"，数理统计方法理论比较深奥，是"质量管理专家的事情"，因而对质量管理产生了一种"高不可攀、望而生畏"的感觉。这在一定程度上限制了质量管理统计方法的普及推广。

全面质量管理是指企业全体员工及有关部门同心协力，把专业技术、经营管理、数理统计和思想教育结合起来，建立起产品的研究、设计、生产（作业）、服务等全过程的质量体系，从而有效地利用人力、物力、财力、信息等资源，提供出符合规定要求和用户期望的产品或服务。全面质量管理的基本核心是提高人的素质，调动人的积极性，使人人做好本职工作，通过抓好工作质量来保证和提高产品质量或服务质量。

全面质量管理的特点是把过去的以事后检验和把关为主转变为以预防和改进为主；把过去的就事论事、分散管理转变为以系统的观点进行全面的综合治理；从管结果转变为管因素，把影响质量的诸因素查出来，抓住主要方面，发动全企业各部门人员参加全过程的质量管理，依靠科学的管理理论、程序和方法，使生产（作业）的全过程都处于受控状态，以达到保证和提高产品质量或服务质量的目的。目前建筑施工项目基本上都采取全面质量管理的方法。

1918 年前后，美国出现了以泰勒为代表的"科学管理运动"，强调工长在保证质量方面的作用，于是质量管理的责任就由操作者转移给工长。有人称它为"工长的质量管理"。

1940 年以后，由于企业的规模扩大，质量管理这一职能又由工长转移给专职的检验人员，大多数企业都设置专职的检验部门，其直属厂长领导，负责全厂各生产单位和产品检验工作。有人称它为"检验员的质量管理"。

20 世纪 40 年代后期，人类在科学技术上获得了巨大的突破，生产力水平得到了空前的发展和提高，市场竞争加剧，消费者意识开始崛起，消费者权益运动日益高涨，人们对产品和服务的质量要求越来越高。人们逐渐开始意识到，光靠统计质量控制，不足以实现对质量的有效控制。质量的实现，还受到许多其他因素的影响，如员工的参与度和积极性、生产过程的合理性，等等。在这样背景下，全面质量管理开始兴起。

1951 年，朱兰博士将当时关于质量管理的一些重要思想和论文汇编成《质量控制手册》，后来这本书风靡全球。

同一时期，美国的贝尔实验室开展了全面质量保证计划（Overall quality assurance plan）活动，宣传和强调从建立质量标准到产品最终处理的各种活动的重要性。

1956 年，美国通用电气公司的 A.V. 费根堡姆在《哈佛商业评论》上发表了论文 Total Quality Control，首次提出了 TQC 全面质量管理的概念。

1961 年，费根堡姆出版了书籍《Total Quality Control》。他认为"全面质量管理是为了能够在最经济的水平和考虑到充分满足顾客要求的条件下进行市场研究、设计、生产和服务，将企业内部各部门研究质量、维持质量和提高质量的活动整合为一体的有效体系"。质量管理由制造过程中的统计质量控制发展到了为满足顾客要求所必须关注的各方面的控制和管理。

20世纪60年代以后，费根堡姆的全面质量管理概念逐步被世界各国所接受，各国对它的运用各有所长。其在日本被称为全公司的质量控制（CWQC）或一贯质量管理（新日本制铁公司），在加拿大总结制定为四级质量大纲标准（即CSAZ299），在英国总结制定为三级质量保证体系标准（即BS5750）等。1987年，国际标准化组织（ISO）又在总结各国全面质量管理经验的基础上，制定了ISO9000《质量管理和质量保证》系列标准。

我国工业产品质量检验管理一直沿用百分比抽样方法，直到20世纪80年代初我国计数抽样检查标准制订贯彻后，才逐步跨入统计质量管理阶段。自1987年推行全面质量管理以来，其在实践和理论上都发展较快。全面质量管理正从工业企业逐步推行到交通运输、邮电、商业企业和乡镇企业，甚至有些金融、卫生等方面的企事业单位也已积极推行全面质量管理。质量管理的一些概念和方法先后被制定为国家标准；1992年我国等同采用了ISO9000《质量管理和质量保证》系列标准，广大企业在认真总结全面质量管理经验与教训的基础上，通过宣传贯彻GB/T19000系列标准，进一步全面深入地推行这种现代国际通用质量管理方法。

回顾质量管理的发展历史，我们可以清楚地看到：人们在解决质量问题中所运用的方法、手段是在不断发展和完善的；而这一过程又是同社会科学技术的进步和生产力水平的不断提高密切相关的。我们同样可以预料，随着新技术革命的兴起，面对由此而提出的挑战，人们解决质量问题的方法、手段必然会更为完善、丰富，质量管理的发展已进入一个新的阶段——现代质量管理阶段。

在推行质量管理过程中，政府必须鼓励"百花齐放"，不可能也没有必要在全国仅推行一种质量管理模式。相反，政府要倡导适合各种行业、各企事业单位特点的先进、实用、有效的质量管理方法。这样才能真正形成具有中国特色的质量管理方法体系，并为世界质量管理科学的发展做出贡献。

对工程构造物及施工的半成品，我们统称为工程产品。工程产品的规格和功能千差万别，所以具体的产品都有具体的质量标准。

产品质量包括狭义和广义两个方面。本书所说的质量为狭义的质量，即工程（产品）的质量；另外，广义的质量还包括工作质量。就一般工程施工项目质量特性而言，其可以包括以下 5 个方面：

（1）适用性，即工程适合使用的功能；

（2）寿命，指工程或产品的使用期限；

（3）可靠性，指工程或产品在使用时具有一定耐用程度；

（4）安全性，指工程或产品在使用期限内对人身及环境无危害；

（5）经济性，指效率高、成本低、养护费用少。

一项建设工程质量的优劣，取决于承担该项工程的设计、施工单位的技术水平和管理素质的高低。就施工单位而言，施工的最终产品就是"工程"，也就是说一项工程由开始施工到竣工、交付使用的全部施工过程中，需要投入大量的人工、机械、材料，通过管理、组织施工，将"蓝图"变为实实在在的"工程"。因此，原材料质量是否符合标准，操作人员是否认真遵守施工规范、操作规程，工程质量是否按照验收评定标准核验，各项管理工作是否按管理标准运行；各个岗位的职能人员是否按照工作标准进行考核，等等，都直接关系着工程质量的优劣。全面质量管理中的"全面"就是指施工中的每一道工序、每一个环节都有严格的控制管理。

那么，对于铁路施工项目而言，除了具有一般施工项目的质量管理特点外，还有其自身的特点。尤其是高速铁路客运专线项目，具有速度快，对线路轨道平顺性及线下基础设施要求高的特点。那么对桥梁而言，高速列车对桥梁结构的动力作用很大，较大挠度会直接影响桥上轨道的平顺性，造成结构物承受较大的冲击，影响旅客的舒适度，甚至影响到列车安全。因此，客运专线常用跨度的桥梁设计、施工与普通铁路有很大的不同，具体体现在桥梁类型的选择、设计计算的关键因素、结构构造要求、桥面构造布置、施工方法的选择、工艺标准的制订与系统的协调等。目前客运专线桥梁的设计、施工是以普通铁路建设长期积累的经验和秦沈客运专线经验总结为基础，部分借鉴国外高速铁路建设成果，逐步修改完善的。因此，铁路桥梁项目施工的质量要求更高、更严格，需要更全面的质量管理体系。本节就是针对这一问题展开研究的。

第二节　铁路桥梁项目施工质量管理计划

一、铁路桥梁项目质量管理计划的内容及作用

（一）铁路桥梁项目质量管理计划的内容

铁路工程项目质量管理计划是人们实施铁路工程项目质量管理，实现工程项目质量目标的事前规划。它是铁路工程项目施工组织设计的重要组成部分，也是施工企业质量方针和质量目标的分解和具体体现。对于铁路工程项目而言，桥梁工程工序繁多，工艺复杂，因此其质量管理计划包含的内容也相对较多，其主要包括以下几个方面：

（1）桥梁工程的特点及施工条件分析（合同条件、法规条件和现场气候、水文、地质等条件）；

（2）履行施工承包合同所必须达到的工程质量总目标及各工序的分解质量目标；

（3）项目质量管理组织机构、劳动力、机械设备等的资源配置计划；

（4）为确保工程质量所采取的主要施工工艺、施工方案及施工程序；

（5）材料设备质量管理及控制措施；

（6）工程检测项目计划及方法；

（7）各工序施工质量控制点的设置。

（二）质量管理计划的作用

1. 为铁路桥梁工程施工质量管理活动的分工提供依据

桥梁工程质量管理计划，按照桥梁工程的特点和各工序的要求，设置项目的组织机构和管理岗位，提出各部门的质量责任，明确质量指标要求。各部门分工明确，责任到人，管理人员对整个质量管理工作一目了然，防止在桥梁施工质量管理过程中发生推诿扯皮现象。

2. 为质量管理活动的资源筹措提供依据

相关工作人员编制铁路桥梁工程质量管理计划时，对桥梁工程的概况、工人数量、工程的重难点、各部位采取的主要施工工艺和施工方法、工期进度要求以及质量控制点等都进行了概述，人们针对此概述可以编制详细的劳动力需求计划、进场机械设备计划以及原材料、半成品、构配件和周转材料需求计划等，从而为各种资源何时进场、进场数量及其质量等提供依据，便于合理统筹安排和提高资金的利用效率，从而为工期提供保证。

3. 为质量管理活动的过程检查与控制提供依据

桥梁工程质量管理计划确定了桥梁施工过程中各实施阶段的质量目标，针对桥梁工程的特点和实际的实施能力，提出质量控制点和特殊控制要求、措施、方法以及相关评价标准，对设计、工艺和项目质量评审要有明确规定，从而为项目实施过程中质量检查和控制的方法、手段以及要达到的效果目标提供依据。

二、铁路桥梁项目施工质量管理计划的编制步骤

（一）收集资料，制定质量管理目标

在铁路桥梁工程项目质量计划编制过程中，相关负责人首先要组织进行现场踏勘，认真了解工程概况，收集有关资料；对铁路桥梁工程施工合同、设计图纸、桥梁水文地质资料、当地气象资料、桥涵设计、施工技术规范、劳动定额、验收标准、暂行技术条件以及同类工程质量管理经验资料等进行分析，从而为项目质量管理计划的编制提供真实的素材，以便制定切实可行的质量管理目标。

相关工作人员在制定质量目标时，一是注意质量目标的可测量性，要避免简单地将企业目标直接完整地转为项目目标，不要出现"认真""保证"等含糊不清的用词；有些目标不一定量化，但一定要可测量；二是保证质量目标可以实现并具有挑战性，既要避免制定高不可攀的目标，又要防止将已经实现的目标或轻易能达到的目标定为新目标；三是要将项目的总体质量目标与不同施工阶段的质量目标相结合，定期监视与测量，并在管理评审时加以评价以确定其是否适宜，有无修改完善的需要；四是在阶段目标实现后要重新制定并提出更高的目标，如果目标没有实现应分析原因并制定纠正措施，以不断提升体系运行的有效性，做好持续改进。

（二）质量管理目标分解

1.质量管理目标分解的目的

工程项目质量管理总体目标的实现是建立在各工序质量目标实现的基础之上的，现在铁路客运专线设计主要以桥梁为主，而且桥梁的设计长度都越来越长，对桥梁的高平顺性和工后沉降提出了更高的要求，施工的工序越来越多，技术工艺更加复杂。因此各工序、各部位的质量管理目标也不相同，相关工作人员很有必要按单位工程、分部工程和分项工程，根据工程进度，分阶段编制工程项目的质量目标，这样才可确保质量总目标的顺利实现。

2.质量管理目标的分解方法

质量管理目标的分解通常有以下三种方法。

一是依据质量目标的实现过程分解。就铁路桥梁项目施工总体质量目标的实现过程而言，铁路桥梁工程中有许多分部和分项工程，而每一个分部和分项工程又可细分为多道工序或检验批，因此在按质量目标的实现过程进行分解时，工作人员需要仔细地分析总体质量目标涉及哪些过程、各过程需要实现哪些目标等，只有各过程的所有目标都实现以后，总体质量目标才能实现。此种方法是铁路桥梁施工中比较普遍采用的方法。

二是自上而下与自下而上或两种方法相结合进行分解。这种方法通常适用大型企业或企业集团及产品或服务较为复杂、管理层次多的组织。这种组织往往成立一套体系工作小组，经过分析讨论，制定各个部门以及各级管理层的质量目标。这种方法的优点是效率较高，制定的目标相对比较全面；缺点是各个目标之间的接口衔接有难度，不一定都适用。

三是按职能分解法分解。这种方法在操作上比较方便。首先，执行ISO9000标准的组织都规定了组织内不同岗位人员的质量职责，这种职责可覆盖标准的全部条款要求。按职能分解目标的方法能确保质量管理体系有效运行，并覆盖组织所有相关的职能和层次。质量目标分解到各个部门后，每个部门应就每个工作岗位制定对应的质量目标。

（三）编制并下达执行质量管理计划

桥梁工程项目施工质量计划编制完毕后，应经企业总工程师审核批准，并按施工承包合同的约定提交工程监理或建设单位批准确认。

在铁路桥梁工程项目质量计划的执行过程中，相关负责人要特别注意质量分目标的执行情况，其中主要包括钻孔桩基础质量目标、承台的质量目标、墩台身质量目标、连续梁质量目标、预制梁质量目标以及轨道工程的质量目标等。分目标具有很强的针对性及严肃性，只有各个分目标完成了，才能确保总目标的实现，因此分目标必须严格执行。另外，在桥梁工程项目质量计划实施的过程中，随着工程的进展，各种条件和矛盾都在不断地转化，当主要矛盾解决以后，原来的次要矛盾就可能上升为主要矛盾，制定的质量计划可能与现场的实际情况出现偏差。相关工作人员的管理水平参差不齐，对计划的理解和执行也存在不同程度的偏差，其必须经常对工程项目质量计划的执行情况进行检查，从而及时发现问题，及时做出调整。

第三节　铁路桥梁项目质量管理体系及质量策划

一、项目质量管理体系的建立和运行

行之有效的项目质量管理体系建立，一般要经过组织准备、总体规划、建立或更新体系、编制或完善文件、运行保持五个步骤，这五个步骤之间没有十分明显的界线，它们相互穿插、交错进行，在实际操作时要及时协调、加强衔接。

在建立质量管理体系前，相关工作人员要进行周密策划、全面安排，制订具体可行的实施计划，以防止工作展开后出现不应有的错误。

相关工作人员应根据桥梁工程的具体情况，从建立项目的质量方针、质量目标开始，系统分析质量管理的总体要求，统筹规划、整体设计，提出质量管理体系总体方案。其中主要包括质量方针与目标、组织机构、体系要求、质量活动、质量职责和权限、质量管理体系文件及应配备的资源等。

项目的全体作业人员，应依据项目质量管理体系文件的要求，为实现质量方针和质量目标，在各项工作中按规定操作，保持质量管理体系持续有效地运行。

质量管理体系运行要注意以下几个方面。

（1）运行前的培训。

运行前的培训可以采取多种形式，分层次对作业人员进行质量教育和质量管理体系文件的学习与培训。此培训使参与施工的每位员工了解和自己有关的程序文件及在工作中产生哪些记录，知道自己应该做什么，什么时间做、如何做、做到什么程度，了解自己在整个质量管理体系运行中的作用和地位，了解整个质量管理体系是如何运作的。

（2）组织协调。

体系的运行涉及项目许多部门和各个层次的不同活动，项目经理或质量工程师要确定各项活动的目标与要求，明确职责、权限和各自的分工，使各项活动能有序展开，对出现的矛盾和问题要及时沟通与协调，在必要时采取措施，严格按规范操作。

（3）过程控制，严格按规范、规程操作。

作业人员要严格执行工艺规程或作业指导书，在施工前要做好各项准备，熟悉规范要求和施工方法，检查原材料（包括钢材、水泥、砂石料、外加剂等）和施工机具设备是否符合要求，对施工过程要严格执行检查制度。

（4）监视与测量过程，不断完善质量管理体系。

在质量管理体系运行过程中，相关工作人员应采取过程监视与测量的方法，对质量管理体系运行情况实施日常监控，确保质量管理体系运行中的问题充分暴露出来，如标准要求与本组织实际不符合等，使问题被及时全面地收集上来，然后进行分析，找出根本原因，提出并实施纠正措施（包括对质量管理体系文件的修改），使质量管理体系逐步健全、完善。

（5）质量管理体系的审核。

对质量管理体系进行内部和外部审核，是保持质量管理体系有效运行的重要手段。体系审核的目的是对照规定的要求，检查质量管理体系实施过程是否符合规范要求，评价质量目标的实现情况，确定质量管理体系的改进办法。

二、施工项目质量控制系统的组织机构与职责

为了有利于项目的生产经营活动，方便项目最高管理者的统一指挥与管理，项目组织必须建立一个与项目质量控制系统相适应的机构。该机构必须根据项目的具体情况来进行设计。

（一）各质量管理部门主要职责

1.项目经理职责

项目经理是工程项目质量管理工作的领导者和组织者，对保证工程质量起决定性作用。其主要职责为：

（1）作为施工质量的第一责任人，对所有工程的施工质量全权负责，对工程

质量实施统一领导，对有关施工质量的重大问题进行决策；

（2）对职工进行"百年大计、质量第一、用户至上"的教育，广泛发动职工开展创优质工程活动；

（3）正确处理施工质量与施工进度以及监理的关系，合理安排施工程序，确保工程质量，对不合格工程和质量事故负直接责任；

（4）掌握工程项目的质量情况，严格执行质量奖罚制度，每月组织一次工程项目的质量检查，针对主要问题亲自组织攻关，对重大质量问题负责，并及时上报有关部门，使问题得到妥善解决。

2. 项目总工程师职责

项目总工程师职责如下：

（1）贯彻执行国家和企业发布的各项技术规范、规程和质量管理措施，并在施工过程中严格检查落实情况，严防工程质量事故的发生；

（2）协助项目经理召开工程质量事故分析会，提出质量事故的技术处理方案，对质量事故负责并有权追究技术责任，及时上报质量事故情况及质量事故报告；

（3）对技术问题和质量问题提出改进措施，指导开展创优质工程活动，对竣工工程的质量负有直接技术责任，主持工程项目的质量设计工作，主持重要项目和新技术、新工艺的技术质量交底工作，以及重点工程控制轴线测量的复查、审定和核准工作；

（4）及时掌握工程质量情况，对质量好的典型及时进行推广，对违反施工程序和操作规程的现象及时制止，对违规严重的责令其停工，主持工程质量检查，督促安质部门进行分项、分部工程质量的评定，主持验收工作。

3. 施工技术部职责

施工技术部职责如下：

（1）对项目工地的施工技术管理工作和计划管理工作向项目经理负责，负责编制和实施月度施工计划，负责实施性施工组织设计和作业指导书、技术交底等文件的编制工作，负责工程施工过程控制，负责工程施工文件和资料的管理，负责项目工地文件管理和竣工资料的管理工作；

（2）负责进行技术要求质量标准交底，并在施工过程中认真检查其落实情况，对违反操作规程的班组和个人有权纠正和制止；

（3）督促测量站对施工项目测量轴线定位，对水准点及高程控制及时进行复核，并负直接技术责任；

（4）督促试验人员对钢筋、水泥、地材、钢绞线、橡胶支座、砂浆试件等按要求及时进行现场取样和质量检验试验，并按时将有关检验报告上报有关部门和领导；

（5）督促物资部门熟悉并掌握原材料、成品、半成品的质量标准，严禁供应不合格的材料。

4. 质量检查部职责

质量检查部职责如下：

（1）认真贯彻执行国家、企业和监理发布的各种技术规范、规程、质量管理措施和质量奖罚条例，负责工程质量的核定工作，并对工程质量负责；

（2）负责施工项目工程质量的定期检查和验板，检查施工班组自检、质检员复检和质检工程师终检"三检制"落实情况，对违反施工工序和规范的行为坚决制止，在必要时下达临时停工令并及时报主管领导处理；

（3）负责隐蔽工程的检查验收，与监理工程师、质检工程师、质检员一起，对申请验收部位进行联检，经联检认定全部符合质量要求后，由监理工程师在验收合格证上签字，及时检查验收进场原材料、成品、半成品、零配件的质量情况，对不合格品提出验收意见及处理意见，严禁使用不合格材料行为；

（4）负责做好工程项目的质量总结和统计报表工作，建立分项、分部、单位工程质量台账及隐患通知书、监理联络台账、质量事故台账、工作质量奖罚台账等，及时上报年、季、月工程质量报表并附分析小结。

5. 物资设备部主要职责

物资设备部主要职责如下：

（1）负责工程施工材料和设备的采购，按照施工进度计划和质量要求，按时、按质、按量保证主要材料和辅助材料的配套供应，确保经济合理地解决好供需衔接，并对所采购的施工材料和设备的质量负责；

（2）负责工程材料设备的入库验收、仓储维护、控制发料、利库盘点等物资的日常管理工作，建立健全机械设备的管理制度，严格按计划供应材料，加强对机械设备的维修、保养工作，确保机械设备有效合理地利用。

6.试验室主要职责

试验室主要职责如下：

（1）对项目工地的试验、检测、计量工作向项目经理部负责，负责建筑原材料的监督检验和施工的过程试验，及时按施工技术规范要求对钢筋、水泥、地材、钢绞线、橡胶支座、砂浆试件、后试件等进行现场取样和质量检验试验，并将检验结果按时向施工技术部和项目总工程师汇报；

（2）负责项目工地计量管理工作，参加项目工地有关的质量分析和研究。

（三）施工项目质量策划

质量策划是贯标工作中的一项重要内容，它直接关系到质量体系在项目上运行的成败。所以搞好项目质量策划应该引起人们的高度重视。

1. 工程项目质量策划的步骤

工程项目质量策划一般可以分为两个步骤进行。

（1）总体策划。总体策划由公司总经理主持进行，对大型、特殊工程，可邀请公司总工程师和相关职能负责人等参与。

①确定选聘项目经理、项目总工程师。策划者应挑选有相应资格、有工程施工管理经验的人员作为项目经理、项目总工程师，并要求持证上岗，同时根据工程特点、施工规模、技术难度等情况确定项目部人数，不宜超编，也不宜无限度压缩，以确保项目部工作能够高效地运转。

②确定项目总体质量目标。策划者应依据合同条款的要求确定项目的总体质量目标。总体质量目标可以摘抄合同要求，后面也可以附加"力争创……"等，

如果项目分为几个单位工程，还应该明确每个单位工程的质量目标各是什么。

③确定项目进度目标。施工工期应依据项目的工程量和资源配置情况综合考虑。策划者应在保证满足本工程项目的合同工期又不影响其他工程施工的前提下下达工期指标。

④确定项目目标成本。所有工程项目均应进行承包，执行"多劳多得"的原则。项目部预算员应根据分项、分部工程量、人工费，加上一定比例的管理费和不可预见费，核算出本项目的成本目标，并以此作为项目承包的依据。

⑤确定物资供应。策划者应依据工程量的大小、施工地点的远近、材料的种类等，确定好各种材料的供应方式，如对物资部协助供应哪些物资、自行采购哪些物资、业主提供哪些物资、采用哪种检验方法等，都应策划周全，只有控制好材料质量，效益才有保证。

⑥做好大型临时设施的设置。策划者对项目部的生活、生产区的建设也应做出明确的指导，这样才有利于消除施工安全隐患、降低材料浪费，工程质量才有保证，生产效率才能提高。对于大型桥梁项目而言，大型临时设施主要包括：施工便道、施工便桥、钢筋加工厂、混凝土拌和站、制梁场、临时电力线路等。

（2）细节策划。被任命的项目经理、项目总工程师应立即进入角色，熟悉施工现场和图纸，开通各种联系渠道，同时组织临建施工。待项目部人员到位后，项目经理组织项目工程师及技术质量、成本核算、材料设备等方面的负责人根据总体策划的意图进行细部策划。

①分部、分项工程的策划。项目部应按国家标准的规定，统一划分分部、分项工程，为质量目标分解、分项承包、成本核算等提供方便。

②质量目标的分解。项目的总体质量目标虽已经明确，但还必须依靠分部、分项工程来实现。项目部应该对工程分部、分项逐一确定质量等级，以便在实际完成效果有偏差时尽快调整和部署，确保项目总体目标的实现。

③项目质量、进度目标的控制方法。项目质量控制虽已有质量体系文件规定，但其中许多内容是概述性的。策划者需要对此做出具体的规定，如明确关键过程

或特殊过程、列出检验和试验计划、规定哪些过程的测量分析要应用统计技术等。工程进度控制人员应该在施工进度图中确定关键路线和关键工序，从而安排施工顺序，通过人力、物力合理调动，保证进度符合规定的要求。当安全、成本与之发生冲突时应该怎样协调，也是质量策划需考虑的一项重要内容。

④文件、资料的配备。与工程有关的标准规范、质量体系文件等都是施工必备的文件。怎样获得这些有效的适用文件，还缺哪些文件，项目部还应补充编制哪些内部的技术性文件和管理办法等，都应有明确规定。

⑥施工人员、材料和机械的配备。根据工期、成本目标及工程特点，策划者应策划出本项目各施工阶段的机械、劳力和主要物资的详细需要量计划，并将其提交给相关部门，以便提前配备各种资源。

（3）质量策划文件的输出。策划者应将项目质量总体策划和细节策划的结果形成文件，诸如项目质量计划、施工组织设计、工程承包责任状、质量包保责任书、任命书等，并加以控制。其中工程质量计划是一种针对性很强的控制和保证工程质量的文件，在项目质量策划中占有相当重要的位置。

（二）质量策划的实施

一是落实责任，明确质量目标。质量策划的目的就是确保项目质量目标的实现。项目经理部是质量策划贯彻落实的基础，首先要组织精干、高效的项目领导班子，特别是选派训练有素的项目经理，以保证质量体系持续有效运行；其次要对质量策划的工程总体质量目标实施分解，确定工序质量目标，并将其落实到班组和个人。有了这两条，贯标工作就有了基本的保障。

这里还应强调，项目部贯标工作能够保持经常性和系统性，领导层的重视和各职能部门的协调是必不可少的因素。

二是做好采购工作，保证原材料的质量。施工材料的好坏直接影响到工程质量。如果没有合格的原材料，施工单位就不可能建造出优质工程。因此从材料计划的提出到采购及验收检验每个环节都要有严格规定和控制。采购部门必须严格按采购程序的要求执行，特别是要从指定的物资合格供方名册中选择厂家进行采购,并做好检验记录,对"三无产品"坚决不采用,以保证施工进度和施工质量。

三是加强过程控制,保证工程质量。过程控制是施工管理工作的一项重要内容。施工单位只有保证施工过程的质量才能确保工程的质量,为此必须搞好以下几个方面的控制。

(1)认真实施技术质量交底制度。对于铁路桥梁工程而言,在钻孔桩、承台、墩台身、现浇连续梁、制架梁、桥面系等每个分项工程施工前,技术人员都要根据工序的特点,按技术交底质量要求,向直接作业的班组做好有关施工规范、操作规程的交底工作,并按规定做好质量交底记录。

(2)编制各工序的作业指南和质量内控标准,使参与作业的人员都能明白和掌握工序的操作要点和控制标准,确保每道工序的质量。

(3)实施首件样板制。样板检查合格后,施工才能全面开展,样板在全标段范围内进行推广,以确保工程的质量。

(4)对关键过程和特殊过程应该制定相应的作业指导书,设置质量控制点,并从人、机、料、法、环等方面实施连续监控,必要时开展质量控制小组活动进行质量攻关。

四是加强检测控制。质量检测是及时发现和消除不合格工序的主要手段。对质量检验的控制,主要是从制度上加以保证,如技术复核制度、现场材料进货验收制度、"三检"制度、隐蔽验收制度、首件样板制度、质量联查制度和质量奖惩办法等。这些检测控制可有效地防止不合格工序转序,并能帮助人们制订出有针对性的纠正和预防措施。

五是监督质量策划的落实,验证实施效果。项目质量策划检查的重点应放在对质量计划的监督检查上。公司检查部门要围绕质量计划不定期地对项目部进行监督和指导,项目经理要经常对质量计划的落实情况进行符合性和有效性检查,发现问题后要及时纠正,在质量计划考核时,应注意证据确凿,奖惩分明,使项目质量体系运行正常有效。

第四节　铁路桥梁项目施工质量控制及事故处理

一、铁路桥梁项目施工质量控制概述

铁路桥梁项目施工工序繁多、涉及面广，主要包括基础、墩台身、梁部、桥面系施工等，是一个极其复杂的综合过程，再加上每座桥梁位置相对固定、结构类型不一、质量要求不一、施工方法不一、体积大、整体性强、建设周期长、受自然条件影响大等特点，铁路桥梁项目施工的质量比一般工业产品的质量更难以控制，其主要表现在以下方面。

1. 影响质量的因素多

设计方案、原材料、施工机械、地形、地质、水文、气象、施工工艺、施工方法、技术措施、管理制度等，均直接影响桥梁的质量。

2. 容易产生质量变异

因桥梁施工不像工业产品生产那样有固定的自动性流水线，有规范化的生产工艺和完善的检测技术，有成套的生产设备和稳定的生产环境，有相同系列规格和相同功能的产品；同时，由于影响桥梁施工质量的偶然性因素和系统性因素都较多，因此很容易产生质量变异。如每批原材料（水泥、粉煤灰、沙石料、外加剂等）质量的变化、施工机具设备的变化、施工方法的改变以及操作不按规程、机械故障、设计计算错误等，都会引起桥梁的质量变异，造成工程质量事故。

3. 容易产生第一、第二判断错误

桥梁施工项目由于工序交接多、隐蔽工程多，若不及时进行过程检查，事后再看表面，就容易产生第二判断错误，也就是说，人们容易将不合格的工程认作合格的工程；反之，若过程检查不认真，测量及试验仪器不准确，读数有误，则会产生第一判断错误，也就是说人们容易将合格工程认定为不合格的工程。因此人们在进行质量检查验收时应保持认真态度。

4. 质量检查不能解体、拆卸

目前客运专线铁路桥梁设计寿命为 100 年，因此铁路桥梁工程一旦建成就不可能像某些工业产品那样，再拆卸或解体以检查内在的质量，或重新更换零件；即使人们发现质量问题，其也不可能像工业产品那样实行包换或退款。

5. 工程质量受投资、进度的制约

桥梁施工项目的质量受投资、施工进度的制约较大，如在一般情况下，投资大、施工进度慢，质量就好；反之，质量则差。因此，在桥梁项目施工中，人们还必须正确处理质量、投资、进度三者之间的关系，使其相对达到统一。

二、桥梁施工各阶段的质量控制

为了加强对桥梁施工的质量控制，明确各施工阶段质量控制的重点，桥梁工程质量控制可分为施工准备阶段质量控制、施工过程的质量控制、竣工验收阶段的质量控制三个阶段。

（一）施工准备阶段的质量控制

施工准备阶段的质量控制指在正式施工前进行的质量控制，其重点是做好施工准备工作，且施工准备工作要贯穿于施工全过程中。

1. 施工准备的范围

（1）全标段施工准备，即以整个项目施工现场为对象而进行的各项施工准备。

（2）单位工程施工准备，即以单座桥梁为对象而进行的施工准备。

（3）分项（部）工程施工准备，即以单位工程中的一个分项（部）工程或冬、雨期施工为对象而进行的施工准备。

（4）项目开工前的施工准备，即在桥梁工程正式开工前所进行的一切施工准备。

（5）项目开工后的施工准备，即在桥梁工程开工后，每个施工阶段正式开工前所进行的施工准备。桥梁施工通常分为基础工程、下部结构、上部结构以及附属工程等施工阶段，每个阶段的施工内容不同，其所需的物质技术条件、组织要求和现场布置也不同，因此必须做好相应的施工准备。

2.桥梁施工准备的内容

（1）技术准备，包括：熟悉和审查项目的施工图纸；桥梁建设地点的自然条件、技术经济条件调查分析；编制桥梁施工图预算和施工预算；编制桥梁施工组织设计；编制作业指导书及详细的施工方案；等等。

（2）物质准备，包括：建筑材料（水泥、钢材、沙石料等）准备；构配件和制品加工准备；施工机具（吊车、装载机、挖掘机、混凝土罐车、混凝土输送泵等）准备；生产工艺设备（混凝土搅拌设备、钢筋加工设备、预应力设备、制运架梁设备等）准备；等等。

（3）组织准备，包括：建立项目组织机构；选定施工队伍；对施工队伍进行入场教育；等等。

（4）施工现场准备，包括：布设控制网、水准点、标桩；做好"三通一平"，准备生产、生活临时设施等；组织机具、材料进场；拟定有关试验、检验项目和科技开发计划；编制季节性施工措施；制定施工现场管理制度；等等。

（二）施工过程的质量控制

施工过程质量控制指在施工过程中进行的质量控制，其全面控制施工过程，重点控制工序质量，其应做好以下几个方面。

1.技术交底应规定

（1）单位工程、分部工程和分项工程开工前，项目技术负责人应向承担施工的负责人或分包人进行书面技术交底，技术交底资料应办理签字手续并归档。

（2）在施工过程中，项目技术负责人对业主或监理工程师提出的有关施工方案、技术措施及设计变更的要求，应在施工前向作业人员进行书面技术交底。

2.工程测量应规定

（1）项目在开工前应编制测量控制方案，经项目技术负责人批准后方可实施，测量记录应归档保存。

（2）施工单位在施工过程中应对测量控制点、水准点、导线点等点线妥善保护，严禁擅自移动。

3. 材料的质量控制规定

（1）项目经理部应在质量计划确定的合格材料供应人名录中按计划招标采购材料、半成品和构配件。

（2）材料的搬运和储存应按搬运储存规定进行，并应建立台账。

（3）项目经理部应对材料、半成品、构配件进行标识。

（4）未经检验和已经检验为不合格的材料、半成品、构配件和工程设备等，不得投入使用。

（5）发包人提供的材料、半成品、构配件、工程设备和检验设备等，必须按规定进行检验和验收。

4. 机械设备的质量控制规定

（1）工作人员应按设备进场计划进行施工设备的调配。

（2）现场的施工机械应满足施工需要。

（3）施工单位应对机械设备操作人员的资格进行确认，无证或资格不符合者，严禁上岗。

5. 工序控制规定

（1）施工作业人员应按规定经考核后持证上岗。

（2）施工管理人员及作业人员应按操作规程、作业指导书和技术交底文件进行施工。

（3）工序的检验和试验应符合过程检验和试验的规定，对查出的质量缺陷应按不合格控制程序及时处置。

（4）施工管理人员应记录工序施工情况。

6. 特殊过程控制规定

（1）对在项目质量计划中界定的特殊过程，工作人员应设置工序质量控制点进行控制。

（2）对特殊过程的控制，除应执行一般过程控制的规定外，还应由专业技术人员编制专门的作业指导书，经项目技术负责人审批后执行。

（三）竣工验收阶段的质量控制

竣工验收阶段的质量控制指在施工过程完成，形成产品后的质量控制，其具体工作要求如下：

（1）单位工程竣工后，必须进行最终检验和试验，项目技术负责人应按编制竣工资料的要求收集、整理质量记录；

（2）项目技术负责人应组织有关专业技术人员按最终检验和试验规定，根据合同要求对工程质量进行全面验证；

（3）项目技术负责人对查出的施工质量缺陷，应按不合格控制程序进行处理；

（4）项目经理部应组织有关专业技术人员按合同要求编制工程竣工文件，并做好工程移交准备；

（5）在最终检验和试验合格后，建筑产品应采取防护措施。

（6）工程交工后，项目经理部应编制符合文明施工、环境保护和水土保持要求的撤场计划。

三、施工项目质量控制的方法

施工项目质量控制的方法，主要是审核有关技术文件、报告和直接进行现场检查或必要的试验检验等。

（一）审核有关技术文件、报告或报表

对技术文件、报告、报表的审核，是对工程质量进行全面控制的重要手段，其具体的审核内容有：有关技术资质证明文件；开工报告；施工方案、施工组织设计和技术措施；有关材料、半成品的质量检验报告；反映工序质量动态的统计资料或控制图表；设计变更、修改图纸和技术核定书；有关质量问题的处理报告；有关新工艺、新材料、新技术、新结构的技术鉴定书；有关工序交接检查及分项、分部工程质量检查报告；现场签署的有关技术签证、文件；等等。

（二）现场质量检查

现场质量检查的主要内容：开工前检查；工序交接检查；隐蔽工程检查；停工后复工前的检查（因处理质量问题或某种原因工程停工后需复工时，应经检查认可后方能复工）；分项、分部工程完工后检查；成品保护检查等。

现场质量检查的方法有目测法、实测法和试验法三种。

（1）目测法。其手段可归纳为看、摸、敲、照四个字。

（2）实测法。实测法就是通过实测数据与施工规范及质量标准所规定的允许偏差对照来判别质量是否合格。实测法的手段可归纳为靠、吊、量、套四个字。

（3）试验检查。试验检查指通过试验手段对质量进行判断的检查方法，如对桩或地基进行静载试验，确定其承载力；对钢结构进行稳定性试验，确定是否产生失稳现象；对钢筋对焊接头进行拉力试验，检验焊接的质量；等等。

四、施工项目质量因素的控制

影响施工项目质量的因素主要有五大方面，即4M1E：人（Man）、材料（Material）、机械（Machine）、方法（Method）和环境（Environment）。事前对这五方面的因素严加控制，是人们保证施工项目质量的关键。

（一）施工人员的控制

施工人员是项目质量管理的核心，是直接参与施工的组织者、指挥者和操作者。人的因素是影响工程质量的第一因素，主要有领导者的素质，操作人员的理论、技术水平，以及粗心大意、违章违纪行为等。人是施工过程的主体，工程质量的形成受到参与工程施工所有人员的共同作用，这是形成工程质量的主要因素。因此，施工首先要考虑对人的因素的控制，施工单位应在政治思想、业务及心理、身体素质等方面做到综合考虑，统筹兼顾，量才取用。

施工单位务必让施工人员树立五个观念，即质量第一的观念、预控为主的观念、为用户服务的观念、用数据说话的观念以及综合效益观念。操作人员要具备精湛的技术技能、一丝不苟的工作作风，严格执行质量标准和操作规程，服务人员要做好技术和生活服务，以出色的工作质量间接地保证工程质量。

（二）材料的控制

材料控制主要包括原材料、成品、半成品、构配件等的控制。材料是工程施工的物质条件，材料质量是工程质量的基础，材料质量不符合要求，工程质量就不可能符合标准。所以加强材料的质量控制，是提高工程质量的重要保证。施工材料控制的要点是：加强材料进场的检查验收，严把质量关；抓好材料的现场管理，并做好合理使用；搞好材料的试验、检验工作；明确材料进场验收的职责、步骤及依据，用于工程的主要材料及构配件必须具备产品出厂合格证和其他质量证明材料，经现场监理检查抽样，送试验室复试，凡未经检验和已经验证为不合格的原材料、成品、半成品均不得投入使用；材料验收要符合国家和地方有关法规及标准的规定，并做好材料验收的各项记录和标识。

（三）机械设备的控制

机械设备控制包括施工机械控制、工具控制等，要根据不同工艺特点和技术要求选用合适的机械设备；正确使用、管理和保养好机械设备。为此施工单位要健全人机固定制度、持证上岗制度、岗位责任制度、交接班制度、技术保养制度、安全使用制度、机械设备检查制度等，确保机械设备处于最佳使用状态。

（四）施工方法的控制

施工方法控制，包含施工方案、施工工艺、施工组织设计、施工技术措施等的控制。施工方案正确与否，直接影响工程质量控制能否顺利实现。在施工过程中往往会由于施工方案考虑不周而导致拖延进度、影响质量、增加投资。为此，人们制定和审核施工方案时，必须结合工程实际，从技术、管理、工艺、组织、操作、经济等方面进行全面分析、综合考虑，力求方案技术可行、经济合理、工艺先进、操作方便，有利于提高质量、加快进度、降低成本，同时要根据现场的实际情况及时进行方案、工艺的优化。

（五）施工环境的控制

影响工程质量的环境因素较多，有工程技术环境，如工程地质、水文、气象等；工程管理环境，如质量保证体系、质量管理制度等；劳动环境，如劳动组合、作业场所、工作面等。环境因素对工程质量的影响，具有复杂而多变的特点，如气象条件就变化万千，高温、低温、大风、暴雨等都直接影响工程质量。另外，前一工序往往就是后一道工序的环境，前一分项、分部工程也就是后一分项、分部工程的环境。因此，根据工程特点和具体条件，人们应对影响质量的环境因素采取有效的措施严加控制。尤其是施工现场，应建立文明施工和文明生产的环境，保持材料机具堆放有序，道路畅通，工作场所清洁整齐，施工程序井井有条。

五、桥梁施工工序质量控制

（一）工序质量控制

工程质量是在施工工序中形成的，而不是靠最后检验形成的。为了把工程质量管理从事后检查把关转向事前控制，达到"以预防为主"的目的，施工单位必须加强对施工工序的质量控制。

1. 工序质量控制的概念

工程项目的施工过程，是由一系列相互关联、相互制约的工序构成的，工序质量是基础，直接影响工程项目的整体质量。要控制工程项目施工过程的质量，人们首先必须控制工序的质量。

工序质量包含两方面的内容：一是工序活动条件的质量；二是工序活动效果的质量。从质量控制的角度来看，这两者是互为关联的。人们一方面要控制工序活动条件的质量，使每道工序投入品的质量（即人、材料、机械、方法和环境的质量）符合要求；另一方面又要控制工序活动效果的质量，保证每道工序完成的工程产品达到对有关质量标准。

工序质量控制，就是对工序活动条件的质量控制和对工序活动效果的质量控制，人们以此来达到对整个施工过程的质量控制。

2. 工序质量控制的原理

工序质量控制采用数理统计方法，通过对工序一部分（子样）检验数据进行统计、分析来判断整道工序的质量是否稳定、正常；若质量不稳定，产生异常情况，须及时采取对策和措施予以改善。其控制步骤如下。

（1）实测：工作人员采用必要的检测工具和手段，对抽出的工序子样进行质量检验。

（2）分析：工作人员对检验所得的数据通过直方图法、排列图法或管理图法等进行分析，了解这些数据的规律。

（3）判断：工作人员根据数据规律分析的结果，如数据是否符合正态分布曲线、是否在上下控制线之间、是否在公差（质量标准）规定的范围内、属正常状态还是异常状态、是偶然性因素引起的质量变异还是系统性因素引起的质量变异等，对整个工序的质量予以判断，从而确定该道工序是否达到质量标准，若发现异常情况，即可寻找原因，采取对策和措施加以预防，这样便可达到控制工序质量的目的。

（二）桥梁施工工序质量控制内容

工序质量控制应着重于以下四方面的工作。

1. 严格遵守工艺规程

施工工艺和操作规程是施工操作的依据，是确保工序质量的前提，任何工作人员都必须严格执行，不得违反。

2. 主动控制工序活动条件的质量

桥梁施工工序活动条件包括的内容较多，主要是指影响质量的五大因素，即施工操作者、材料、施工机械设备、施工方法和施工环境。只要人们将这些因素切实有效地控制起来，使它们处于被控制状态，确保工序投入品的质量，避免系统性因素变异发生，就能保证每道工序质量正常、稳定。

3. 及时检验工序活动效果的质量

工序活动效果是评价工序质量是否符合标准的尺度。为此，施工单位必须加强质量检验工作，对质量状况进行综合统计与分析，及时掌握质量动态，一旦发现质量问题，随即研究处理，自始至终使工序活动效果满足规范和标准的要求。

4.设置工序质量控制点

控制点是指施工单位为了保证工序质量而需要进行控制的重点、关键部位或薄弱环节，以便在一定时期内、一定条件下进行强化管理，使工序处于良好的控制状态。

（三）质量控制点的设置步骤

（1）结合有关的质量体系文件，按质量环明确关键环节和部位，然后在程序文件和操作指导书中明确需要特殊控制的质量体系和主导因素。

（2）由技术、质检、计划和物资等部门分别确定本部门所负责的质量控制点，然后编制质量控制点明细表，该表经批准后纳入质量体系文件中。

（3）在明确关键环节和质量控制点的基础上，对不同的质量控制点根据不同的流程阶段编制出质量控制点流程图，并以此为依据在施工现场设置质量控制点。

（4）根据不同的质量控制点的特殊质量控制要求编制工艺操作卡、自检表或操作指导书。

（5）编制质量控制点管理办法。质量控制点虽然单独存在，但又有很强的相关性，必须进行综合管理，通过管理办法解决接口问题。

（6）正式验收质量控制点。

（四）桥梁施工质量控制点的设置

人们在设置质量控制点时，首先要对施工对象进行全面分析、比较，以明确质量控制点；尔后进一步分析所设置的质量控制点在施工中可能出现的质量问题或造成质量隐患的原因，针对问题或原因相应地提出对策措施予以预防。由此可见，设置质量控制点，是对工程质量进行预控的有力措施。

质量控制点的涉及面较广，根据工程特点，视其重要性、复杂性、精确性、质量标准和要求，无论是操作、材料、机械设备、施工顺序还是技术参数、自然条件、工程环境等，均可作为质量控制点来设置，主要是视其对质量的影响大小及危害程度而定。针对桥梁施工而言，其主要有以下几个方面。

1. 人的行为

某些工序或操作应重点控制人的行为，避免人的失误造成质量问题。如高空作业、水上作业、钻孔作业、深基坑作业、爆破作业、吊装作业、架梁作业、悬灌作业等，都要求施工单位从人的生理缺陷、心理活动、技术能力、思想素质等方面对操作者全面进行考核，事前还必须反复交底，提醒注意事项，以免产生错误行为和违纪违章现象。

2. 物的状态

某些工序或操作应以物的状态作为控制的重点。如水上作业平台稳定性、拌和设备计量装置的准确性、模板的强度和刚度、挂篮的稳定及抗倾覆能力、脚手架的稳定性以及临时结构、支挡结构的稳定性等。

3. 材料的质量和性能

材料的质量和性能是直接影响工程质量的主要因素，尤其是某些工序，更应将材料质量和性能作为控制的重点。如预应力钢筋加工，就要求钢筋匀质、弹性模量一致，含硫量和含磷量不能过大，以免产生热脆和冷脆；沙石料的压碎值、含泥量、泥块含量及级配等不合格直接影响混凝土的强度。

4. 关键的操作

基坑开挖，必须按规范要求进行放坡开挖，在必要时采取钢板桩或钢管桩进行防护，以确保坑壁的稳定，防止坍塌。

钻孔桩施工，要采取措施防止钢筋笼偏位、上浮或下沉；钢筋接头的焊接要保证焊缝长度，两根主筋必须同心；桩头的破除要采取措施，防止混凝土超凿、钢筋扭曲，避免野蛮施工。

承台墩身施工，要做好测温记录，保证芯部最高温度不得大于 65℃，芯部与表面、表面与环境的温差不得大于 15℃；做好混凝土的养生记录，在混凝土初凝后要及时进行洒水保湿养生，以免混凝土产生裂纹。

预应力钢筋张拉，要进行超张拉和持荷 2min。超张拉的目的，是减少混凝土弹性压缩徐变，减少钢筋的松弛、孔道摩擦阻力、锚具变形等原因所引起的应力损失；持荷 2min 的目的，是加速钢筋松弛的早发展，减少钢筋松弛的应力损失。在操作中，如果不进行超张拉和持荷 2min，就不能可靠地建立预应力值；若张拉应力控制不准，过大或过小，亦不可能可靠地建立预应力值，这些均会严重影响预应力的构件的质量。

5. 施工顺序

有些工序或操作，必须严格控制先后顺序。如冷拉钢筋，一定要先进行焊后冷拉，否则就会失去冷强。嵌岩钢围堰施工必须先进行水下爆破清碴，后进行钢围堰的下沉，否则围堰无法下沉到位，影响施工进度和质量。下部结构的施工，必须围绕上部结构的制架梁顺序展开，否则就会对制架梁产生影响，导致预制场的梁架不出去，从而影响总体工期。悬灌梁每个块段混凝土浇筑完毕后，必须先进行预应力张拉，然后才能走行挂篮，否则混凝土就会产生开裂。

6. 技术间隙

有些工序之间的技术间歇时间性很强，如不严格控制亦会影响质量。如分层浇筑混凝土施工，必须待下层混凝土未初凝时将上层混凝土浇完；挂篮必须在混凝土达到设计强度 90%，预应力张拉完毕后才能向前移动，否则混凝土就可能发生开裂。轨道板的铺设必须在桥梁经过沉降评估满足要求后方可进行，否则铺设完的轨道板的平顺性就无法满足要求。

7. 技术参数

有些技术参数与质量密切相关，亦必须严格控制。如混凝土中外加剂的掺量，混凝土的水胶化，防水混凝土的抗渗标号等，都将直接影响强度、密实度、抗渗性和耐冻性，亦应作为工序质量控制点。

8. 常见的质量通病

常见的质量通病，如钢筋笼上浮或下沉、钢筋接头主筋不同心、焊缝不饱满，以及混凝土错台、外观颜色不均匀、有裂缝等，都与工序操作有关，均应事先研究对策，提出预防措施。

9.新工艺、新技术、新材料应用

新工艺、新技术、新材料虽已通过鉴定、试验，但施工操作人员缺乏经验，又是初次进行施工，施工单位也必须对其工序操作作为重点严加控制。

10.质量不稳定、质量问题较多的工序

质量数据统计表明质量波动、不合格率较高的工序，也应作为质量控制重点。

11.施工方法

施工方法中对质量产生重大影响的（如液压滑模施工导致支承杆失稳和混凝土被拉裂与坍塌问题，大模板施工中模板的稳定和组装问题），均是质量控制的重点。

（五）桥梁施工工序质量预控措施

施工项目质量的预控，是事先对要进行施工的项目分析可能或最容易出现的质量问题，从而提出相应的对策，采取质量预控措施予以预防。现举例说明如下。

1.灌注桩质量预控

（1）可能产生的质量问题。

缩颈、坍孔、堵管、断桩、孔斜、钢筋笼上浮、钢筋笼下沉、钢筋笼偏位、沉渣超厚、混凝土强度达不到要求。

（2）质量预控措施。

①择优选择桩基施工单位，采取跟班检查，做好施工记录；

②于桩孔开钻前及开钻4h后，对钻机认真调平，以防孔斜超限；

③随时抽查混凝土原材料质量，进行试配，其经试压合格后方可用于工程中；

④要求每桩测定混凝土坍落度两次，每3～5m测一次混凝土灌注高度，混凝土坍落度宜为18～22cm；

⑤定期抽查施工单位的开孔通知单、浇筑通知单和施工记录；

⑥混凝土强度规定按有关新标准评定；

⑦掌握泥浆比重和灌注速度，防止钢筋笼上浮；

⑧发生缩颈、堵管现象时，随时进行处理；

⑨委托法定检测单位做桩基动荷载试验，会同设计单位对质量有问题的桩基采取补救措施。

2. 钢筋焊接质量预控

（1）可能出现的质量问题。

①焊接接头偏心弯折；

②焊条长度不符合要求；

③焊缝长、宽、厚度不符合要求；

④气压焊机粗面尺寸不符合规定；

⑤存在凹陷、焊瘤、裂纹、烧伤、咬边、气孔、夹碴等；

⑥焊条型号不符合要求。

（2）质量预控措施。

①施工单位检查焊工有无合格证，禁止无证上岗；

②在正式施焊前，焊工必须按规定进行焊接工艺试验；

③每批钢筋焊接完后，相关负责人应进行自检，并按规定取样进行机械性能试验，专职检查人员还需在此基础上对焊接质量进行抽查，对质量有怀疑时，应抽样复查机械性能；

④应用气压焊时间不长、缺乏经验的焊工应先进行培训；

⑤焊缝质量检查应检查焊条型号。

3. 模板质量预控

（1）可能出现的质量问题。

①轴线、标高偏差；

②模板断面、尺寸偏差；

③模板刚度不够、支撑不牢或沉陷；

④预留孔中心线位移、尺寸不准；

⑤预埋件中心线位移。

（2）质量预控措施。

①绘制关键性轴线控制图，每层复查轴线标高一次，垂直度以经纬仪检查控制；

②绘制预留、预埋图，在自检基础上进行抽查，看预留、预埋是否符合要求；

③回填土分层夯实，支撑面应根据荷载大小进行地基验算，如有必要应加设垫块；

④重要模板要经设计计算，保证有足够的强度和刚度；

⑤模板尺寸偏差按规范要求检查验收。

4.后工程质量预控

（1）可能出现的质量问题。

①混凝土出现蜂窝、麻面和气泡；

②混凝土表面发生裂缝；

③混凝土色差大；

④混凝土表面露筋；

⑤混凝土结构直边处、棱角处局部掉落，有缺陷；

⑥浇筑混凝土过程中梁体底板混凝土翻浆。

（2）质量预控措施。

①严格控制混凝土的水灰比、含气量，混凝土的含气量一般为 2% ~ 4%；采用电子自动计量拌和站拌料，每盘出料均检查混凝土和易性；保证混凝土拌和时间满足有关规定。

②采用钢模板，对模板表面认真清理，保证无干硬水泥砂浆等杂物，并在混凝土浇筑时加强现场检查，保证混凝土脱模剂涂刷均匀，无漏刷。

③混凝土分层厚度严格控制在 30cm 之内；振捣时振捣器移动半径不大于规定范围；在箱梁两端部钢筋密集区由专人振捣，防止相互交叉振捣，从施工组织上避免产生漏振或过振概率；选择有经验的质量监控人员跟班监控，严格控制振捣质量；采用附着式振捣与插入式振捣和提浆机振捣相结合的振捣方法，对箱梁

下部适当采用附着式振捣器振捣，对上部主要采用插入式振捣器振捣，对顶部主要采用提浆机收浆。振捣过程始终严格控制漏振或过振现象。

④及时对混凝土覆盖保湿材料，加强对成品的养护和保护。

⑤做好配合比设计，选用低水化热水泥配制混凝土；对混凝土内部采取降温措施，在高温环境下可在孔道内通循环水降温；拆模时混凝土强度达到设计规定强度。

⑥严格控制原材料质量，加强对进场原材料的检查，不合格的严禁使用。

⑦垫块按 4 个 /m² 布置，钢筋密集处加垫，垫块采取梅花形进行布置。

⑧加强养护工作，保证混凝土强度均匀增长。

⑨由具有相关经验的施工人员脱模，减小对模板的震动，使模板平行梁端面脱出，不碰撞混凝土表面。

⑩适当减小箱梁下部混凝土的坍落度（在一般情况下，箱梁下部混凝土的坍落度根据试验确定），适当减小混凝土的流动性。

⑪ 在内模板底部转角处适当增加压浆板的宽度，即在原有压浆板的内侧，加一块活动压浆板，在浇筑混凝土之前将其安装在原有压浆板内侧，在脱内模板前将其卸掉，以不干扰内模板进行液压脱模。

5. 预应力工程质量预控

（1）可能出现的质量问题。

①断丝、滑丝。

②实际伸长量与设计伸长量偏差过大。

③压浆不饱满。

④封锚混凝土及与梁体混凝土间隙有裂纹。

（2）质量预控措施。

①钢绞线应存放于干燥处并及时盖好，存放地高出地面 20cm。

②张拉顺序及张拉力值符合要求。

③张拉千斤顶以及油压表精度满足要求，并按时配套校验。

④进行张拉时，工作、工具夹片均需上满打紧。

⑤按要求进行孔道摩阻试验，确定摩阻等参数，据此调整设计伸长量。

⑥在施工时严格控制预应力孔道线形，定位牢固、准确。

⑦严格进行张拉工艺操作，确保5分钟静停时间。

⑧严格按照真空辅助压浆工艺进行压浆，真空度保持在-0.06~0.10MPa。

⑨浆体注满管道后，应在0.50~0.60MPa下持压2分钟。

⑩封锚混凝土采用干硬混凝土，采用手锤砸实或小坍落度混凝土必须经过振捣；采用钢丝将封锚混凝土模板紧拉在锚垫板丝扣上。

六、施工质量事故的处理

（一）施工质量事故的分类

1.施工质量事故按工程状态分类

（1）在建工程施工质量事故。

在建工程施工质量事故是指在施工期间，因某种或几种主观责任过失、客观不可抗力等因素的分别或共同作用而发生的工程质量特性不能符合规定标准并造成规定数额以上经济损失事件，严重的如在建工程的整体或局部坍塌事件。

（2）竣工工程施工质量事故。

竣工工程施工质量事故，是指已经竣工的工程在使用过程中，出现建筑物、构筑物明显倾斜、偏移、结构开裂、安全和使用功能存在重大隐患，或由于质量低劣需要加固补强，致使改变建筑物外形尺寸，造成永久性缺陷，严重的如工程使用过程中出现建筑物整体或局部倒塌、桥梁断裂、隧道渗水、路基下沉等。

2.施工质量事故按性质后果分类

施工质量事故是工程质量事故或工程建设重大事故的一种类型。因此，目前人们对施工质量事故按性质后果所进行的分类，实际上是采用工程质量事故或工程建设重大事故的分类标准。

（1）施工质量事故。

有以下后果之一者，为施工质量事故：

①直接经济损失 1 万元以上（含 1 万元），不满 5 万元的；

②影响使用功能和工程结构安全，造成永久性质量缺陷的。

（2）严重施工质量事故。

有以下后果之一者，为严重施工质量事故：

①直接经济损失在 5 万元（含 5 万元）以上，不满 10 万元的。

②严重影响使用功能或工程结构安全，存在重大质量隐患的；

③事故性质恶劣或造成 2 人以下重伤的。

（3）重大施工质量事故。

重大施工质量事故是指造成经济损失 10 万元以上或重伤 3 人以上或死亡 2 人以下等后果的质量事故，根据程度的不同又分为四级。

（二）施工质量事故处理的程序

1. 事故报告

施工现场发生施工质量事故时，施工负责人（项目经理）应按规定的时间和规定的程序，及时向有关部门报告事故状况，报告内容包括：

（1）事故发生的工程名称、部位及时间、地点；

（2）事故经过及主要状况和后果；

（3）事故原因的初步分析判断；

（4）现场已采取的控制事态的措施；

（5）企业紧急请求的有关事项。

2. 现场保护

当施工过程发生施工质量事故，尤其是发生土方、结构、施工模板、平台坍塌等造成人员伤亡时，施工负责人应视事故的具体状况，组织在场人员果断采取应急措施保护现场、救护伤员，防止事故扩大，同时做好现场记录、标识、拍照等，为后续的事故调查保留客观真实场景。

3.事故调查

事故调查是搞清质量事故原因，有效进行技术处理，分清质量事故责任的重要手段。

事故调查包括现场施工管理组织的自查和来自企业的技术、质量管理部门的调查。此外，根据事故的性质，需要接受政府建设行政主管部门、工程质量监督部门以及检察、劳动部门等的调查时，现场施工管理组织应积极配合，如实提供情况和资料。

4.事故处理

事故处理包括两大方面，即：

（1）事故的技术处理，解决施工质量不合格和缺陷问题；

（2）事故的责任处罚，根据事故性质、损失大小、情节轻重对责任单位和责任人做出行政处分或追究刑事责任等。

5.恢复施工

停工整改、处理质量事故的工程，经过对施工质量的处理过程和处理结果的全面检查验收，得到明确的质量事故处理鉴定意见后，可报请工程监理单位批准恢复正常施工。

七、石武客专桥梁施工质量管理的实践报告

（一）项目的概况及重难点分析

1.工程概况

石家庄至武汉铁路客运专线（河北段），北起河北省省会石家庄市，南至冀豫省界，经过河北省的石家庄市、邢台市、邯郸市。线路全长202.68km，其中正线路基34.8km，占正线线路长度的17.2%；正线桥梁24座168km，占正线线路长度的82.8%。

石武客运专线SZ-2标段正线全长68.63km。其中路基5.4公里，桥梁63.23公里，梁场3处（内丘梁场、邢台梁场、沙河梁场），板场1处（沙河板场）。梁

体设计主要为预制箱梁，共计 1 891 孔，邢台东站以北 973 孔，以南 917 孔，其中 24m 预制箱梁 68 孔，32m 预制梁 1823 孔，部分跨路、跨河地段采用现浇连续梁，共计 11 联，悬灌梁最大跨径为 80+128+80m，轨道板预制、安装约 2.15 万块。

（二）工程重难点分析

1. 工程组织管理是难点

石武客运专线 SZ-2 标段工程量大，结构物比重大。箱梁制架和无砟轨道的施工为本段的主线，如何合理组织各工区的施工顺序、搞好施工衔接以及工期安排是本段工程施工组织的难点。

施工单位按工期要求配备生产要素，即使专业化队伍、机械设备、资金投入满足施工要求，又能做到队伍不窝工、设备不闲置、资金不浪费，在施工过程中科学组织，妥善处理各分项工程衔接过渡，为后续工程创造良好的施工条件，围绕总体工期要求，保证各阶段各工序不出现安全质量问题，确保大小工序环环相扣，是本标段的难点之一。

2. 地材的组织供应是重点

地材的来源、数量和质量是保证本标段工程按期、优质完成的关键。本标段桥梁比重大，对地材的需求量大，地材保质保量供应是本标段的关键，直接影响施工进度和质量，因此施工单位必须多方考察料源，从源头控制原材料的质量。

3. 箱梁预制架设是本标段的重点工程

本标段桥梁大量采用双线 32m、24m 标准跨简支箱梁，简支箱梁均采用区段设场集中预制，由运梁车运输，900T 架桥机或运架一体机架设。由于箱梁截面大、自重大，对施工机械的要求较高。预制、运输、安装困难，且工期紧、工程量大、架设作业的时间集中，施工组织难度较大，因此，箱梁的预制与架设是本标段的控制重点，在施工中应得到重点安排和控制。

4. 中平跨京珠高速公路和榆林洛河特大桥是本标段的重点工程

中平跨京珠高速公路特大桥，全长 26 219.57m，采用（32+48+32）m 和（80+128+80）m 连续梁；榆林洛河特大桥，本标段内长 30 822.1m，多处采用

（32+48+32）m 和（40+64+40）m 连续梁，工程量大，与多条省道、县道和地方道路交叉，施工干扰大，安全防护任务重。两座特大桥又是本标段的控制性工程，协调各方面的施工，搞好工序衔接，合理进行资源配置，在保证质量、安全的前提下进行施工是确保本标段工期目标得以实现的关键。连续梁的施工进度直接影响架梁工作的开展，并且连续梁的施工质量受各种因素影响较大。因此，连续梁的质量控制是本标段的重中之重。

5. 混凝土结构的耐久性控制

本工程主要结构设计使用年限长，这对混凝土结构的耐久性提出了很高的要求。混凝土结构耐久性与诸多因素有关，但在很大程度上取决于施工过程中的质量控制和质量保证以及结构使用过程中的正确维修与例行检测。

就本标段而言，重点是从施工过程控制的方面来保证混凝土的耐久性，即根据混凝土结构所处的环境作用等级进行混凝土原材料选择、配合比确定。本工程选配高性能混凝土，并加强施工工艺控制，特别是混凝土养护的温度、湿度控制等。

由于高性能混凝土比普通混凝土有更多、更高的施工要求，因此如何保证混凝土结构的耐久性是本标段需要重点解决的问题。工作人员应从耐久性混凝土方面开展科技攻关，采用成功的施工经验，保证结构混凝土的耐久性。

6. 项目质量管理的目标

根据石武铁路客运专线建设总质量目标"全线整体质量达到世界高速铁路一流标准，经得起运营和历史的检验"的要求，并结合本管段实际情况，施工单位特制定本工程的质量目标：

（1）杜绝施工质量大事故及以上等级事故；

（2）主体工程质量零缺陷，桥梁混凝土主体结构使用寿命不低于 100 年，无砟轨道使用寿命不低于 60 年，单位工程一次验收合格率 100%；

（3）基础设施达到设计速度目标值要求，一次开通成功；

（4）竣工文件做到真实可靠、规范齐全，实现一次交接合格；

（5）总体工程配合全标段确保成为铁道部优质工程，争创鲁班奖。

（三）项目质量管理的实施要点

1. 规范质量管理文件并使之受控

为实现质量目标，按照 GB/T19002-ISO9002 质量体系的要求，建立本标段工程健全质量保证体系，并根据铁道部等相关部门下发文件及时更新质量管理体系外来文件，同时修订和规范段内其他质量文件并及时分发新文件、回收作废文件，保证质量文件到位和受控，避免出现脱节现象。

项目部成立以项目经理为首的工程质量管理领导小组，对工程质量负全面领导责任，接受业主、监理工程师、质量监督站的质量监督检查。项目部设安质部，配有专职质检工程师，对全标段的工程质量进行监督检查；由于标段较长，管理跨度较大，为了更好地组织施工生产，便于工程的质量控制，项目部下设施工分部，每个分部下设分部安质部，安质部设质检工程师，作业队设质检员，对工程全过程实施质量控制。

2. 强化全员质量意识

（1）加强宣传教育。

本着"全员参与"的原则，本标段工程加大宣传教育的力度，让质量和服务意识深入人心。项目进场后，为强化质量意识，各分部根据承担的桥梁工程施工内容实施新技术培训，由分管施工生产的项目副经理、总工程师牵头，工程技术部门及质量监察部门具体组织实施，其利用工程间歇、节假日、冬雨天开办职工夜校，以提高职工素质，加深职工对所承建工程的了解，同时做好宣传教育工作。

（2）建立考核评价机制。

工作质量评价考核办法和质量责任追究制度的制定，旨在发挥经济杠杆的作用，增强员工的工作责任感，促使其积极主动地提高自身工作质量。项目部进场后，根据本标段工程特点和有效控制工程质量的需要，依据企业质量管理体系程序文件规定，建立健全现场工程质量的检查与评审制度。项目部每月组织一次质量抽查，每季度组织一次质量大检查，根据质量抽查和检查情况召开工程质量评审会议，分析质量问题，消除质量隐患，提出整改措施，确保质量管理工作及时有效，同时实行工程质量终身责任制，实行优质优价的计价制度、质量检查评审制度，实行定期发布质检成果制度、监理与监理工程师联系制度。

3. 保持大型机械设备完好

（1）强化日常保养。

日常检查保养到位可有效发现和消除可能发生的故障隐患，大大减小大型设备的故障停机率和故障停机时间，保持作业的连贯性和一致性，从而保证作业质量。

（2）落实定检定修。

相关部门适时安排落实好大机定期保养和年检工作，保持大机各装置的技术状态完好，保证大机的作业精度。

（3）规范检修保养记录，保持可追溯性。

4. 关键工序的质量控制措施

关键工序质量控制措施包括高性能混凝土施工质量控制措施、桥梁基础施工控制措施、桥梁墩台施工控制措施、梁体预制控制措施、梁体架设控制措施、桥面系施工控制措施以及桥梁线性控制、基础沉降和变形观测等。具体操作以桥梁墩台施工控制措施为例来说明。

桥梁墩台施工采用大块钢模板，减少模板拼装次数和接缝；严格做好模板设计和加工工艺控制，重点控制好刚度、平顺度、拼缝大小和错台，在模板正式使用前应进行试拼，保证拼缝大小、错台、平顺度和模板刚度等满足要求；对混凝土保护层采用厂制高性能混凝土垫块，优先采用三角形支撑；按规范工艺进行混凝土灌注，严格执行侵蚀地段混凝土防腐工艺处理，从设计和施工两个方面保证墩身混凝土的耐久性达到设计要求；做好墩身综合接地埋设工作，确保接地性能满足设计要求；要十分关注墩帽预留锚栓孔位置和深度的准确控制，杜绝"二次修凿"现象；做好墩身混凝土降温防裂措施，采用塑料布包裹墩身养护工艺，保证养护时间，杜绝表面裂纹出现；规范墩身施工孔洞、钢筋头的处理，保证墩身混凝土的外观质量，杜绝氧切处理钢筋头、随意封抹空洞现象。

影响墩身质量的主要因素概括起来就是组织措施不力，人员素质及思想意识有待提高，原材料需要加强控制，施工工艺和施工方法需要改进，机械设备需要改善。针对这些因素，施工单位制定了相应的改进措施，并提出了一系列的办法，根据改进措施和实施策略制定切实可行的施工方案，正确处理出现的问题并及时克服、纠正错误。

5. 确保特殊过程受控

工程质量管理的过程控制至关重要，项目部把全标段线下工程的施工划分为三个段落，实行分段管理、分段负责的管理体制，使责任落实到每个分管领导和现场技术人员的身上。无论是桩基、承台、墩台身，还是上部结构连续梁、预制梁的施工等，都制定切实可行的施工方案、作业指导书、技术交底书等。

6. 持续改进质量问题

针对以往施工作业中存在问题的分析结果和 2009 年计划作业区段的线路状况和具体特点，通过 PDCA 循环在墩身施工中的应用效果，施工单位在后期通过现浇梁的预制和架设、连续梁支架法和悬灌法施工以及 CRTS Ⅱ 型轨道板的预制和铺设确保石武铁路客运专线各工序一次成优目标的实现，同时认真总结经验和方法，为今后类似工程提供经验支持。

7. 增强顾客满意度

建设单位加强工程前期、施工过程中以及完工后的服务工作，包括组织好协调会、及时沟通相关信息、加强顾客财产保护、严把自检和交验质量关、适时开展回访和座谈以及满意度调查工作等，在保证线路作业质量的前提下，在承受能力的范围内，尽量满足顾客的额外要求，增强顾客的满意度，力争实现双赢。

（四）年度工作成绩

1. 下部结构施工进展情况

钻孔桩累计完成 17 167 根，累计完成设计量 99.83%；承台累计完成 1 912 个，累计完成设计量 98.71%；墩身累计完成 1 855 个，累计完成设计量

95.77%；CFG 桩施工累计完成 1 498 131m，累计完成设计量 100%；强夯累计完成 91 986m³，累计完成设计量 100%；涵洞累计完成 367.48m，累计完成设计量 100%。路基土方累计完成 87.2 万方，累计完成设计量 76.68%。

2. 制架梁进展情况

内丘梁场累计预制完成 144 孔，累计完成设计量 23%。邢台车站梁场累计预制完成 196 孔，累计完成设计量 35%；累计架设 134 孔，累计完成设计量 23.6%。沙河梁场累计预制完成 265 孔，累计完成设计量 38%；累计架设 165 孔，累计完成设计量 23.8%。

3. 机场进展情况

（1）厂房结构：全部完成。（2）生产线土建施工：全部完成。（3）生产线设备到位 / 安装：具备三条生产线，现生产毛坯板 2 394 块。（4）打磨车间土建 / 设备：打磨机调试完成，试打磨 4 块板。（5）搅拌站：HZS120 型混凝土搅拌站完成。（6）试验室设备 / 试配：设备全部到位，试配进行中。（7）轨道板存放区土建 / 设备：龙门吊安装完成，存板条基一层完成，二层完成，翻转机进场安装完成。

4. 三电改迁情况

10KV 线路迁改累计完成 131 处，占完成总量的 100%；35kV 线路迁改累计完成 17 处，占总量 100%；110kV/220kV 线路改迁累计完成 25 处，占完成总量 100%；380kV 线路改迁累计完成 233 处，占完成总量 100%；光缆改迁累计完成 186 处，占完成总量 100%；电缆改迁累计完成 60 处，占完成总量 100%；管道改迁累计完成 4 处，占完成总量 100%。

5. 现浇连续梁进度

（1）跨京珠高速悬灌连续梁主墩：474# 墩钻孔桩、承台、墩身、0# 块已完成，1# 块正在施工；475# 墩钻孔桩、承台、墩身全部完成，0# 块浇注完成，累计完成 65%。

（2）牛尾河悬灌连续梁主墩：12# 墩钻孔桩、承台、墩身及 0#、1#、2#、3#、4# 块已全部完成；13# 墩钻孔桩、承台、墩身及 0#、1#、2#、3#、4# 块已全部完成，累计完成80%。

（3）跨邢任公路悬灌连续梁主墩：18#墩钻孔桩、承台、墩身及0#、1#、2#、3#块完成混凝土浇筑；19#墩钻孔桩、承台、墩身及0#、1#块全部完成，2#块正在施工，累计完成70%。

（4）跨35省道悬灌连续梁主墩：230#墩钻孔桩、承台、墩身全部完成；231#墩钻孔桩、承台、墩身全部完成；主墩支架全部搭设完成，累计完成57%。

（5）跨邢临高速公路悬灌连续梁主墩：234#墩钻孔桩、承台、墩身全部完成，235#墩钻孔桩、承台、墩身全部完成；236#墩钻孔桩、承台已完成，墩身正在施工，累计完成25%。

（6）跨329省道悬灌连续梁主墩：652#、653#墩钻孔桩、承台、墩身、0#、1#、2#、3#、4#、5#块全部完成，累计完成82%。

（7）跨107国道支架现浇梁29#、30#、31#、32#墩的钻孔桩、承台、墩身全部完成，第一现浇段a、b、c段已浇筑完成，现正在施工边跨及中跨合龙段，累计完成80%。

（8）跨327省道支架现浇梁已全部完成，累计完成100%。

（9）跨328省道支架现浇梁已全部完成，累计完成100%。

（10）跨326省道支架现浇梁钻孔桩、承台、墩身全部完成，现正在进行第一现浇段施工，累计完成65%。

（11）跨318省道支架现浇梁钻孔桩、承台、墩身全部完成，第一现浇段a、b、c段施工完成，现正在进行合拢段施工，累计完成85%。

6.工程质量情况

目前桩基施工已基本全部结束，出现Ⅱ类桩55根，其余均为Ⅰ类桩，优良率为99.67%；所完成的墩身内实外美，线条流畅，颜色均匀一致；标高控制及沉降观测误差在规范许可范围之内，墩的中心线及支承垫石预留孔的偏位均满足要求。

预制和现浇预应力箱梁，颜色均匀，强度满足设计要求，线形平顺，平整度及几何尺寸均满足要求。

　　大型铁路工程项目施工质量管理是一项全员参与的质量管理，必须贯彻执行建设工程质量法律、法规和强制性标准，合理配置施工生产管理要素和采用科学的管理方法，只有这样才能实现工程项目预期的使用功能和质量标准，使施工企业交付出经得起历史考验的优质工程。

　　本书对铁路桥梁项目施工质量管理的研究紧密结合铁路桥梁工程现场质量管理的实际情况，对桥梁施工质量管理的全过程从质量计划的编制、质量控制点的设置、工序质量控制等方面进行了分析和论述，进而得出如下结论。

　　（1）工程要实现总体质量目标，必须建立完善的质量自控体系，以现场施工管理组织为基础，通过质量管理目标的确定和分解，所需人员和资源的配置，以及施工质量管理相关制度的建立和运行，形成具有质量控制和质量保证能力的工作系统。

　　（2）施工质量保证体系的运行，应以质量计划为龙头，以过程管理为重心，按照 PDCA 循环的原理展开，做好计划、实施、检查和处置。相关负责人要在每道工序完成后及时总结经验、吸取教训，做好质量管理或质量控制的持续改进。

　　（3）施工质量预控是施工全过程质量控制的首要环节，包括确定施工质量目标、编制施工质量管理计划、落实各项施工准备工作以及对各项施工生产要素进行质量预控等。

　　（4）施工质量计划是施工质量控制的手段或工具。在施工前，相关负责人要通过施工质量计划的编制确定合理的施工程序、施工工艺和技术方法，以及制定与之相关的技术、组织、经济与管理措施，用以指导施工过程的质量管理和控制。

第二章　预制安装施工法施工与控制技术

第一节　制梁场布置

一、学习任务

通过学习制梁场布置相关配套知识，掌握制梁场选址、规划设计、工装设备配备等梁场布置相关内容，完成预制场规划设计和设备配置，达到学习目标的要求。

二、相关配套知识

制梁场是预制安装法施工中极为重要的大型临时工程，下面重点介绍高速铁路制梁场规划和布置相关知识。

（一）制梁场概述

制梁场是桥梁施工过程中所涉及的大型临时工程，具有面积大、投资大、建设周期长、认证严格等特征，在桥梁施工中扮演重要角色，混凝土预制梁的生产、储存、试验都在制梁场实现。在学习混凝土简支梁预制之前，应首先了解制梁场的建设技术要求，优化工艺布局和工装配备，这对降低施工成本、提高施工生产效率等有重要作用。

1.制梁场设计内容

制梁场设计一般包括制梁场规划、资源配置、节能及环境保护措施等方面的要求。

（1）制梁场总体规划。

制梁场总体规划应结合所在区域技术、经济、自然条件等进行编制，满足生产、运输、防震、防洪、防火、安全、卫生、环境保护、节能和职工生活的需要。

（2）制梁场平面设计。

制梁场平面设计应因地制宜，合理布局，提高土地利用率。

（3）制梁场工装设备布置。

制梁场可根据场地形状、地质情况、运输方式及企业现有资源等，选择移梁台车、轮胎式搬梁机、轮轨式搬梁机、两台轮轨式提梁机等常用系统设备进行具体规划布置。

2. 制梁场选址及布置

（1）制梁场选址原则。

制梁场的选址应根据需要架设桥梁的区段内桥梁和周围结构物的分布情况，从满足工期、造价合理等综合分析，确定制梁场位置。制梁场选址应考虑以下主要原则。

①永临结合。根据永临结合的原则，尽可能利用站场和其他铁路永久用地，或将制梁场设在地方规划或工程规划中的永久建设用地上。

②征地拆迁及复垦量少。制梁场宜选在占用耕地少、拆迁量小以及工程完工后复垦量小的场地上。可利用荒地的，不得占用耕地；可利用劣地的，不得占用良田。

③供梁距离短。制梁场一般宜选在桥群集中地段或特大桥两端位置，以减小运梁距离。箱梁供梁的运距不宜超过20km。

④交通方便。制梁场位置充分考虑交通、用电、用水等要求，应尽量与既有路网或施工便道相连，以利于大型设备和材料进场，道路应满足运输大型制梁、提梁、运梁设备通行的要求。

⑤地况良好。制梁场宜选择在地质状况好、地基处理工程量小的地基上。临

时性制梁场宜靠近正线路基设置场地，但不能占用或跨越正线路基。永久制梁场宜靠近既有铁路线建设，以减少运梁专用线的投资。

相关工作人员在确定制梁场位置前应充分调研其地质情况，在地质状况好的地基上建设制梁场，以减少地基处理工程量，降低工程投资。

⑥保证安全。制梁场选址应考虑防洪、排涝和防凌等要求，以确保施工安全。制梁场场地规划选址应考虑供梁区间内现浇梁、连续梁及隧道工程等的影响因素，宜避开水库、水塘、高压线、危险爆炸物生产区。

（2）不宜选址地段。

由于制梁场生产的桥梁结构质量要求很高，故为了保证梁体预制质量，下列地段和地区不得选为场址：

①地震断层和设防烈度高于九度的地震区；

②有泥石流、滑坡、流沙、溶洞等直接危害的地段；

（3）制梁场分区。

制梁场主要由保障区、制梁区、存梁区、提梁上桥区（装车区）和办公生活区等组成，各区主要功能和组成如下。

①保障区。

保障区主要实现梁场各种材料、物资、电力、水等的保障和供给功能。

保障区主要由混凝土拌和站、沙石料场、钢筋存放加工区、钢绞线存放下料区、工程试验室、变电所、锅炉房、物资仓库、水站等组成。

②制梁区。

制梁区主要实现混凝土梁的预制和预张拉、初张拉等。

制梁区主要包含钢筋绑扎台座、模型准备台座、制梁台座、搬移梁通道等土建结构物。

③存梁区。

存梁区主要实现混凝土梁的养生、终张拉、压浆、封锚、检测等，在必要时可实现支座安装和混凝土梁防水层、保护层施工等，部分预制场存梁区在经过特殊规划和设计后可实现架桥机调头功能。

存梁区一般由存梁台座、静载试验台座、搬移梁通道（根据梁场不同的规划模式，可分为横移滑道、轮胎式搬梁机通道、轮轨式搬梁机轨道基础、轮胎式搬梁机变向区和轮轨式搬梁机变向区）等组成。

④提梁上桥区（装车区）。

提梁上桥区主要实现预应力钢筋混凝土梁上桥、装车功能。部分预制场提梁上桥区经特殊处理后可实现运梁车、架桥机的安装、拆除、调头等功能。

提梁上桥区包含提梁台座、提梁机轨道基础及运梁通道等土建结构物。

⑤办公生活区。

办公生活区主要为场区工作人员提供生活、办公场所。

办公生活区宜具有独立的水电保障体系，办公生活区的规划应满足铁路建设项目现场管理规范（MTB10441—2008）的要求。

（4）制梁场布置原则。

制梁场规划布置一般规定如下：

①拌和站、锅炉房宜靠近制梁台座设置，并远离办公生活区；

②变压器设置的安全距离要符合相关规范规定；

③预制梁运输便道的设置要满足运梁车的净空及载重要求，提梁上桥区要满足拼装架桥机和运梁车作业空间的要求，运输专用线的接轨点避免设置在运营线路上；

④箱梁、T梁存放区的设置规模应综合考虑制梁周期和架梁进度等因素，条件许可时可选用双层存梁方式；

⑤制梁场规划设计要充分考虑给排水系统、供电系统、供气系统、场内运输系统的设计；

⑥生产区、生活区、办公区的设置应满足安全标准及文明施工场地的要求；

⑦场外道路与公路或城镇道路连接时，应使路线便捷、工程量小，并能满足梁场正常生产所需材料进场的需要。

3.制梁场建设前期准备

设计人员在制梁场规划前应做好场地选择、施工调查及初步规划设计工作。施工调查主要针对工程情况、现场实地踏勘、地质资料、气象水文、电力供应、交通运输、地方资源等展开，施工调查完成后，相关工作人员应完成施工调查报告，并开始编制梁场规划方案。

（二）制梁场布置

1.建场方案规划原则和依据

当制梁场原地形较为平坦时，可采用同一高程进行平面布置，但场内排水系统设计要合理；当地形高差较大时，可采用阶梯形布置，但提梁机移梁、运梁则必须在同一高程平面进行。

当采用运梁便道时，梁场应设置于桥头路基旁，其生产区平面高程与路基高程应尽量接近，以利于缩短运梁便道；当采用提升设备垂直运梁上桥时，梁场设置于平坦地段，存梁台位应设于桥址边。

2.制梁场平面布置

制梁场主要由生产区、生产辅助区、办公生活区三大部分组成。

生产区分为混凝土拌和站、制梁区、存梁区。

生产辅助区分为沙石料存放区、锅炉房、存煤场、钢构件存放区、材料库房、机修区、试验室和配电室等。

办公生活区分为办公区、生活住宿区、文体活动区、停车场等。

梁场平面布置应遵循简洁实用、紧凑合理的原则。各区域要紧密联系，但互不干扰。生产区及生产辅助区内设施布置既要满足生产工艺要求，又要方便施工、方便运输，减少二次倒运。生活区布局要环保、具有人文气息，便于管理。制梁场整个区域要与外界相隔离，安全独立。

3. 主要工装设备配置

（1）制梁和存梁台座配置。

①布置形式。

制梁和存梁台座布置形式主要有两种：纵列式和横列式。纵列式布置方式是指台座的长度方向顺线路走向，横列式布置方式即台座的长度方向垂直于线路走向。当制梁场靠近线路时适合采用纵列式布置，当制梁场远离线路时宜采用横列式布置。

多个台座的具体排列方式主要取决于预制梁移出台座的方式。将预制梁移出台座的设备主要有提梁机和移梁台车。提梁机又分轮胎式和轮轨式两种。

a. 移梁台车移梁。

移梁台车是一种沿着固定轨道前进的移梁设备，一般适用于横列式布置的梁场。预制梁初张拉后，一侧外侧模拆除，由移梁台车将预制梁从制梁台座上顶起并横移至存梁台座上，这种方法需要存梁场另配提梁机供预制梁装车用。

b. 提梁机移梁。

提梁机移梁可用于横列式和纵列式布置的梁场。当其应用于横列式时，台座可单列、双列及多列布置。预制梁初张拉后，提梁机纵向跨越制梁台座，将预制梁直接提吊出台，存放于存梁台座上。当提升、起吊不同制梁台座中的预制梁时，提梁机需要横移转向。

当应用于纵列式时，台座一般双列布置，轮轨式提梁机横跨两列制梁台座。移梁时将预制梁直接提吊出预制台座存放于存梁台座上。

②台座数量。

制梁台座数量主要由梁场日设计生产能力、台座周转期决定。

存梁台座数量要综合考虑气候、工期、工程特征等情况确定，需要注意的是预制梁混凝土浇筑完成后 10 ~ 15 天才进行终张拉，工作人员计算存梁期时应考虑这一因素。

在制梁场制梁、存梁台座设计中，为了节约用地，在条件允许时存梁台座可设计为双层存梁台座。

（2）模板配置。

目前，制梁场预制梁所用模板多为钢模板。外模宜为开合式钢模板，内模为液压钢模板。预制梁底模配置数量与制梁台座比例为1：1；侧模如采用固定式则与底模数量相同，如采用移动式则其配置数量与制梁台座数量的比例可为1：2；内模和端模配置数量比制梁台座的数量略少。

（3）主要设备配置。

为满足预制梁架设进度及施工质量要求，制梁场设备应本着混凝土生产能力大于浇筑能力、混凝土运输能力大于生产能力、移梁能力大于制梁能力、制梁速度大于架梁速度的原则进行设备配备。

①移梁设备。

移梁设备主要有移梁台车、提梁机。其数量根据梁场布置形式确定。

②混凝土拌与运输设备。

混凝土拌和与运输设备的配备需满足混凝土施工相关要求。例如，高速铁路32m简支箱梁混凝土设计量334m³，一般要求在6h内浇筑完毕，搅拌站拌和能力和浇筑速度必须满足此要求。

③吊装设备。

龙门吊等吊装设备应根据制梁速度配备，用来吊装钢筋骨架、模板系统等。

④其他设备。

考虑夏季和冬季施工需要严格控制混凝土的拌和温度，在搅拌站附近应专门设立水温控制装置，对搅拌用水实现夏季制冷、冬季加热措施。

制梁场其他设备应根据实际需求合理配置。

4.“认证”中应注意的几个问题

“预应力钢筋混凝土铁路桥简支箱梁生产许可证的办理”简称“认证”，是制梁场施工管理过程中最为关键的一个环节，“认证”过程中主要注意事项如下。

（1）“认证”核查的重点部门主要有制梁场技术、试验、物资设备、安质部门。

（2）在"认证"核查中，内业资料和施工现场同等重要。制梁场"认证"在抓好内业资料的同时，必须加强现场管理，使每一道工序都形成规范作业，以减少或杜绝出现不合格项。

（3）有关部门应注意在提供相关表格之前必须反复核查，确保无误。表格提供必须要在审查组规定的时间内及时完成，否则将对认证核查造成不利影响。

第二节　混凝土简支梁预制

一、学习任务

通过学习混凝土简支梁预制相关配套知识，掌握混凝土简支梁预制过程中模板、钢筋、混凝土、预应力等施工相关内容，完成混凝土简支梁预制关键技术设计，达到学习目标的要求。

二、相关配套知识

预制安装法是目前铁路桥梁的主要施工方法之一，主要适用于简支梁。下面介绍简支梁的构造和预制技术。

（一）简支梁构造

简支梁桥属于静定结构。其结构尺寸易于设计成系列化和标准化，有利于工厂内或工地上的制造或施工，是中小跨度桥梁中应用最广泛的桥型。

简支梁可以采用钢筋混凝土、预应力钢筋混凝土、钢及其他材料制作，其中最常用的材料是钢筋混凝土和预应力钢筋混凝土。简支梁根据截面形式不同可划分为板梁、肋梁（T梁、兀梁）和箱梁等。

1.截面形式分类

（1）板梁。

板梁桥的承重结构一般是矩形截面的钢筋混凝土或预应力钢筋混凝土板，其主要特点是构造简单，施工方便，而且建筑高度较小。从力学性能上分析，位于受拉区域的混凝土不能发挥作用，却增大了结构自重，当跨度稍大时板梁显得笨重、不经济。

铁路板梁的标准跨度一般在 6m 以下。由于板梁底支承面宽，每片梁都不至在侧向发生倾覆，故两片板之间不需要横向连接。公路上的板梁也可做成横截面被显著挖空的空心板，以达到减轻自重和加大跨径的目的。

（2）肋梁。

在横截面内形成明显肋形结构的梁桥称为肋板式梁桥，或简称肋梁桥。这类桥以梁肋（或腹板）与顶部的桥面板结合在一起作为承重结构，由于肋与肋之间处于受拉区域的混凝土被挖空，显著减轻了结构自重。

肋梁桥充分利用了较宽的混凝土桥面板的抗压能力，有效地发挥了集中布置在梁肋下部的受拉钢筋的作用，使结构构造与受力性能达到较理想的配合。与板梁桥相比，肋梁桥梁高较大，混凝土抗压和钢筋受拉所形成的力偶比也较大，使得肋梁桥具有更大的抵抗荷载弯矩能力。目前中等跨径的简支梁桥多采用肋梁桥形式。

肋梁桥的横截面又分为兀形、T 形两种基本类型，其中 T 形应用广泛。

①兀形截面。

从铁路兀形梁典型断面来看，这类结构两肋间设有横隔板。其主要优点是在列车活载作用下每片梁可各自保证不发生侧向倾覆，因此安装就位后两片梁间不必再加连接。但这种梁对钢筋和混凝土需求量大，制造麻烦（模板复杂，内模拆除时工作条件差）；每片梁要设四个支座，安装时容易造成个别支座悬空，出现三条腿现象，列车通过时悬空的支座对桥墩(台)顶部发生锤击作用而使桥墩(台)顶部受损，并且会使整个梁部产生斜弯曲或扭转，可能导致梁肋、横隔板与道砟槽板损坏，目前这种截面已很少采用。

②T 形截面。

我国铁路跨度 16m 钢筋混凝土 T 形梁单线铁路上的 T 形梁一般分为两片预

制。由于单片梁易于侧向倾覆，运送时须在两侧加临时支撑。在工地安装就位后，两片梁要用横隔板连接成整体。预制时工作人员将一半横隔板与 T 形梁浇筑在一起，待 T 形梁架设完成后将横隔板在接头处连接起来即可。

（3）箱梁。

横截面呈一个或几个封闭箱形的梁桥称为箱形梁桥，简称箱梁桥，这种结构除了梁肋和上部翼缘板外，在底部尚有扩展的底板，因此它能同时承受较大正、负弯矩；箱梁抗弯惯矩和抗扭刚度比较大，在偏心荷载作用下截面的受力比较均匀。

箱梁适用于较大跨径的桥梁，也可用来修建全截面均参与受力的预应力钢筋混凝土简支梁桥。

目前在高速铁路和重载铁路的建设中广泛使用后张法预应力钢筋混凝土简支箱梁，其常用跨径为 32m、24m 和 20m 的箱梁，其中 32m 的使用规模最大。

2. 简支梁分块方式

（1）块件划分原则。

简支梁分块、分片是影响桥梁结构受力及构件预制、运输、安装和接缝施工的重要因素。

加大预制构件的尺寸可以减少接缝数量，增强结构整体性，但需要更大的运输、起重设备；而减小构件的质量会增加接缝数量，增加混凝土现浇时间等。在装配式简支梁设计中，块件的划分应遵循以下一般原则：

①块件的质量应当符合现有的运输工具和起吊设备的承载能力，而块件的尺寸及运输则应满足建筑限界的要求；

②结构的构造应当简单，并且尽可能少用接头，接头必须耐久可靠，具有足够的刚度，以保证结构的整体性；

③为了便于制造以及日后的更换，块件形状和尺寸应力求标准化。

（2）块件划分方式。

钢筋混凝土和预应力钢筋混凝土梁桥常用的分块方式有纵向竖缝划分、纵向水平缝划分和纵横向竖缝划分三种方式。

①纵向竖缝划分。

纵向竖缝划分方式在简支梁桥中应用最为普遍，在这种块件划分方式中，作为主要承重构件的各主梁都是整体预制的，接头和接缝仅布置在次要构件上，故这种划分方法使主梁受力可靠，施工方便。其缺点是使构件的尺寸和质量大，会对运输与安装造成困难。

②纵向水平缝划分。

为了减少构件的质量和尺寸，便于集中预制和运输吊装，人们还可用纵向水平缝划分法将桥梁的梁肋与顶板分割开来，再借助纵横向的竖缝将板划分成平面呈矩形的预制构件。施工时先架设梁肋，再安装预制板（有时采用微弯板以节省钢筋），最后在接缝内现浇一部分混凝土使结构连成整体，这种梁桥通常称为组合式梁桥。组合式梁桥的梁肋与翼板之间有混凝土施工接缝，其大大削弱了梁板之间抵抗弯曲剪应力的能力。人们在施工中为了使组合式桥梁可靠地整体受力，必须保证结合面的抗剪强度，通常可以适当加大肋板顶部宽度和预埋钢筋来实现肋板和顶板的有效连接。

（3）纵横向竖缝划分。

为进一步对预制块件减小尺寸和减轻质量，人们可对用纵向竖缝划分的主梁通过横向竖缝划分成较小的梁段。这种梁安装就位后需施加预压力来保证桥梁的整体性。这种纵横向分段预制的桥梁也称串联梁。

串联梁的优点是块件尺寸小、质量轻，可以成批预制后运至桥位处，其块件在预制时均应按预应力钢筋设计位置留出孔道。工作人员在拼装时首先将预制块正确就位，其次在预制块接触面上涂环氧树脂，最后在逐段拼装完成后穿入预应力钢筋进行张拉，使块件连接成整体。

3.结构布置

（1）板梁。

①整体式板桥。

整体式板桥的横截面一般都设计成等厚度的矩形截面，为了减轻其自重人们也可将受拉区稍加挖空做成矮肋式板桥。为了减小墩台的宽度，也有将人行道做成悬臂形式从板的两侧挑出的。

②装配式板桥。

装配式板桥的横截面形式主要有实心和空心两种。为了使装配式板块组成整体，共同承受车辆荷载，在块件之间必须有横向连接的构造，常用的连接方法有企口混凝土铰接和钢板焊接连接。

（2）肋梁桥。

对铁路钢筋混凝土 T 形梁桥，我国已制定了跨径分别为 4m、5m、6m 和 20m 的标准设计。标准跨径 16m 的道砟桥面钢筋混凝土桥梁全长 16.5m，主梁在纵向分成两片，主梁为 T 形截面。主梁高 190cm，约为跨度的 1/8.42，主梁中心距为 180cm，跨中部分腹板厚 30cm，靠近梁端部分增厚为 49cm，以适应腹板中斜拉力的变化。为满足主筋之间要有一定的净距和钢筋要有一定的混凝土保护层厚度，下翼缘加宽至 70cm。在梁端及距梁端 525cm 处设有横隔板，两片梁架好后，横隔板连接好后才能通车。中间横隔板厚 16cm；为了使工作人员在维修或更换支座时可在端横隔板下设置千斤顶而将整孔梁顶起，端部横隔板厚达 46cm，故端横隔板又叫"顶梁"。横隔板中部留有矩形孔。中间横隔板的孔洞尺寸为 80cm×103cm；端横隔板的孔洞尺寸为 61cm×76.5cm。

横隔板的作用除使两片梁连接后能保持横向稳定性外，还可使两片梁在列车荷载作用下能共同分担荷载和防止 T 梁发生扭转。这是由于钢轨并非正好位于梁肋上，而是在梁肋内侧。如果两片梁没有连成整体，在列车通过时梁便要受扭；若其连成整体，则在直线线路上由于线路中线与已连成整体的桥梁的中心线重合，故梁就不会受扭。对于在曲线上的桥梁，由于存在水平向的离心力并且列车荷载也不是均匀分配在两片梁上，因此就更有设置横隔板的必要。

（3）预应力钢筋混凝土简支梁的构造特点。

当混凝土简支梁桥跨度增加时，就需要采用预应力钢筋混凝土梁。与钢筋混凝土梁相比，预应力钢筋混凝土梁主要有以下优点：

①采用高强度钢筋，可节约钢材 20%~40%；

②预加压应力可大幅度提高梁体的抗裂性，并增加梁的耐久性；

③由于利用高强度混凝土，截面尺寸减小，梁体自重减少，可以增大跨越能力，也有利于运输和架设；

④混凝土全截面受压，充分发挥了混凝土抗压性能的优势，也提高了梁的刚度。

在结构布置上，预应力钢筋混凝土简支梁与普通钢筋混凝土简支梁并无大的不同。与同等跨度的钢筋混凝土梁相比，预应力钢筋混凝土梁的主要不同之处是：截面尺寸减小；高跨比减小；为了满足预应力钢筋的布置和承压要求，梁肋下部通常加宽做成马蹄形；在靠近支点处加宽成矩形截面。

我国已制定了标准跨径分别为 16m、20m、24m、32m、40m 和 48m 的铁路预应力钢筋混凝土 T 形梁桥标准设计。

4.钢筋构造

对于钢筋混凝土梁而言，梁内钢筋可分为两大类。

（1）受力钢筋，即根据受力要求，通过计算确定布置形式的钢筋。其主要指沿梁轴线方向布置的承受弯曲拉应力的主筋，以及承受腹板内主应力的斜筋和箍筋。

（2）构造钢筋，即根据构造要求布置的钢筋。其包括制造时为便于钢筋骨架绑扎成型和固定主要钢筋位置的架立筋，以及难以通过计算确定而凭经验设置的辅助筋。

5.T 形梁截面尺寸的选定

截面尺寸包括梁高、梁肋厚度、上翼缘板尺寸、下翼缘（下马蹄）尺寸等内容。

（1）梁高。

梁高的确定应通过多方面的比较，它取决于经济、梁重、建筑高度以及运输净空等因素，标准设计还要考虑梁的标准化，以提高互换性。

铁路普通高度钢筋混凝土梁设计中，梁高与跨度之比约为 1/6 ~ 1/9，而预应力钢筋混凝土梁的高跨比则为 1/10 ~ 1/11，跨度越大，比值越小。在建筑高度受严格限制的情况下，主梁高度就要适当减小。

（2）梁肋厚度。

梁肋厚度取决于最大主拉应力和主筋布置要求。由于支座处剪力比跨中处大，故由主拉应力决定梁肋厚度时，支座区梁肋可适当加厚，而跨中区段可以减薄。梁肋变截面位置可由主拉应力小于容许值原则及斜筋布置要求加以确定。为了减轻构件质量，在满足受力要求，保证梁肋屈曲稳定条件，确保不影响混凝土振捣条件下应尽量将梁肋做得薄一些。铁路钢筋混凝土简支梁的梁肋厚度一般可为 20cm（跨中区）~ 60cm（端部区）。预应力钢筋混凝土梁的梁肋厚度一般不得小于 14cm。

（3）上翼缘板尺寸。

普通铁路桥梁道砟槽顶部宽度不应小于 3.9m，人们由此确定上翼缘板宽，考虑到两片梁之间留有 6cm 空隙，以便架梁时吊索穿过，故每片梁上翼缘板宽约 192cm。

翼缘板的厚度应满足强度和构造最小尺寸的要求。根据受力特点，翼缘板通常都做成变厚度的，即端部较薄，向根部逐渐加厚。为了保证翼缘板与梁肋连接处的整体性，翼缘板与梁肋连接处的厚度应不小于主梁高度的 1/12。铁路桥梁翼缘板与梗腋相交处板厚不得小于梁高的 1/10。

（4）T 翼缘板（下马蹄）尺寸。

下翼缘尺寸根据主筋数量、类型、排列以及规定的钢筋净距和保护层厚度加以确定。对于预应力钢筋混凝土梁，其主要取决于预应力钢筋的布置。为了获得最大偏心距，预应力钢筋应尽量排列在下翼缘内，要求紧凑而且对称于梁截面竖轴，混凝土保护层和钢丝束管道净距应符合有关构造规定，同时还应考虑张拉端锚头的布置以及在运输和架设过程中移梁的稳定要求。

（二）简支梁施工流程

1.T 梁预制流程

钢筋混凝土和预应力钢筋混凝土简支 T 梁预制流程主要包括模板设计与安装、钢筋制作与绑扎、混凝土浇筑与养护、预应力钢筋穿束与张拉、孔道压浆与封锚等。

2. 箱梁预制流程

预应力钢筋混凝土简支箱梁预制流程与 T 梁相似。

（三）混凝土简支梁预制——钢筋工程

1. 钢筋类型

在桥梁工程中使用的钢筋种类很多，通常按化学成分、生产工艺、机械性能等来分类。

（1）按化学成分分类。

①碳素钢钢筋。

碳素钢钢筋是以铁为基体的铁碳合金。随着含碳量的增加，该钢筋的强度和硬度提高，而可焊性下降，脆性增加。碳素钢根据含碳量可分为低碳钢（含碳量小于 0.25%）、中碳钢（含碳量 0.25% ~ 0.60%）和高碳钢（含碳量大于 0.60%）。

②普通低合金钢钢筋。

普通低合金钢钢筋是在低（中）碳钢中加入少量的合金元素制成的，它的强度和综合性能较低（中）碳钢好。其中的合金元素包括硅、锰、钮、钛、硼等，所加合金元素占比一般不超过 3%。

（2）按使用性能和力学性能分类。

①普通钢筋。

普通钢筋指用于非预应力结构的受力钢筋、骨架钢筋及连接钢筋，主要为各种型号的热轧普通钢筋。

②预应力用钢筋

预应力用钢筋指用于预应力结构的受力钢筋，主要有热处理钢筋、冷拔钢丝、刻痕钢丝、钢绞线等。

（3）按生产工艺分类。

①热轧钢筋。

热轧钢筋指钢锭在高温时经轧机轧制，并经自然冷却而制成的钢筋。目前铁路桥梁工程中使用的钢筋多为热轧钢筋。

②冷拉钢筋。

人们可将热轧钢筋在常温下拉到屈服点以上、极限强度以下的某一强度值，从而提高钢筋强度和硬度，经此加工的钢筋为冷拉钢筋。

③冷拔低碳钢丝。

冷拔低碳钢丝指经过拔制产生冷加工硬化的低碳钢丝。人们通常采用直径 6mm 或 10mm 的普通碳素钢热轧盘条，在常温下通过拔丝模引拔而制成直径 3mm、4mm 或 5mm 的圆钢丝。

④碳素钢丝。

碳素钢丝由含碳量 0.25% ~ 0.60%，含磷及硫量小于 0.05% 的优质碳素钢制成。

⑤刻痕钢丝。

刻痕钢丝由碳素钢丝经压痕机碾轧而成。

⑥热处理钢筋。

热处理钢筋由热轧钢筋经淬火和高温回火处理而成，这种处理可以提高抗拉强度和改善钢筋性能。

⑦钢绞线。

钢绞线一般由 7 根碳素钢丝编绞而成，每股直径为 9 ~ 15mm。目前铁路桥梁中常用的钢绞线为 15.2mm 的钢绞线。

除上述分类之外，人们还可按照钢筋外形、供应形式、钢筋直径等对钢筋进行分类。

2. 钢筋检验

钢筋的质量是影响钢筋混凝土结构质量和使用安全的重要因素，人们在施工中必须加强对钢筋的管理、检查和验收，以确保使用合格的钢筋。

工作人员应对进场的钢筋通过抽样试验进行质量鉴定，合格的才能使用。抽样试验主要有抗拉极限强度试验、屈服点试验和冷弯试验。

钢筋进场时应具有出厂质量证明书或试验报告单，进场钢筋均应有标牌，并按批号及直径分批验收，工作人员验收时应查对标牌与实物是否相符，检查外观是否合格，按规定抽取试样进行机械性能试验，合格的方可使用。在钢筋加工过程中发现脆断、焊接性能不良或机械性能显著不正常等现象时，工作人员应进行化学成分检验及其他专项检查。

3. 钢筋储存

钢筋的运输保管工作极为重要，往往因运输保管不善，导致钢筋品种混乱或材料锈蚀而造成浪费，甚至影响工程质量。

钢筋存储采用挂牌制。钢筋在运输和储存过程中应上盖下垫，防止锈蚀、污染和变形。钢筋装卸不得从高处抛掷。

堆放钢筋场所不能存放酸性物和油、盐一类的物品，并远离有害气体，以免污染或腐蚀钢筋。

4. 钢筋加工

钢筋加工是指对钢筋进行的除锈、调直、切断、弯曲和连接等加工。

（1）钢筋除锈。

钢筋表面生锈会影响混凝土的黏结，削减钢筋截面积和降低其强度。钢筋在使用前应清除浮皮、铁锈和油污。钢筋的除锈一般有以下几种方法。

①人工除锈，即用钢丝刷、砂轮等工具除锈。

②钢筋冷拉自动除锈。

③机械除锈，如采用电动除锈机除锈。

④化学除锈，如酸洗除锈。

（2）钢筋调直。

钢筋应平直无局部弯折，成盘的钢筋或发生弯曲的钢筋均应调直后使用。

钢筋调直分人工调直和机械调直。人工调直常用绞盘拉伸、大锤敲击等方法。机械调直常用的有钢筋调直机和卷扬机。当人们采用卷扬机冷拉方法调直钢筋时，HPB235 钢筋的冷拉率不宜大于 2%，HRB335、HRB400 钢筋冷拉率不得大于 1%。钢筋经加工后，其表面上不应有削减钢筋截面积的伤痕。一般大型制梁场都设有专用的调直机。

（3）钢筋切断。

钢筋应采用常温切断。钢筋切断有机械切断和人工切断两种。切面直径 6mm 以下钢筋可用手动切断器，32mm 以上的钢筋可用钢锯锯断或用其他设备切断。目前制梁场多采用机械切断。

钢筋切断时要求断口与轴线垂直，不得有劈裂、缩头或严重的弯头现象，操作时应特别注意安全。切断钢筋时力求长度准确，偏差限制在 5mm 以内。断料前要复核配料单，然后根据配料单下料。钢筋切断时要长短搭配，统筹排料，先切长钢筋后切短钢筋，尽量减少钢筋接头，降低损耗。

（4）钢筋下料和弯曲。

钢筋应在常温下进行弯曲，不得加热弯曲，也不得采用锤击弯折。钢筋弯折点不得有裂缝，弯曲形状不得在平面上发生翘曲。

钢筋弯曲亦有手工弯制和机械弯制两种方法。手工弯制适用于少量及小直径钢筋的弯制，制梁场应采用机械弯制钢筋，在条件允许时可采用大型的成套钢筋加工机械。钢筋弯曲或弯钩会使其长度变化，因此人们在配料时要考虑其长度的增减。钢筋下料的算法很多，其核心是弯制过程中钢筋轴线不变，常用钢筋下料长度计算如下：

①直钢筋下料长度为结构长度减保护层厚度加弯钩增加长度；

②弯起钢筋下料长度为直段长度加斜段长度加弯钩增加长度减弯曲调整值；

③箍筋下料长度为箍筋周长加弯钩增加长度加（或减）弯曲调整值。

弯钩增加长度与弯钩的内径大小及弯钩形状有关。弯钩有三种形式，即半圆钩、直弯钩和斜弯钩。

弯起钢筋增加长度与弯起角度、曲率半径有关。人们弯制钢筋时宜从中部开始逐步弯曲两端，弯钩必须一次弯成，不得反复弯折。加工完毕后的钢筋，应妥善保存，避免锈蚀及污染。

（5）钢筋连接。

热轧钢筋的单根长度为9m、8m和6m等。而实际结构的制造长度不可能限于这些长度，这就需要人们接长钢筋。钢筋连接可分为绑扎连接、焊接连接和机械连接三种。钢筋机械连接接头和焊接连接接头的类型及质量应符合有关标准的规定。

①绑扎连接。

绑扎连接是指接头钢筋相互搭接，搭接部分的中心及两端位置用铁丝绑扎结实。绑扎连接操作方便，但钢筋接头不够结实并且搭接较长。除在没有焊接设备或操作极为不利的情况下，一般不应采用绑扎连接方法连接主筋。绑扎连接的钢筋接头搭接末端距钢筋弯折处不得小于10d；受拉区域内HPB235钢筋的绑扎接头末端应做弯钩，其余情况可不做弯钩。

②焊接接头。

焊接接头是桥梁工程中最主要的连接方式，具有操作简单、可靠度高、费用低等优点。

a.闪光对接焊。

需焊接的钢筋端头固定于两电极上，通电后，对焊钢筋的端面轻微接触，在高电流作用下，端头金属很快熔化，熔化的金属微粒从钢筋面间喷射出来，形成喷火花。等钢筋烧至规定留量后，钢筋端部已加热至熔点温度（形成一定宽度的温度区），施加顶锻压力，液态的对焊接头金属被排挤在焊口之外，工件焊合，挤出的金属在焊口周围形成较小的凸起，整个焊接过程完成。

b. 电阻点焊。

工作人员利用机械挤压将需焊合的钢筋夹紧，钢筋之间形成物理接触点，通电后固态金属加热膨胀，在焊接压力作用下产生塑性变形，并挤向工件间隙中，继续加热并熔化，在电流切断后开始冷却凝固，形成焊接接点。电阻点焊适用于焊接骨架和焊接网片。

c. 电弧焊。

电弧焊利用电弧机使焊条与被焊钢筋间产生高温电弧，将钢筋局部爆化成溶池，焊条金属熔化进入熔池，冷却后熔化的焊条将钢筋焊接在一起，形成焊接接头。电弧焊接头形式可分为帮条焊和搭接焊等。

d. 接触电渣压力焊。

利用电流产生电弧热量，使电弧周围的焊剂熔化变成液态，通过液态豁渣所产生的电阻热作为热源来熔化钢筋端头，然后施加压力使钢筋接在一起。

e. 埋弧压力焊。

埋弧压力焊利用焊剂层下的电弧热将两焊件焊接部位熔化，然后加压顶锻使两焊件焊合。埋弧压力焊分为手工埋弧压力焊和自动埋弧压力焊。人们采用手工埋弧压力焊时，先将焊剂填满施焊接头处，接通焊接电源后，立即将钢筋上提2.5～3.5mm，引燃电弧，随后按照钢筋直径大小适当延时或者继续提升3～4mm，再渐渐下送，保持钢筋燃烧熔化，待形成熔化池后，迅速加压、断电形成接头。采用自动埋弧压力焊时，在引弧后，人们须根据钢筋直径大小，延续一定时间进行熔化，随后及时顶压。埋弧压力焊适用于钢筋与钢板做 T 形接头焊接，其操作简单，使钢板不变形。

f. 气压焊接。

气压焊接利用氧乙炔火焰燃烧产生的高温，将钢筋端头局部加热至塑性状态，在一定的顶锻压力下，使钢筋端部产生塑性变形，紧密接触后两端面的金属原子互相扩散再结晶，成为一个整体接头。其优点是使用的设备简单，操作方便，适于现场施工，不需要电力，效果较好，费用较低。

③机械连接。

机械连接常用于主筋的接长，常用的机械连接方式有冷压接头和锥形螺纹钢筋接头。

a. 冷压接头。

冷压接头是一种机械连接方式，适用于 18 ~ 40mm 螺纹钢筋的连接。人们将两根待接螺纹钢筋插入特制的钢质连接套筒内，用专用的高压钢筋连接机对钢套筒的外壁施加压力，使钢套筒产生冷态挤压塑性变形，钢套筒内壁便紧紧地嵌入螺纹钢筋的片牙形横肋间隙中。然后人们加大压力，使连接套筒内壁金属紧密地箍紧钢筋，两根钢筋就通过套筒连接为一体了。冷压接头的传力主要是由钢套筒变形后与钢筋横肋之间的剪力来实现的。

b. 锥形螺纹钢筋接头。

锥形螺纹钢筋接头是一种机械连接方式。人们先将钢筋头用锥形螺纹削切机制成锥形螺纹，通过锥形螺纹连接器进行连接，形成钢接头。

④钢筋与钢板的搭接接头。

钢筋与钢板进行搭接焊时，搭接长度应等于或大于被焊钢筋直径的 4 倍（HPB235 钢筋）或 5 倍（HRB335 钢筋）。

焊缝高度应等于或大于被焊钢筋直径的 0.35 倍，并不得小于 4mm，焊缝宽度应等于或大于被焊钢筋直径的 0.5 倍，并不得小于 6mm。

5. 钢筋安装

钢筋骨架的绑扎与安装在施工现场有三种情况：全部钢筋均需在现场绑扎成钢筋网或钢筋骨架；钢筋在预制厂绑扎、焊接成网片，运至现场后再绑扎成整片或骨架；钢筋在预制厂绑扎、焊接成骨架，运到现场后直接起吊安装就位。预制场制梁主要采用后两种办法。

钢筋网片和骨架的绑扎或焊接，宜优先选用先绑扎预制后安装就位的方法，应避免在结构模内操作，以免影响结构主体施工。但预制网片和骨架时，工作人员应考虑网片或骨架的质量及刚度，以及起吊能力。

在进行钢筋网片、骨架焊接或绑扎前，工作人员应先熟悉施工图纸，核对需绑扎、焊接的钢筋型号、直径、形状、规格及数量是否正确，在钢筋上画线标记，准备绑扎用的铁丝、绑扎工具及绑扎架，制定绑扎、焊接顺序。

（1）钢筋网绑扎方法。

①钢筋的交叉点应用直径 0.7mm ~ 2mm 的铁丝或镀锌铁丝按逐点改变绕丝方向的方式或双对角线方式绑扎结实，以免网片歪斜变形；

②除设计特殊规定外，受力主筋应与箍筋垂直；

③大面积网片可在地坪或平台上画线标记绑扎，为了保证运输、安装过程中不发生歪斜和变形，网片可设置适量的辅助钢筋增强刚度。

（2）钢筋网焊点布置。

钢筋网焊点布置应符合设计规定，当设计无规定时，应符合下列要求。

①骨架焊接时所有钢筋相交点必须焊接。

②当焊接网片只有一个方向受力时，受力主筋与两端边缘的两根锚固横向钢筋的全部相交点必须焊接；当焊接网有两个方向受力时，则四周边缘的两根钢筋的全部相交点均应焊接，其余的相交点可间隔焊接。

（3）钢筋骨架和钢筋网的运输及吊装。

为保证安装质量和加快施工进度，工作人员可将钢筋网或骨架分块或分段绑扎，运至现场拼装。分块或分段的形式应根据结构配筋特点和起吊能力而定，一般钢筋网的分块面积为 6 ~ 20m²，骨架分段长度以 6 ~ 12m 为宜。大型钢筋网或骨架除绑扎临时加固筋外，还可采用型钢加固。吊点位置也应根据网片或骨架的尺寸、质量和刚度而定，要保证网片或骨架在吊装过程中不发生变形。

（4）拼装焊接方法。

骨架的焊接拼装应在稳固的工作平台上进行，具体操作如下。

①在进行拼装时，工作人员应按设计图放样，在放样时应考虑焊接变形和预拱度，并检查焊接接头质量。

②在进行拼装时，工作人员应将需要焊接的位置用楔形卡卡住，先进行点焊

固定，然后进行焊缝施焊，在焊接时要保持钢筋轴线在同一平面上。

③施焊由中部向两端对称地进行，或由骨架下部向上部进行。相邻的焊缝采用分区对称跳焊，不得顺方向一次焊成。

（5）钢筋骨架的支点。

为保证钢筋骨架或钢筋网的位置符合保护层厚度的要求，工作人员应在外层钢筋与模板间设置垫块，垫块强度不得低于结构混凝土强度等级，工作人员利用预留在垫块中的细铁丝把垫块与钢筋紧密地绑扎在一起。垫块高度应符合保护层厚度的设计要求，垫块不得横贯保护层的全部截面，应互相错开，分散布置，间距大致为 1m。

（6）高速铁路预应力钢筋混凝土箱梁钢筋安装技术。

钢筋半成品加工好后，在底腹板和顶板绑扎胎具上分别进行安装。工作人员应在胎具上将横、纵向水平筋的位置和间距标明。纵向水平钢筋间距为 100～150mm；横向水平钢筋间距为 100～200mm；底、顶板双层钢筋网间支撑钢筋按梅花形布置，间距不大于 50cm。

安装钢筋时工作人员要将焊接接头位置调整好。在箱梁受拉区同一截面焊接接头分布不超过全部钢筋头的 50%；钢筋横纵向交叉点用铁丝按双向绑扎牢固，在安装钢筋之前工作人员要将支座四块 20mm 厚的预埋钢板放在胎具设计位置，每个支座预埋钢板上均焊接有四个套筒用于架梁时支座安装的锚栓孔。

在组装钢筋骨架时工作人员要用 PVC 管在设计位置留出泄水孔、通风孔、吊装孔、通信信号预留孔，同时必须保证预应力波纹管道位置不受影响，并用定位筋保证波纹管设计线型，在顶板设计位置将接触网支柱预埋地脚用螺栓固定好。

底腹板、顶板钢筋骨架要达到间距均匀、通长顺直；钢筋交叉点绑扎牢固；预埋件位置准确，保护层垫块采用工厂加工的定型产品。钢筋骨架组装完成后用龙门吊移到制梁台座底模上连接。在吊装钢筋骨架之前，工作人员应将支座钢板、防落梁钢板提前安装固定在底模的设计位置。

（四）混凝土简支梁预制——模板工程

1. 模板构造

模板是混凝土桥梁及其他混凝土结构施工中的一种临时结构。其主要作用是控制结构形状和外观。模板工程包括模板以及支撑模板的一整套构造体系。其中，接触混凝土并控制预定尺寸、形状、位置的构造部分称为模板，支持和固定模板的杆件、桁架、连接件、金属附件等称为支撑体系。

模板的结构应根据混凝土结构的尺寸、浇筑方法以及拼装拆卸方便原则等确定。模板的制造材料以钢材和木材为主。目前，国内制梁场制梁时，主要采用的是定型钢模板。

（1）模板一般要求。

为了保证混凝土结构施工的经济、安全及质量，模板设计、制造应遵循下列原则。

①模板应保证混凝土结构和构件各部分设计形状、尺寸和位置正确。

②模板具有足够的强度、刚度和稳定性，连接牢固，能承受新浇筑混凝土的重力、侧压力及施工中可能产生的各项荷载。支撑系统应配置水平支撑和剪刀撑，以保证稳定性。模板变形应控制在一定的范围内，过大的变形会造成结构尺寸变化，表面不平整，甚至引起结构的开裂等。

③《铁路混凝土工程施工技术指南》规定：结构表面外露的模板，挠度不得超过模板构件跨度的1/400；结构隐蔽表面的模板，挠度不得超过模板构件跨度的1/250；模板及支（拱）架的弹性压缩或下沉量不得大于构件跨度的1/1000。

④模板制作简单，安装方便，便于拆卸和多次使用，接缝处不得漏浆。

⑤模板的数量根据工程量、施工工期、场地条件及循环使用次数确定。

⑥模板应与混凝土结构和构件的特征、施工条件和浇筑方法相适应。

（2）模板的种类。

模板可按制作材料、结构形式、施工方法等进行分类。

①按制作材料分类。

按制作材料分类，模板可分为木模板、钢模板、钢木混合模板、竹胶模板、铝合金模板、土模、充气囊内胎模等。

②按施工方法分类。

按施工方法，模板可分为拆移式模板和活动式模板。

a.拆移式模板。

所谓拆移式模板，就是在施工前可按要求的形状组拼成模型，在施工后可分块进行拆卸，稍加清理和整修之后即可周转使用的模板。拆移式模板又可分为拼装式模板、整体吊装模板、组合式模板。

拼装式模板是在施工现场根据混凝土结构的特点制作的木模或钢模，在使用时拼接成为整体，一般为某种结构专用模板，拆除后可周转使用，也可改制成其他模板。

整体吊装模板的面板和支撑体系在制模车间内制成，其可拼成面积或质量较大的模板，工地拼装工作量小，采用吊机吊装，机械化程度高工作人员可根据起吊能力来选定模板的大小及质量。

组合式模板是工具式模板的一种，由专门厂家生产，通常为一定规格的散件，它由面板、连接件、固定件及支撑件组成，可根据需要组拼成大小不同的模板。这类模板通用性强，周转使用次数多，既适用于大型混凝土工程，也适用于小型零散工程的施工。

b.活动式模板。

活动式模板由面板、支架和提升机械组成。活动式模板可使施工连续、快捷，质量可靠，可节省劳力，大大减少支架工程量。其主要有滑升模板、爬升模板和移动式模板。

③按模板的用途分类。

可分为制梁模板、塔柱爬升模板、墩台模板、承台模板等。

（3）模板的构造。

模板由面板和支撑体系组成，其中支撑体系又有内外肋、拉杆、围箍、支架或拱架等。

①面板。

面板是支挡混凝土成型的，通常施工现场所用面板采用 20 ~ 50mm 的木板或 3 ~ 10mm 的钢板及其他板材制成。木面板一般比较粗糙，为了使混凝土结构表面光滑平整，人们可在木板表面钉上一层白铁皮或胶合板。钢面板平整，制造的混凝土结构表面光滑。钢模板重复利用率较高，但价格较贵。面板的选用主要考虑施工方便、价格低、便于重复使用、表面效果好等因素。

②肋。

肋是面板的加强和连接构件，分为内肋和外肋两种。内肋的作用是将面板连为一个整体，并将面板分割为较小的受力面，以满足承力要求。外肋与内肋方向垂直，起进一步加强模板整体性的作用，并将面板受力传递给支架。内外肋之间多采用螺栓固定，也可用焊接固定。

③钢拉杆。

钢拉杆是指两个相对模板间的对拉钢杆，其作用是承受混凝土的侧压力，并保持模板间的相对位置，一般用直径 10 ~ 20mm 的钢筋制成，为了拆除方便和重复利用，工作人员可预埋钢管或硬质塑料管，使钢拉杆穿于其中，用完后可抽出拉杆，而套管被埋入混凝土中。

④支架或拱架。

支架或拱架是模板的承力结构，应根据混凝土结构的特征设计，尽量采用拼装式杆件、管支架或模板专用支承件，力求结构简单，受力、变形满足设计要求，安装、拆除方便。

⑤其他构造。

桥墩等柱体施工有时还需在模板外围设置钢拉带，其一般用 6 ~ 50mm 的扁钢制成包围在外肋的外侧，其作用是承受混凝土侧压力和保证模板的几何形状。

2. 模板设计

模板及支架的设计是混凝土施工设计的重要内容之一。人们一般参考以往模板设计资料拟定模板方案；根据施工设计荷载进行结构强度、刚度和稳定性计算；同时绘制模板结构图，制定模板施工工艺。

（1）荷载组合。

计算模板、支架和拱架时，工作人员应考虑下列荷载并根据其不利状况进行荷载组合。

①竖向荷载。

a. 模板自身的重力；

b. 新浇筑混凝土的重力；

c. 钢筋（包括预埋件）的重力；

d. 施工人员和机具设备的重力；

e. 振捣混凝土时产生的荷载；

f. 其他荷载。

（2）水平荷载。

a. 新浇筑混凝土对模板的侧压力；

b. 混凝土倾倒时因振动产生的荷载；

c. 风荷载；

d. 流水压力和静水压力；

e. 其他荷载。

普通模板荷载设计值按国家相关标准规定计算。模板设计应根据实际工况确定模板最不利荷载组合。

（2）模板计算。

模板是混凝土施工中的承力结构，它必须满足施工中最不利荷载作用下的强度和刚度要求。模板计算的主要内容有面板计算、内肋计算、外肋计算、拉杆计算、支架或拱架计算、脱模力计算、模板吊装计算、结构抗风险检算等。模板计算详细内容可参考相关临时结构计算书，下面简述其基本要求。

①面板计算。

模板面板荷载为新浇筑混凝土的重力和侧压力，按均布荷载计算。面板支撑于内肋上。当纵、横向均设有内肋，且纵、横向内肋间距之比大于2时，按单向板进行受力计算；当其比值小于2时，可按双向板计算；如仅在一个方向设置内肋时，可按单向板计算。

②内肋和外肋计算。

内肋直接支承面板，多点承受面板传来的集中力，为便于计算，可按均布荷载计算。其计算原则如下：连续支承的内肋跨数不同时，按不同跨数的有关公式进行计算；连续支承的内肋带悬臂时，应同时验算悬臂端的弯矩和挠度，取最大值；内肋间距除按计算要求确定外，还可根据施工需要减少。

③模板拉杆计算。

模板的拉杆用于连接内外两侧模板，保持内外模板间距，承受混凝土的侧压力和其他荷载，确保模板有足够的刚度和强度。其计算按照轴心受拉杆件计算即可。

3. 模板制作

目前相关标准推荐采用钢材制作的模板。

（1）钢模板的制作。

钢模板及其配件应根据计算进行设计，其制造应根据批准的加工图，成品经检验合格后方可使用。

①制作钢模板常用的钢板厚度为3～10mm。钢板表面应平整，不得有较大的凸起、凹痕，同时钢板不得有锈斑、漆面层及油迹污染。

②钢板的拼接焊缝应予以打磨平整，不应有焊接变形和损伤。肋角焊接牢固。

③拼接模板的螺栓孔位置准确，螺栓与螺栓孔配套，拼接的内肋边缘与板面垂直。

④板块拼接缝宜填入橡胶条，以确保接缝严密不漏浆。

⑤模板块应设吊点，以便今后拆卸。模块整体刚度不宜过大，拆模时的适量变形有利于脱模。

⑥钢模板的内外直肋之间宜用螺栓连接，不宜采用焊接。特殊形状的外壳可采用焊接，形成整体模块，便于拆装周转使用。

（2）木模板的制作。

木模板可在工厂或施工现场制作，木模板与混凝土的接触面应平整、光滑。木模板的接缝可做成平缝、搭接缝或企口缝。当采用平缝时，工作人员应采取措施防止漏浆。木模板的转角处应加嵌条或做成斜角。

①木模板制作应选用质地坚硬、变形小、无腐烂、无扭曲与裂缝的木材。

②木板的宽度一般不宜超过 20cm，太宽则与水接触易翘曲，过分干燥时两块板的接触面易产生缝隙导致漏浆，板的长度根据结构需要而定，但不宜超过 4m，太长则装板不便。

③木板与混凝土的接触面应刨光，如有混凝土饰面要求，则其表面应钉薄铁皮或其他表面光滑的材料。

④板的边缘应找平刨直，接缝严密，不产生漏浆。板与肋之间应用铁钉钉牢，钉头埋入板中，不得露出。

⑤曲面模板的肋木应按照准确的样板画线下料和加工，形状复杂的模板宜按照特制的模板大样来套制，内侧应刨光、刨圆，形光滑的内面。

⑥周转使用次数较多的木模板可在接触面钉以镀锌铁皮。

⑦各种开孔位置应准确预留。

⑧模板配制好后，不同部位的模板要进行编号，注明用途，分别堆放。

4.模板安装

（1）安装前的准备工作。

①模板进入现场后，依据模板设计和加工要求清点数量，核对型号。

②模板安装前，应熟悉设计图，备好预埋件。

③搭设模板的地面应事先夯实平整或进行处理，确保有足够的强度，并做好

防水排水处理。

④模板应涂刷脱模剂，但不得使用易使其变色的油料作为脱模剂。

（2）施工预拱度。

为了消除恒载挠度而设置的预拱度（指跨中的反向挠度），通常取全部恒载和一半静活载所产生的竖向挠度值。对于位于竖曲线上的桥梁，人们应视竖曲线的凸起（或凹下）情况，适当增加（或减少）预拱度值，使竣工后的线型与竖曲线接近一致。

对自重相对于活载较小的预应力钢筋混凝土受弯构件，人们应考虑预应力反拱值过大可能造成的不利影响，因此要严格控制初张拉的混凝土强度和弹性模量，结合荷载产生的向下挠度合理控制预应力，避免桥面隆起甚至开裂破坏。

（3）安装顺序和注意事项。

①合理安排模板的安装顺序，一般情况下自下而上安装，同时模板与钢筋安装工作应配合进行，妨碍钢筋绑扎的模板应待钢筋绑扎完毕后安设。

②在模板安装过程中应注意模板的稳定，可设临时支撑稳住模板，待安装完毕经校正无误后予以固定。

③在混凝土重力作用下，底模要产生挠度，为此底模安装要通过计算确定模板的预拱值。

④支撑体系底部应具有足够的承载力，严禁脱空。

⑤模板上施工荷载不得超过 $250N/m^2$，模板上堆料要均匀，禁止集中堆放。

⑥ 2m 以上高处作业必须具有满足操作要求的可靠立足点，按要求搭设护栏及安全操作台，操作台上设脚手板，工作人员不得站在钢管上操作。

⑦模板上预留孔洞应及时盖好。

⑧模板安装完毕后，应检查模板的垂直度、中心线高程及各部位尺寸，保证结构各部分的形状、尺寸符合设计要求，并具有足够的稳定性、刚度和承载力。模板内不得有杂物，接缝应严密不漏浆。

5. 模板拆除

模板拆除是混凝土成型的最后一道工序，关系到混凝土施工质量，需要认真对待，尽量避免模板损坏和混凝土表面出现质量问题（出现掉角、坑槽等病害）。

（1）模板及支（拱）架的拆除时间应根据结构物特点、模板部位、混凝土强度、混凝土的温度及温差、混凝土带模养护时间、天气状况以及其他养护要求等条件综合确定，并符合施工设计的有关要求。

（2）模板拆除前应保证混凝土强度达到要求。

（3）模板拆除作业比较危险，拆模工作应由专人指挥，防止落物伤人，在作业范围设安全警戒线，悬挂警示牌，并设专门监护人员。

（4）拆模的顺序应按模板设计结构要求进行，一般遵循：先支后拆，后支先拆；先拆非承重部位，后拆承重部位；自上而下，在纵向应对称均衡拆除，在横向应同时拆除；简支梁、连续梁宜从跨中向支座依次循环拆除。

（5）拆模工作可用卷扬机、千斤顶和撬棍等工具，但不得损伤混凝土和模板，严禁用大锤或撬棍硬砸硬撬，不得留有未拆除的悬空模板。

（6）拆除大面积模板及质量较大的模板时应先加临时支撑，拆除模板连接后，再将临时支撑卸去，拆下模板。拆模时如需中间停止，应将已活动的模板、支撑等拆下，妥善堆放，防止后续施工造成失控、模板倾倒等安全事故。

（7）拆除模板后，应将外露的洞口加盖好。将预应力钢筋预留孔道密封，防止雨水等进入孔道。拆除临时埋设于混凝土中的预埋部件时不得损伤混凝土。

（8）拆下的模板要加强保护，要运至指定地点，并做到及时清理、维修和涂刷好隔离剂，修整后的模板要按编码堆放整齐，以备再用。模板堆放高度不得超过 1.60m。

6. 模板施工安全注意事项

（1）进入施工现场的人员必须戴好安全帽，高处作业人员必须使用安全带并将其系牢。经医生检查，不适宜高处作业的人员，不得进行高处作业。

（2）工作人员工作前应先检查扳手等工具是否系挂在身上，钉子必须放在工具袋内，以免掉落伤人。

（3）工作人员安装与拆除 5m 高以上的模板时，应搭脚手架，并设防护栏杆。高处、复杂结构模板的安装与拆除应有安全措施。

（4）在模板垂直运输时，吊点必须符合设计要求，以防坠物伤人。工作人员抬运模板时要互相配合，协同工作，传递模板时应用运输工具或绳子系牢后传递或升降模板，不得乱抛。

（5）支模过程中，如需中途停歇，工作人员应将支撑、搭头、柱头等钉牢。

（6）模板上有预留洞时，工作人员应在模板安装后将洞口盖好，混凝土板上的预留洞应在模板拆除后盖好。

（7）拆除模板时工作人员不许站在正在拆除的模板上，防止模板突然掉落伤人。

（8）高处作业要搭设脚手架或操作台，操作人员上下要使用梯子，操作人员严禁穿硬底鞋作业。

（9）装拆模板时，作业人员要站立在安全地点进行操作，防止上下方人员在同一垂直面工作；操作人员要主动避让吊物，增强自我保护和相互保护的安全意识。

7. 制梁场箱梁钢模板制作安装方案

目前，制梁场制梁常采用工厂化集中加工的定型钢模，T 梁的钢模板一般分为侧模、底模和端模三部分，而箱梁模板可分为底模、侧模、内模、端模四部分。

（1）模板制作要求。

①材质要求。

a. 模板制作应采用 Q235 钢，其材质须符合现行国家标准《碳素结构钢》（GB/T700—2006）的规定。

b. 焊接用电焊条与钢材强度相适应，焊条质量符合现行国家标准碳《非合金钢及细晶粒钢焊条》（GB/T5117—2012）的规定。

②模板设计要求。

a. 模板的荷载计算须符合《铁路混凝土工程施工技术指南》中的相关规定。

b. 模板设计须符合《钢结构设计规范》《铁路桥涵设计基本规范》的规定。

c. 模板制作须符合《铁路组合钢模板技术规则》的规定。

③模板加工要求。

a. 模板须保证混凝土结构和构件各部分设计形状、尺寸和相互间位置正确。

b. 模板须具有足够的强度、刚度和稳定性，能承受新浇筑混凝土的重力、侧压力及施工中可能产生的各项荷载。

c. 模板接缝不漏浆，制作简单，安装方便，便于拆卸和多次使用。

d. 模板能与混凝土结构和构件的特征、施工条件和浇筑方法相适应。

（2）模板结构设计。

底模一般由工字钢横肋、连接角钢、底模钢面板、预埋螺栓组成。底模一般按每段 3m 左右分段加工制作，然后整体焊接拼装在固定台座上。人们通过调节底模各段的高程预设预拱度。

侧模由型钢框架、侧模钢面板、支架等组成，其制作一般按 4 ~ 8m 分节加工，其底缘线形应与底模预拱度一致，侧模底部设置活动咬，与台座基础处预埋的驳接点连接，可绕交接点进行侧向转动。侧模翼缘板外侧应设置网架防止坠落，设置振动整平机导轨便于桥面整平。

箱梁还需内模，目前常采用全液压自动收缩内模，由内顶模、内侧模、内底模、液压收放及控制模块、纵向走行部件等几部分组成。

端模设置为整体形式，由面板和型钢背楞组成，采用螺栓连接固定在侧模、底模和内模上，制作时其张拉槽口位置必须准确。

（3）安装工艺。

①安装底模。

箱梁底模分节制作运到现场，与台座预埋件焊接成整体，在箱梁长度范围内按抛物线预留出反拱值。底模拼装好后用打磨机将面板锈迹、污垢清理干净，并在底模板上画出纵横中心线和梁体端线，并做好标志。底模在使用前，应检查底模的平整度、预拱度、长度、对角线等参数，符合规范要求后，方可投入使用。

对于预应力钢筋混凝土箱梁来说，由于32m和24m箱梁断面相同，为了适用32m和24m箱梁，底模分成几大基本模块，在32m箱梁台座改变成24m箱梁台座时，底模板两端各除掉4m进行端模的安装，然后再按24m箱梁的要求预设反拱度，这样可实现底模的共用。

②安装内模。

箱梁内模分端截面、变截面及普通截面三大类。32m箱梁内模按长度方向分3段（12.3+8+12.3=32.6m），每段相接，高度方向在相接两侧分别设置活动段；内模由32m变为24m同高度箱梁时，只需将中部8m去掉，然后重新连接。

在内模拼装前，工作人员应先检查内模板连接处有无焊接变形、错台等现象，并及时进行处理，在梁体主体钢筋安装完毕后再安装内模底部支架轨道，用螺栓通过套管将支架与底模上内螺母连接。

工作人员通过安装好的内模支架及轨道，将调整好的内模移至绑扎完底腹板钢筋骨架的内腔设计位置，人工安装内模与侧模之间的箱梁腹板限位拉杆，通过底部紧固螺栓、侧部限位拉杆保证内模纵横向位置不变。

③安装侧模。

侧模板安装前应检查板面是否平整，有无变形、残留灰渣；密封胶条、紧固件、纵移轨道及小车等有无损坏；附着式振捣器能否正常工作；模板面是否均匀涂刷了脱模剂等。

根据设计线形，侧模各节段连接为整体。侧模底部两侧安置液压千斤顶，侧模与端模之间用螺栓连接，侧模与内模之间设限位拉杆以保证箱梁腹板厚度。

32m梁施工变为24m梁施工时，模板侧模中部去掉8m，再重新设置反拱，即成24m梁施工模板。

为防止混凝土浇筑时接缝处漏浆影响预制梁表面质量，侧模与侧模间、侧模与端模间应用橡胶条进行密封。

④安装端模。

为了减小变形和方便安装，端模分为上、中、下三部分，制造时应保证钢绞线锚具的定位及尺寸准确，模板平整。端模用龙门吊吊装就位，与侧模、内模之间采用螺栓连接。端模置于底模上并用螺栓连接。为保证预应力孔道安装的正确性，32m 箱梁和 24m 箱梁端模分别制作。

在内模安装完毕后再安装端模，在端模安装前工作人员先将锚下垫板安装在端模上，将端模吊至台座端部的安装位置，然后对波纹管与锚下垫板之间用塞棉纱或其他方式进行密封，调整端模板，再用螺栓将侧模与端模连接、紧固在一起。

（4）拆模要求。

①梁体混凝土强度达到拆模设计要求，且混凝土表层温度与环境温度之差不大于 15℃，在保证棱角完整时方可拆除内外侧模和端模。

②气温急剧变化时，不得拆模。

③拆模时，先拆端模，然后脱离内外侧模。端模拆除时，先拆除所有连接螺栓，然后向外拉开端模，用龙门吊将其吊出。侧模脱离时，先拆除大部分支腿千斤顶，留下 8 个千斤顶，然后缓慢下降千斤顶，使侧模离开预制梁。

拆除内模时，先拆除所有与内模相连的连接件和撑杆，启动液压系统，收缩两侧板，下降纵梁到托架上，用卷扬机将其牵引至内模清理区。

（五）混凝土简支梁预制—混凝土工程

混凝土是桥梁工程建设中应用最广泛、用量最大的建筑材料之一。无论基础、承台、桥墩、桥台等，都有大量混凝土结构。目前，桥梁上部结构主要采用预应力钢筋混凝土梁。

1.混凝土材料

混凝土材料主要有水泥、骨料、水、矿物掺和料和外加剂等。

（1）水泥。

水泥是混凝土的胶结材料，混凝土的性能在很大程度上取决于水泥的质量。在混凝土的组成材料中水泥价格较高。在桥梁工程中通常应用的水泥有：硅酸盐水泥、普通硅酸盐水泥、矿渣硅酸盐水泥、火山灰质硅酸盐水泥和粉煤灰硅酸盐水泥五大品种，在特殊条件下人们还会使用快硬硅酸盐水泥、低热水泥、膨胀水泥等。

水泥的运输和存放根据包装的方式不同而不同。水泥的包装主要有两种方式：袋装和散装。袋装水泥是指采用纸袋或纤维袋包装的水泥，在运输过程中纸袋或纤维袋比较容易破损，导致水泥容易受潮。散装水泥一般采用密闭压力容器车装运，水泥运至工地后由压力空气传送至工地储备容器中。散装水泥在运输、储存、使用过程中不易受潮和损失。

袋装水泥应按品种、强度、批号等分类存放，防止混杂使用。

（2）骨料。

骨料包括经人工轧制的各种尺寸的岩石碎石以及岩石天然风化而成的砾石（卵石）和沙。不同粒径的骨料在混凝土中所起的作用不同，对它们的技术要求也不同。骨料分为两种：粒径小于 5mm 者称为细骨料，大于 5mm 者称为粗骨料。

①粗骨料。

粗骨料包括人工轧制的碎石和天然风化而成的卵石等，在混凝土中主要起骨架作用。为了保证混凝土强度和耐久性，粗骨料必须具备足够的强度、坚固性。粗骨料应有良好的级配，级配越好，其空隙率与表面积越小，配制的混凝土的和易性、密实性和强度就越高。粗骨料的最大粒径应按混凝土结构情况和施工方法确定。

桥梁工程应采用石质坚硬耐久的石料。硬质岩石经人工破碎而成的碎石中含有大量石粉，应筛分后使用。卵石表面光滑，制成的混凝土和易性好，易振捣密实。但卵石坚硬程度不一，片状、针状颗粒较多，含杂质多，需筛分清洗后使用。

②细骨料。

为保证新拌混凝土有适宜的工作性和硬化后的混凝土有一定的强度、耐久性，同时达到节约水泥的目的，一般要求细骨料应具有良好的级配和较小的比表面积。

桥梁工程混凝土用细骨料主要是沙，其采用的沙是级配良好、质地坚硬、颗粒洁净的天然沙或机制沙。天然沙即开采的自然沙，经清筛后即可使用。机制沙则是由硬质岩经爆破开采、机械轧制而形成的沙，使用时需筛分去除石粉等有害杂质。

混凝土配制一般选择粗沙或中沙，亦可使用细沙，但用细沙配制的混凝土比同等条件下粗沙配制的混凝土强度降低 10%。为增加混凝土的和易性，人们可在粗沙中掺入一定量的细沙。细骨料的级配要与粗骨料的级配同时得到考虑。

运抵工地的粗、细沙，应按不同的产地、规格、品种等分批堆放，并应进行外观检查及取样试验。

（3）水。

水是混凝土的主要组成材料之一，拌和用水的水质不纯，可能产生多种有害作用，最常见的有：影响混凝土的和易性和凝结；有损混凝土强度发展；降低混凝土的耐久性，加快钢筋的锈蚀和导致预应力钢筋的脆断；使混凝土表面出现污斑等。为保证混凝土的质量和耐久性，施工单位必须使用合格的水拌制混凝土。

拌制混凝土用水，可分为饮用水、地表水、地下水、海水以及经过适当处理的工业废水。符合国家标准的生活饮用水可以用来拌制各种混凝土，不需要进行检验。地表水或地下水首次使用时，必须进行适用性检验，其合格才能收入使用。海水只允许用来拌制素混凝土，不宜用来拌制有饰面要求的混凝土、耐久性要求高的混凝土、大体积混凝土和特种混凝土。工业废水必须经过检验，经处理合格后方可使用。

拌制和养护混凝土用水，应符合一定的质量标准：一是要控制有害物质含量，水的 pH 值及水中不溶物、可溶物、氯化物、硫酸盐、硫化物的含量要符合规范的规定。因为水中若含有有害物质，将影响水泥的正常凝结与硬化，亦可能影响外加剂的性能和诱发混凝土中的钢筋锈蚀；二是要避免影响混凝土凝结时间，由待检验水和蒸馏水试验所得的水泥初凝时间与终凝时间差均不得大于 30min，其初凝和终凝时间应符合国家标准的规定；三是要避免影响混凝土强度，用待检验水配制的水泥砂浆或混凝土的 28d 抗压强度不得低于用蒸馏水拌制的相应砂浆或混凝土 28d 抗压强度的 90%。

（4）矿物掺和料。

为节约水泥，改善部分混凝土技术性能，人们在拌制混凝土时，应根据施工实际需要掺入具有胶凝性的或无胶凝性的矿物掺合料。常用的矿物掺合料有粒化高炉矿渣、粉煤灰等。

矿物掺合料在使用前应进行材质鉴定和应用试验，以测定混合材料在不同掺入少量时对混凝土性质的影响，以确定最大掺入量。

（5）外加剂。

在混凝土中，除了水泥、集料、水和矿物掺合料之外，还有为了改善或增加混凝土技术性能而掺入的少量有机或无机化合物，称为外加剂。

混凝土中掺入适量的外加剂能有效改善混凝土的工艺性，加快工程进度和节约水泥。近年来，外加剂在国际上有着非常广泛的应用，被公认为混凝土的第五种材料。常用的混凝土外加剂主要有：改善混凝土拌合物流变性能的减水剂、引气剂、泵送剂、保水剂、灌浆剂等；调节混凝土凝结时间和硬化性能的缓凝剂、早强剂、速凝剂等；改善混凝土耐久性的引气剂、防锈剂、防水剂等；改善混凝土其他性能的加气剂、膨胀剂、防冻剂、着色剂、碱集料反应抑制剂等。

不同的外加剂，除具有明确的作用外，还会对混凝土的其他性能产生不同程度的影响，因此人们要综合考虑其效果，不论以何种形式掺入外加剂，在用量上都要进行严格的控制，其掺量不得大于水泥质量的 5%（特殊情况除外），其计量误差不得超过掺量的 2%，外加剂过量或不足都不会达到预期效果。在使用中，工作人员应按使用说明进行操作，掺入外加剂后混凝土需调拌均匀。不同批号或不同厂家的产品禁止混用。不同的外加剂要分类分批进行存放，防止变质。外加剂产品要标明其名称、用途和有效物质含量，并附产品鉴定合格证书，不合格者不得使用。

2. 混凝土施工的一般概念

混凝土施工就是将水泥、水、粗细骨料及外加剂等按照一定配合比，混合搅拌均匀后，浇筑到预先设置的模型中，经振捣密实、养护硬化形成混凝土的过程。混凝土施工应保证施工质量，可根据不同的施工条件提出对混凝土拌合物的工作性要求。

（1）混凝土的工作性。

混凝土的工作性通常包含流动性、可塑性、稳定性和易密性四方面的含义。

流动性是指混凝土容易流动的性能，主要取决于用水量的多少。流动性大，混凝土就容易拌和，便于运输和浇筑。

可塑性是混凝土克服屈服应力后产生塑性变形的能力，它同集料与水泥之比及骨料级配有关。骨料级配良好，集料与水泥之比较低，可塑性就大。

稳定性是指在外力作用下，骨料在水泥浆体中保持均匀分布的能力。稳定性好的新拌混凝土在运输和浇筑过程中不会产生离析和泌水的现象，使混凝土保持整体均匀。

易密性是新拌混凝土在捣实和振动中克服内部和表面阻力以达到完全密实的能力。

优质的新拌混凝土应该具有：满足输送和浇筑振捣要求的流动性；不因外力作用产生脆断的可塑性；不产生分层、泌水的稳定性和易于浇筑和振捣密实的易密性。混凝土工作性的这四种基本性能既有关联又有矛盾，人们调整一种性能，会造成其他性能的变化。因而不同的工程对混凝土工作性的四个方面各有侧重，要做到互相照顾，以满足施工的需要。

混凝土的工作性可用坍落度来描绘，坍落度大则流动性强，坍落度小则流动性差。

混凝土的工作性，可依据结构物的断面尺寸、钢筋配置的疏密以及捣实的机械类型和施工方法等来选择。一般钢筋含量少、钢筋稀疏的混凝土结构，选用较小的坍落度，以节约水泥，反之，则应选用较大的坍落度，易于浇捣密实，以保证施工质量。

（2）混凝土的凝结时间。

混凝土的凝结时间取决于水泥浆的凝结时间。凝结时间分为初凝和终凝两种。初凝为从水泥加水拌和时起至水泥浆开始失去可塑性的时间；终凝是从水泥加水拌和起到标准稠度净浆完全失去塑性的时间。

混凝土施工过程中的搅拌、运输、浇筑和振捣都必须在初凝时间内完成，否则将破坏初步形成的结构，使混凝土强度下降。终凝时间则不宜太长，以减少混凝土脱模时间，加快施工进度。施工一般要求初凝时间不得早于 45min，终凝时间不得迟于 12h。混凝土的凝结硬化速度除了受水泥的凝结硬化速度影响外，还受到水泥用量、混凝土的加水量、施工温度、所掺外加剂的性能等因素的影响。

（3）混凝土的强度。

混凝土凝结硬化后具有一定的强度，并且其强度随龄期的增长而增大，通常是早期增长快，后期增长缓慢，如养护不当，后期强度还可能下降。我国以 28d 的标准试块的抗压强度作为混凝土强度标准，用来控制和评定在施工中混凝土的强度。混凝土的抗压强度评定用得较多的是立方体试件抗压强度，有时也用棱柱体或圆柱体的抗压强度。混凝土立方体抗压强度由标准尺寸（15cm×15cm×15cm）的立方体试块抗压试验测得。

3.混凝土的拌制

混凝土的搅拌就是将配制的原料分别投入拌和机械进行拌和，使各种材料充分混合，形成均匀的混凝土。混凝土的拌制过程主要有配料、投料、搅拌和出料四大步骤。

（1）配料。

拌制混凝土配料时，工作人员必须用衡器计量，并保持衡器准确，对骨料的含水率应经常进行检测，以此调整骨料和水的用量。

（2）投料。

放入拌和机械的第一盘混凝土材料应含有适量的水泥、沙和水，以覆盖拌和筒的内壁而不降低拌合物所需的含浆量。每一工作班正式称量前，应对计量设备进行重点校核。计量器应定期检定，经大修、中修或迁移至新的地点后，也应进行检定。

拌和混凝土时，为减少水泥黏附在搅拌机筒内或造成水泥飞扬的损失，投料操作宜先投入骨料、水泥和矿物掺和料，搅拌均匀后，加水和液体外加剂（引气混凝土应同时加入引气剂），直至搅拌均匀为止。

（3）搅拌。

混凝土应使用机械拌制，制梁场推荐用强制式搅拌机，零星工程的塑性混凝土也可用人工拌和。

机械拌制过程中使用的混凝土搅拌机，有自落式和强制式两类。自落式搅拌机由内壁装有叶片的旋转鼓筒组成，叶片不断将混合物提升并抛下，使之在下落时相互混合均匀，适宜拌制塑性混凝土。强制式搅拌机依靠其叶片不断旋转拌和混合料，其拌和较为强烈，拌和质量好，适宜拌和轻集料混凝土和干硬性混凝土。拌和机械的规格常以"装料容积"来表示，一般工地上使用的有 100L、250L、375L、400L、800L、1 500L 和 3 000L 等多种规格，人们可根据单位时间内需要的产量选择合适的容量及台数。

混凝土的拌和时间是影响混凝土质量和生产效率的重要因素之一。拌和时间过短，混合料不能被充分拌和均匀，会降低混凝土的和易性和强度；拌和时间过长，会影响生产效率，降低和易性，并造成混合物分层离析。因此，为了保证混凝土质量，人们规定了各种机械的最短搅拌时间。

对于在施工现场集中搅拌的混凝土，人们应检查混凝土拌合物的均匀性。混凝土拌合物应拌和均匀、颜色一致，不得有离析和泌水现象；混凝土拌合物均匀性的检测方法应按现行国家标准的规定进行；人们在检查混凝土拌合物均匀性时，应在搅拌机的卸料过程中，从卸料流的 1/4 至 3/4 部位采取试样进行试验，其检测结果应符合规定；混凝土搅拌完毕后，人们还应按规范要求检测混凝土的各项性能。

人工拌和应在铁板或其他不渗水的平板上进行，先将水泥和沙干拌均匀，再加入石子并徐徐注入水，反复湿拌均匀。

4.混凝土的运输

混凝土的运输是混凝土施工过程中的一个工序，应以最短的时间和最少的运输次数，将混凝土拌合物从搅拌点运至浇筑地点。整个运输过程必须保证浇筑工作不间断并使混凝土运到浇筑地点时仍保持均匀性和规定的坍落度，要防止混凝土离析、水泥浆损失、坍落度变化以及产生初凝现象。混凝土宜采用内壁平整光滑、不吸水、不渗漏的运输设备进行运输。当运输距离较长时，宜采用搅拌运输车运输；当运输距离较短时，宜采用混凝土泵、混凝土料斗或皮带机运输。混凝土的运输时间不宜超过规定时间。装运混凝土前，工作人员应认真检查运输设备内是否存留积水，内壁黏附的混凝土是否清除干净。

混凝土在运输过程中，如发生离析、严重泌水或坍落度不符合要求时，应进行第二次搅拌，但搅拌过程中不得任意加水，确有加水必要时，应同时加水泥，以保证原水灰比不变。如经二次搅拌仍不符合要求时，则该混凝土不得使用。

混凝土的运输方法较多，其选择应根据现场的条件和运输距离等确定。桥梁工程中常采用以下几种方法。

（1）汽车运输。

在设有集中拌和站的大型工地，运输距离在5km以内，并且只有水平运输时，干、塑性混凝土可采用自卸汽车运输。为防止运输过程中的振动引起混凝土离析，此类运输要求运输道路平顺，车厢严密，并且运输车辆应携带遮盖设施，以防止运输过程中下雨。所装载的混凝土厚度不应小于40cm。运输完毕后工作人员应注意清洗车辆，去除残存水泥浆。

（2）皮带机运输。

从搅拌站到浇筑点水平距离在百米以内，浇筑量和浇筑速度比较稳定，既有水平运距又有垂直运距时，皮带机运输较为适宜。

皮带机运送混凝土拌合料时，为了防止混凝土离析，保证正常的运输，应满足以下特殊要求：

①传送带运转速度不应超过 1.2m/s。传送带的倾斜角度不应超过规定。

②混凝土必须通过接料斗均匀倾注于运输带上，使皮带上堆料均匀，输送平稳。在输送带的末端出口处也应装出料斗或挡板，出料下落高度小于 60cm，以确保混凝土不离析。

③混凝土由传送运走或由传送带卸下时，应通过漏斗等设施，保持垂直下料。

④运输带末端上口应安设胶皮刮浆板，以减少砂浆损失。工作人员应经常清除皮带上附着的砂浆，如果用水冲洗皮带，则应避免冲洗水混入拌合料中，以免影响混凝土拌合料的水灰比。

⑤雨天施工时，皮带上应安装防雨罩棚。

（3）混凝土搅拌车运输。

为了适应长距离商品混凝土运输的需要，人们发展了一种混凝土专用运输车——混凝土搅拌运输车。混凝土搅拌运输车就是在专用汽车底盘上安装混凝土搅拌装置的组合机械，它兼有载运和搅拌混凝土的双重功能，可以在运输混凝土的同时进行搅拌，因此适用于混凝土长时间和长距离的运输。

混凝土搅拌车主要有两种工作方式：预拌混凝土的搅动运输、混凝土拌合料的搅拌运输。

①预拌混凝土的搅动运输。

预拌混凝土的搅动运输是指将混凝土在拌和机上搅拌好后，装入搅拌车内运送到现场，在运输过程中，搅拌筒做 2 ~ 4r/min 的低速转动，在卸料前以常速进行搅拌。这种运输方式的运输距离由混凝土初凝时间和道路条件控制。

②混凝土拌合料的搅拌运输。

混凝土拌合料的搅拌运输又分湿料搅拌和干料搅拌两种。湿料搅拌就是人们按设计配合比，将水泥、沙、石和水以及外加剂等混合加入搅拌筒中，在运输途中车以 8 ~ 12r/min 的转速转动搅拌筒，对筒内的混合料进行拌和作业，至浇筑点混凝土即可使用。干料搅拌就是人们按配合比将水泥、石、沙加入搅拌筒中，在车上安装贮水箱，待车运行至浇筑点附近时，由水箱向搅拌筒中喷水，搅拌筒进行加水搅拌，这种方法适用于运输时间超过混凝土初凝时间的情况，从加水至全部料卸出所经过的时间不宜超过90min。混凝土搅拌车使用后，应及时清洗，避免混凝土残余干结黏着在筒中，影响运输车的今后使用。

（4）混凝土泵输送。

混凝土泵输送可以同时解决混凝土的水平和垂直运输，并减少中间过程。这种管道形式的运输不受气候及场地影响，机械化程度高，效率高。目前所使用的大型混凝土输送泵，可将混凝土水平输送800m，垂直输送300m，有效地解决了高墩及超高建筑混凝土运输问题。

①混凝土泵送的主要设备。

混凝土泵送主要组成部分包括混凝土泵或混凝土泵车、输送管及布料装置。

混凝土泵按驱动方式可分为活塞式和挤压式两大类。活塞式混凝土泵采用机械或液压驱动活塞产生往复运动压送混凝土，其特点是工作可靠，结构简单，输送距离长。挤压式混凝土泵通过泵内的两个星形回转橡胶滚轮挤压泵体内橡胶软管中的混凝土，进而产生输送压力，其特点是结构简单，操作容易，可以调节和控制混凝土的输送量，尤其适用于输送砂浆和轻质混凝土。

混凝土输送管常用钢管、橡胶管、塑料软管及布料软管等，其直径在75～200mm，每段长3m，并配有45°和90°转弯接头。

②泵送混凝土配合比。

混凝土通过混凝土泵加压沿输送管向前移动，其阻力主要来源于拌合料与管壁之间的摩擦力。为了减少其摩擦阻力，人们需增加混凝土的和易性。良好可泵性的混凝土拌合物应具备较高的流动性，黏聚性好，在泵压力作用下不产生离析和泌水。为此，在配制泵送混凝土时，人们应注意以下事项。

a.泵送混凝土的配合比除满足混凝土设计强度和耐久性的要求外，尚应使混凝土满足可泵性要求。

b.不宜采用快凝水泥，水泥用量每立方米不少于280kg，水泥用量过少将增加管内阻力，降低泵送能力。

c. 泵送混凝土砂率可比普通混凝土提高 5% 左右。泵送混凝土集料中，级配不佳或砂率太低会降低混凝土的流动性，并易堵塞管道。

d. 粗骨料的最大粒径不宜超过管径的 1/3(碎石) 或 1/2.5(卵石)。粗骨料的粒径过大，容易阻塞管道。尖棱颗粒过多，也将大大增加管内摩擦阻力，因此人们要严格控制粗骨料中针、片状颗粒的含量，注意避免使用含碱骨料。

e. 泵送混凝土的坍落度与泵送高度、混凝土强度及性能有关，因此人们应根据实际情况进行试验，其通常可控制在 8 ~ 15cm，当泵送高度在 100m 以上时，坍落度应适当加大。

f. 泵送混凝土为高流动性的混凝土，为实现高流动性，其中应掺入优质外加剂和符合要求的泵送剂，并引入少量微气泡，以改善拌合物的和易性和减小泵送摩阻力，并使其具有较好的缓凝效果。

③泵送混凝土施工注意事项。

a. 合理布置输送管道，必须保证有足够长度的水平管，其长度为垂直管长度的 1/4，并要求其平顺、内壁光滑、接口严密不漏浆。

b. 根据混凝土的输送距离、高度及输送量，选择泵送混凝土的配合比和所采用泵的型号及管径，同时优化集料级配，减少空隙率，这是改善混凝土可泵性的最经济有效的措施。

c. 每次开始作业前，应先以水泥浆或与泵送混凝土配合比相同但粗骨料减少 50% 的混凝土通过管道，使管壁润滑。润滑用的水泥应分散布料，不得集中浇筑在同一处。

d. 泵机开始作业后，应连续工作，临时停机时间最长不得超过 30min，在炎热天气时不得超过 10min。停机期间每隔 5min 混凝土泵转动 2 ~ 3 圈，防止混凝土凝结，堵塞输送管。

e. 在输送过程中，应保持受料斗内储存足够的混凝土，防止其吸入空气形成空气栓塞。如果管内已经吸入了空气，应立即反泵吸出混凝土至料斗中重新搅拌，排出空气后再进行泵送。

f. 当混凝土泵出现压力升高且不稳定、油温升高、输送管明显抖动等现象和泵送困难时，不得强行泵送，应立即查明原因。

g. 泵送作业结束后，应将管内混凝土及时排空，将清洗球或麻袋从料斗放入，开动泵机使之从出口送出，以清洗泵机和管道。

第三节　预制梁运输与架设

一、学习任务

学习预制梁运输与架设相关配套知识，掌握预制梁架设过程中涉及的提梁、运梁、架梁和支座安装等相关技能，完成预制梁架设施工关键技术设计，达到学习目标的要求。

在存梁区的预制梁要通过提梁、运梁和架梁作业完成安装工作。根据铁路预制梁尺寸和质量的不同，架梁采用的设备略有不同。下面分 T 梁和箱梁两部分来简述预制梁的架设工作。

（一）预制 T 梁架设

铁路混凝土简支梁多采用预制安装的施工方法，其中普通铁路 T 梁多采用"集中预制，分片架设，现场安装横向连接"的安装方法。由于 T 梁质量不是很大，所以其运输、架设设备相对简单。早年人们采用以人力为主的架设方法，随着施工技术的发展，陆续出现了一些机械化程度高、架设能力强的架设方法。

1. 预制 T 梁装车和运输

装车方法与场地布置和提梁设备有关，大致有两种方法可供选择。一是用大型龙门吊吊装，此时龙门吊应跨越至少两条线路，16m 以上的预制梁需要两台龙门吊配合才能进行吊装作业。二是高站台低货位的平移装梁法。装梁线路高程低于存梁台座高程，所以此法可省去提梁龙门吊，但装梁线路有较长的爬坡距离。

一辆平车运输预制梁时，应注意以下几点。

（1）预制梁两端突出平车端部的长度宜相等，如悬出长度符合设计规定，且较长突出一端传给车辆转向架的力量又不超过平车标记载重的一半时，亦可做不相等的安置。

（2）支垫木中心应尽量靠近车辆转向架，其一般应有3根以上枕木的宽度和两层枕木的高度，并需满足梁的最低点与游车底板面不得小于150mm的要求。支垫木应与车底板宽度相等，以便将荷载分布到中梁和侧梁上。

（3）预制梁的宽度等于或小于车底板宽度时，容许梁端突出300mm。其宽度大于车底板宽度时，容许梁端突出200mm。其长度超出规定时，必须使用游车。

两辆平车运输预制梁时，应注意以下几点。

（1）两台负重车底板高度应相等。如高度不等，必须用垫木等垫平。

（2）预制梁要放在转向架上，转向架的长度不得小于3m，其宽度应与车底板相等，中心销的直径不得小于80mm。

（3）在运输过程中，如果梁体纵向移动在50mm以内，横向移动在10mm以内，且车辆受力无较大变化，则仍可继续运输，变化超过此限应采取加固措施。

2.架设方法

（1）龙门吊机架梁。

龙门吊机架梁之前，先在紧靠桥墩一侧铺设预制梁运输便线，或就地现浇混凝土台座，跨过运输便线或台座及桥墩铺设龙门轨道（一般是标准轨距线路），安放走行台车，然后在走行台车上拼装龙门架，顶上设横移轨道和吊重设备，下垂滑轮组、铁扁担和吊杆等预制梁吊装工具。预制梁运至位置后，两台龙门架先对好位置，然后从运梁设备上吊起梁体，横移到墩台顶面落梁就位。

采用龙门吊机架梁应注意以下几点。

①走行轨道的基础应填平夯实，铺一定厚度的道砟，采用43kg/m以上钢轨，枕木中心间距50cm（钢轨接头处30cm），两股钢轨平直，轨距误差不大于3mm，由专人经常检查。

②龙门吊机起吊重物应垂直起吊。吊梁走行时，重物应在龙门架的跨中。

③两台龙门吊机吊梁的起落速度、纵向走行和横向移梁速度均应保持一致，防止预制梁发生立面上倾斜或平面上偏斜现象。

④风超过五级时施工人员停止架梁，并做好其他安全工作。

（2）架桥机架设。

早期的架桥机为悬臂架桥机，这种形式的架桥机前后有对称的悬臂。前臂用来起吊预制梁，后臂用来吊平，机身内不能通过预制梁，因此人们必须在桥头铺设一条架梁岔线，将预制梁送到前大臂下才能起吊。架桥机在预制梁起吊后必须在重载下走行一段距离，才能到达待架桥位，对位落梁。走行时轴重大、重心高，路基极易发生不均匀沉降，导致架桥机倾覆，因此悬臂架桥机目前已很少使用。下面介绍目前常用的铁路架桥机。

①单梁式架桥机。

单梁式架桥机的工作实质上等于先在桥孔上架设一个高架式箱形简支梁，再用吊梁小车吊架。与悬臂架桥机相比，其优点是：

a. 从架桥机后端拖进桥梁，不需铺设岔线，不需在吊梁状态下行车对位，对桥头路基质量的要求较低，一般只需用机车压道；

b. 重心较低，机臂受力状态好，比较稳定安全；

c. 可以通过大臂摆头架设曲线上的梁。

其缺点是必须通过拨道或墩顶移梁或两者联合使用，才能使预制梁落在正位。

下面以胜利型架桥机为例，介绍单梁式架桥机。胜利型架桥机由三大部分组成；1号车（主机）、2号车（机动平车）及龙门吊。

1号车是架桥或铺轨作业的主机。在该车的前端两侧装有1号柱，距1号柱向后7m处装有2号柱。机臂全长52.55m，装在1号和2号柱上。1号柱和2号柱分别借助柱塞油缸升降，可使机臂上下和平行运动机臂也可以1号柱为支点做点头运动（机臂前端可上升1.2m左右）。2号柱两侧设有转头油缸，可使机臂以

1 号柱为轴做摆头运动（摆动量约 2m），这样可以减小预制梁架设定位时在墩台上的横移量，方便架梁。其自带装置可使机臂前后伸缩。机臂前端装有 0 号柱，架梁时可以支撑在桥墩上，使机臂呈简支状态。0 号柱共分为五节，根据预制梁架设时梁跨需要的高度进行拼装。不架梁时，0 号柱可折叠收起。在机臂上装有两台吊梁小车，用以起吊、移送预制梁。此外，机臂上还装有两台吊轨小车，用以起吊、运送轨排。在车辆上装有一台拖梁小车，可拆分成两部分使用，用以倒装移送预制梁或轨排。在车底架中部装有一组柴油发电机组，供本车动力器械用电。本车装有直流牵引电机，可以自行调速运转。在车架后半部装有 40t 平衡重铁块。

2 号车是移运预制梁或轨排的机动车，可自行运转，通过龙门吊的倒装，可将运梁（或轨排）车上的预制梁（或轨排）移到本车上，然后运送到 1 号车上去。本车底架下部设有一组柴油发电机组，作为本车的动力源。在车辆另一端两侧底部处，各设一个液压千斤顶，当本车与 1 号车连挂移梁（或轨排）时，可在车辆间起支承作用。车辆上设有一台拖梁小车，用来移送梁（或轨排）。

龙门吊机由两台龙门式起重机组成。龙门吊机将预制梁（或轨排）起吊，换装到 2 号车上。人们在进行架梁（铺轨）作业时，应将龙门吊支起，在回送时可以将其解体成若干部件叠合装运。

单梁式架桥机的架梁流程如下：组装架桥机和吊装龙门架，1 号车运行至桥头对位，2 号车、运梁车运行至吊装龙门架，预制梁被吊装到 2 号车上，2 号车运行至主机尾部进行连挂，工作人员拖梁、捆梁、吊梁，对位落梁，横移就位，安装支座，电焊连接板，铺设桥面。

吊装龙门架适合架设坡度不大于 10% 的直线地段或半径不小于 1 200m 的曲线桥梁。左右支腿与线路中心线间的间距应保持相等，并支放在同一高度处。吊装时桥梁前端悬出 2 号车升降横梁的长度应符合有关悬出长度的规定。其在小半径曲线上架梁或吊装时桥梁中线和 2 号车中线成斜交状态，使 2 号车柱能方便通过。

在 2 号车将预制梁拖进主机前，工作人员应清除一切障碍物；当出现车轮卡住钢轨的情况时应及时顶起预制梁并调整小车方向；当预制梁前端已经吊起，但后端仍支在小车上向前移动时，应尽可能保持两端在水平状态；梁即将到位时，应防止前端碰撞 0 号柱。

②双梁式架桥机。

双梁式架桥机与单梁式架桥机的不同之处是将支放在高位的机臂分开，并支放在较低的位置上；采用横跨两根钢箱梁的龙门吊或吊梁小车，从后端吊起待架梁，使之在两片钢箱梁之间穿行，其到达桥位后，通过吊梁小车上的横移设施，在机上做横向移动以便正确落位。

双梁式架桥机整机分为机身、前大臂和后大臂三部分。前后大臂完全对称，故可以双向架梁，大臂用摆头设施与主机相连，能在架设曲线梁时左右摆头。窄式双梁式架桥机的前大臂可用 L 形支腿支撑在已架桥梁的桥面；宽式双梁式架桥机可用后支腿直接支托在后方桥墩顶面上。部分宽式双梁式架桥机中间设有支腿，因而大臂的受力情况相当复杂。钢箱梁顶面铺有龙门轨道贯通前后臂和机身，横跨左右大臂处设龙门式吊梁小车两台，小车顶面的吊梁设施可做横向移动，落梁对位十分方便。

这种形式的架桥机，除具单梁式的优点外还有三个特点：①可以实现机上横移，无须在墩上移梁；②两端对称，不用掉头即可双向架梁；③可以直接送梁进架桥机由大臂内起吊，不需要倒装龙门架和 2 号车。

双梁式架桥机最大缺点是架完一片梁后，需要人们将送梁的空平车拉回存梁场，再从存梁场送来另一片待架梁。当存梁场与桥头相距不远时尚无多大影响，如两者相距过远就会严重影响架梁效率。这种情况在行车速度很慢的新铺线路上尤为突出。目前人们已研制出具有倒装龙门架和 2 号车并且铺轨排也较为便利的双梁式架桥机。

（3）自行式吊机架梁。

自行式吊机架梁方法利用起重量大的轨行式或轮胎式吊机一台或两台，其自行至桥孔下对位，并将运梁台车或汽车拖车送来的预制梁举吊到桥位上。这种方法的优点是机动性强，吊机能自行到现场吊装、架设预制梁，不需临时拼装，辅助工程少，架梁效率高。其缺点是吊机自重大，需要有坚固的支托结构和引入便道。

3. 架桥机类型的选择

架桥机的选择应根据施工线路上需架设桥梁的座数、跨度及桥梁附近的线路平面与纵断面（桥头线路坡度）状态等，结合各种架桥机的适用范围及性能等因素，经济合理地对比确定。在一般情况下，最好一条线选择一台能够架设全线桥梁的架桥机，但也可以根据具体情况选择几台架桥机相互配合使用。

跨度 40m 以下的钢筋混凝土或预应力钢筋混凝土 T 梁，可利用铁路运输的有利条件，在梁场预制，运到铺轨架梁基地或专设的存梁场存放，待铺轨工程接近桥头时，再装运到桥头由架桥机架到桥位。由于铁路运输条件的限制，普通铁路桥梁一般分左右两片制造，架到桥位上后连接成整体。

在铁路未铺设到桥头前进行桥梁预架，或因所架桥梁过宽过重，不能用已有的铁路架桥机架设时，人们可根据具体条件用自行式起重机或临时组拼成的架设机具架设。

架桥机的选用可以遵守如下原则。

（1）地形复杂，桥头岔线修建困难，或路基难以达到稳定状态以及在雨季架梁时，应使用单梁式或双梁式架桥机。

（2）隧道口架梁施工宜选用单梁或双梁式架桥机。

（3）在隧道口架设跨度 24m 以下的预制梁时，采用单梁式或双梁式架桥机均可。

（4）在曲线半径小于 450m 的线路上架梁，宜选用双梁式架桥机。

（5）在小半径、大坡度、窄桥墩情况下架梁，或架设超长、超宽、超重的桥梁（指超过架桥机额定负荷）时，宜选用宽式双梁式架桥机。

（6）当混凝土梁上不允许架桥机吊装预制梁通过时，或在不允许拨道（或只准少量拨道）的桥梁上架梁时，宜选用宽式双梁式架桥机。

（7）架设质量为160～300t的整孔式预应力钢筋混凝土箱梁时，宜采用双梁式架桥机。

4.桥头作业

（1）压迫。

为了防止架桥机因路基松软而发生倾覆事故，以及避免架桥机结构和机械设备因线路变形而受到损害，无论人们使用哪种架桥机，除非有绝对可靠的依据，都应采取适当的方式进行压迫。

（2）桥头线路加固。

为了确保架桥机轴重能够均匀分布到路基面上，使轨道左右股下沉量均匀，扩大路基顶面的受力面积、减少下沉量，防止轨道受到破坏或发生重大变形，在架梁前人们需要进行桥头线路加固。

桥头线路加固应在正线枕木下道砟捣实以后加穿枕木，所有的加固枕木必须保持水平和受力均匀。道砟铺设工作应配合桥头线路加固方式进行。

（二）预制箱梁架设

高速铁路桥简支梁多采用双线整孔箱梁，其建造方法大致分为"集中预制、架桥机架设"和"桥位现浇"两种。而采用运架设备架设整孔预制箱梁的施工方法具有缩短桥梁建设周期、降低桥梁施工成本、推行桥梁施工机械化、提高桥梁质量的特点，是混凝土箱梁施工的首选模式。双线整孔箱梁采用"集中预制、架桥机架设"的施工方法进行整体规划时，人们应充分考虑工程环境及运架设备的选型和合理配套，以达到资源、设备充分利用，施工组织安排合理、高效，缩短工程建设周期，减少工程投资的目的。

900t整孔箱梁架设一般可以采用如下两种方案：①提梁机跨线提梁上桥，落梁就位；②架桥机架梁。架桥机架梁流程是：制梁场内集中预制箱梁，搬运机或移梁台车移梁，提梁机或轮胎式搬运机为运梁车装梁，运梁车运梁至待架桥位后由架桥机完成架设。两种方案可实现不同施工条件下箱梁安全、经济、快速地运输和架设。

1.预制箱梁架设施工设备

（1）提梁机。

提梁机主要用于高速铁路桥箱梁预制场内的箱梁预制生产、运梁车装梁和架桥机组装。按走行方式，提梁机可分为轮胎式提梁机和轮轨式提梁机；按起重量，提梁机可分为轮轨式提梁机和轮胎式提梁机。

450t轮轨式提梁机多用于有提升站的制梁场，2台成对使用，可将混凝土箱梁提升到桥面上进行装车。该提梁机起升高度根据铁路桥面和梁场的高差、运梁车及混凝土箱梁的高度确定，其跨度设置一般为36m左右，同时还需考虑架桥机的拼装。

轮轨式提梁机主要由主梁、刚性支腿、柔性支腿、大车走行机构、起重小车、电气控制系统以及司机室、栏杆、梯子、走台等组成。

采用两台龙门吊机起吊预制箱梁过程：两台龙门吊机行走至存梁台座上方，用龙门吊机专用吊具与预制梁可靠连接，然后两台龙门吊机同时将预制梁缓慢吊起至100mm左右停车制动，工作人员检查预制梁纵横向水平度是如不满足满足要求，否则应将梁体落下，重新调整吊杆螺栓或两台龙门吊机起升高度，同时检查龙门吊机起升制动是否可靠，一切正常后方可继续作业。两台龙门吊机在吊梁上行走时应保持低位（梁底距存梁台座支承台面约300mm）运行，当运行到距运梁车3m左右时停车，待梁体稳定后提升预制梁，直至梁底高出运梁车300mm左右，再将预制梁移至存梁车上方，调整梁体位置，直到满足要求后平缓落梁。

900t轮胎式提梁机纵向长度大于预制梁跨径，工作时纵向跨越制梁或存梁台座，可完成从制梁台座上提升一根箱梁横向走行至存梁台座上，或从存梁台座上提升一根箱梁横移走行至纵移通道位置进行装车工作。目前，900t轮胎式提梁机多具有三点起吊、轮载自动均衡、全液压控制、轮胎90°转向功能，能快速移梁，实现双层存梁。

轮胎式提梁机主要由主梁、刚性支腿、吊梁小车、车架、主动轮组、从动轮组、转向机构、动力系统、电气系统、液压系统、司机室等组成。

（2）运梁车。

运梁车是与架桥机相配套的特大型专用设备，主要用于将大型预制箱梁从存梁场运至架桥工地；轮胎式运梁车还能驮运架桥机做长距离转移。运梁车也有轮胎式和轮轨式两种形式。

900t 运梁车为轮胎走行方式，具有直行、斜行和八字转向功能，主要用于高速铁路双线整孔箱梁在施工便道、路基、桥梁、隧道的运输，以及向架桥机喂梁等工作，同时具有驮运 900t 高速铁路架桥机实现转场运输和场地内调头等功能。其在运输过程中能保证梁体始终处于三支点状态，梁体受力均匀，在同一平面高差不大于 3mm，满足高速铁路箱梁支点高差不得超过 4mm 的要求。

轮轨式运梁车运输时需要沿轨道行走。由于高速铁路施工中铺设临时轨道较少，故其使用得不多。

（3）架桥机。

架桥机从结构形式上可分为导梁式架桥机和步履式架桥机；根据施工中架桥机的支腿数量可分为两支腿架桥机、三支腿架桥机和四只脚架桥机；根据架梁时架桥机的支撑跨数可分为单跨架桥机和双跨架桥机。此外还有运架一体机、拼装式架桥机和过隧道架桥机等形式。

目前国内自主创新的有两种系列的大吨位架桥机，它们分别是步履式架桥机和导梁式架桥机。这两种系列的架桥机满足了我国高速铁路不同地域和不同桥型布置的桥梁架设需要，能够适用于线路曲线半径 2 500m 及以上，32m、24m、20m 双线等跨及变跨质量在 900t 以下的高速铁路整孔箱梁架设。

步履式架桥机采用"双主梁、三支腿"结构，系统主体结构主要由主梁，前、中、后支腿（或称1、2、3号立柱：也有将中、后支腿设计成中、后支点处走行车组形式），起重小车、运梁车等组成。步履式架桥机无导梁，主梁机臂较长，覆盖两桥跨。架桥机后支腿采用"宽式支撑"与"窄式支撑"相互转换的结构形式，改善了运梁车喂梁与架桥机纵移两种工况对梁片的受力状态，确保在桥面运梁和架梁作业时，施工载荷始终作用在已架箱梁的腹板上。

导梁式架桥机架梁时结构稳定可靠，定点起吊，系统主要有导梁、托辊、主梁、前支腿、中支腿、后支腿、起重小车、运架桥机台车、活动油缸吊点、纵移小车、运梁车等组成。导梁顶面与已架箱梁顶面齐平，导梁作为运送箱梁及架桥机过孔的运输通道（由运架桥机台车驮架桥机在导梁上移动）。

除了上述两类架桥机之外，还有运架一体机。运架一体机又称流动式架桥机，是一种新型的铁路预制梁架设工程机械。它集运梁、架梁于一身，对比原有的架桥机、运梁车有明显的优势。特别是在隧道比较多的路段，其可以省去拆卸架桥机的工作，人们只需简单地改装主支腿，从而省去大量的时间。

2. 运架设备对比分析及配套选型

（1）提梁机的选择。

提梁机的选择应紧密结合制梁场的位置、规模、地质状况等诸多方面因素。梁场规模较小，制梁台座与存梁台座匹配合适，地质条件较好，且梁场在桥位附近时，宜采用 450t 轮轨式提梁机。相反，梁场规模大，生产周期长，制梁台座与存梁台座并列布置，梁场距桥位较远，且存梁台座数量不能满足要求时，应首先考虑采用 900t 轮胎式提梁机，实现双层存梁和地面装梁，通过运梁便道运梁，经路基上桥。

（2）运梁车的选择。

具有直行、斜行和八字转向等功能的轮胎式运梁车适应环境能力较强，便于梁场规划和向架桥机喂梁。存在地域限制以及驮运架桥机调头等特殊工况作业时，人们宜选择具有中心回转功能的运梁车。目前国内主要有 YL900、MBEC900C 和 TY900 等型的轮胎式运梁车，其均为 16 轴单主梁式，但制动、转向、动力、电控配置等有所不同，单价差值在 100 万左右，选型时人们需结合制造周期、制造配套情况、付款方式等综合比选。

（3）架桥机的选择。

国内现有架桥机主要根据喂梁、架梁以及过孔原理不同，可分为步履式和导梁式两个系列，每个系列根据设计、制造厂家不同，又分不同的种类。

面对众多种类的架桥机，人们进行设备选型时，除考虑设备的价位、制造周期及设备自身配置外，还应结合不同类型的架桥机性能、架梁原理、过孔方式以及首末孔梁架设、转场、过隧道、桥间转移等情况综合考虑，结合工程实际工况比选。其中步履式架桥机过跨程序简便，转场灵活，可以方便地架设一座桥的首孔梁和末孔梁，更适于架设桥、隧、路相间，需要频繁转场的桥梁施工；导梁式架桥机架设一座桥的首孔梁和末孔梁时需要安装、拆卸导梁，在工地桥间施工转移时也需拆除导梁，辅助作业时间相对较长，但其定点起吊箱梁，增加了吊梁安全性，更适用于长大桥连续架设工况。两个系列的架桥机各有所长，能够适应国内不同施工条件下的900t级箱梁架设。

3. 整孔箱梁运架技术

箱梁架设有两种施工方法：一种为在梁场利用龙门吊机（提梁机）直接提梁上桥，落梁就位；另一种为运梁车直接到梁场装梁，通过便道将梁运至架桥机下进行架设。龙门吊机直接提梁上桥的架设方法是箱梁架设的辅助方法，适用于制梁场附近地形平坦、方便铺设龙门吊机轨道的场地，且桥位在制梁场附近使用，架梁数量少。除作为架梁方法外，它还可作为架桥机架梁的一道程序，实现提梁上桥或箱梁装车的功能，减少运梁车通过便道上桥的烦琐工序，具有方便制梁场的选址和布置、减少占地等优点。目前，箱梁架设主流方法还是运梁车喂梁，架桥机架设就位。下面介绍架桥机架设技术。

（1）运架设备的组装。

900t箱梁用提梁机、运梁车、架桥机等属特种设备，结构庞大，需分组件运往工地进行拼装。由于单件质量大，拼装施工的难度及技术含量相对较高，工作人员在拼装时应参照设计图纸及相关标准，接详细的施工组织和严格的作业程序进行。提梁机、架桥机首次完成组装后应按相关规定进行型式试验和性能试验。型式试验由国家指定机构进行，机械设计单位和使用单位配合完成。型式试验通过后，再由施工当地质量技术监督部门进行验收检验，提梁机、架桥机获得安全检验合格证后方可投入使用，其转场或转入下一个工地使用时，只需要经施工当地质量技术监督部门验收检验合格即可投入使用。

（2）预制梁检查。

预制梁检查应检查梁体外观尺寸（梁体全长、跨度、梁高）等是否满足设计要求，吊孔位置、孔径、垂直度是否正确，在箱梁底板上安装的活动支座及固定支座的位置、型号是否符合设计，同时注意支座上底板的坡度方向是否与线路的坡度方向一致。支座安装在箱梁底部后，应拧紧支座与梁体的连接螺栓，在支座与梁底预埋钢板之间不得有间隙。

（3）架桥机就位。

架桥机就位有三种方式，一是在待架桥位直接拼装架桥机，二是架桥机由运梁车运至待架桥位，三是可自行的架桥机自行至待架桥位。架桥机到达待架桥位后按照指定位置对位，达到架梁状态。

（4）提梁机装梁。

提梁机操作人员在提梁之前应确认起吊箱梁和桥跨一致，确保无误。因为在高速铁路桥梁架设中每一孔桥梁的上部预留钢筋及接触网杆的位置都是不一样的，所以在吊梁之前工作人员一定要加以核对。

在吊梁之前或吊梁过程中运梁车一定要就好位，调整好运梁车架左右、前后高度，使车架处于水平状态，打好前后两端支腿，然后提梁机行走至待吊装箱梁上方，用专用吊具与箱梁可靠连接，且一定要保证全梁吊点受力均衡。提梁时梁端前后高差不得大于100mm。

（5）运梁作业。

运梁车装梁时应确保箱梁在运梁车上的支撑位置符合箱梁支撑要求，箱梁支撑截面中心与运梁车中心线横向误差不大于25mm，支点纵向位置误差不大于50mm。

（6）喂梁作业。

以架桥机中心线为中线画出运梁车轮胎走行位置，画线长度应延长至架桥机后方一个运梁车车长位置。运梁车喂梁对位时，注意观察架桥机尾部有无障碍物与运梁车碰撞，对位时速度控制在 3m/min 左右，同时在运梁车停车位置放置不低于 200mm 高的止轮防止运梁车因操作不当等原因继续前进。

（7）架梁。

步履式架桥机与导梁式架桥机在架梁原理上有所不同，下面分别介绍两类架桥机的架设方法。

①步履式架桥机架梁。

工作原理：运梁车驮运箱梁至架桥机中支腿附近，起重小车与移梁小车配合移动箱梁，最后由两台起重小车起吊箱梁，走行至待架梁桥跨，落箱梁至墩台上。机体移动过孔至下一桥位。

吊梁及运行作业：1号起重小车吊梁位置为小车中心线距2号柱中心3.0m处，2号起重小车取梁位置为小车中心线距2号柱中心4.8m处。1号起重小车吊起箱梁前端，使箱梁底面与支撑柱顶面保持在 20 ~ 50mm 距离。箱梁由1号起重小车及运梁车上的拖梁小车拖动，以半悬挂半支承状态前进。待箱梁后端进入2号起重小车吊梁位置时，2号起重小车吊起箱梁后端，两台起重小车同步吊梁前进对位落梁。

箱梁就位安装：梁体落到安装位置后，通过起重小车纵向和横向微调，精细调整箱梁支座的位置，使之符合箱梁安装的有关技术要求。箱梁就位时先落在测力千斤顶上，控制、调整支座处支点反力。对支座下底板与支承垫石之间注浆，同时对锚栓孔内进行压力注浆。

架桥机纵移过孔作业：箱梁安装完毕，3号柱由宽式支撑变换成窄式支撑，两台起重小车后退至机臂尾部，收缩1号柱下的伸缩柱，去掉2、3号柱轮组止轮器，收回2号柱支腿油缸，打开2号柱走行轮组均衡油路截止阀，调整均衡油缸使支撑螺旋顶离开桥面，关闭截止阀，架桥机纵移走行过孔到位。

②导梁式架桥机架梁。

工作原理：架梁时架桥机前支腿在前方桥墩顶部，后支腿支在已架梁或桥台上，运梁车运载箱梁走到架桥机下方的导梁上，到位后架桥机上的起重小车定点起吊箱梁，运梁车退出。小车向前移走导梁，下落箱梁，完成一跨梁的架设，然后架桥机纵移台车驮运架桥机到前一跨进行下一循环作业。

箱梁架设：运梁车将架桥机（包括导梁）整体驮运至桥头，运梁车退出，架桥机在桥头将导梁放下，在首孔桥墩顶搭设支撑架，导梁高位纵移到位。架桥机以导梁为通道前移到位。支撑架拆除，架桥机将导梁放下就位。后腿支承，中支腿展开呈翼形，运梁车将箱梁经导梁运到架桥机下方，进入待架梁桥位。架桥机由前、中支腿支承并将梁提起，运梁车退出。纵移小车提升导梁，与托辊同步驱动导梁前移一跨。架桥机将箱梁缓慢放下就位。

③落梁就位。

过孔作业：架桥机过孔时，先顶升后支腿，让中支腿落在架桥机后台车上并固定，再使后支腿卸载，顶升前支腿，让前支腿横梁落在架桥机前台车上并固定。运梁车与架桥机分别支承前、最后两孔箱梁。架设作业：导梁前移至桥台，架桥机提起倒数第二孔箱梁，运梁车退出，架桥机利用纵移小车及活动油缸吊点将导梁平行向上提起，导梁高位纵移。架桥机下落倒数第二孔箱梁。导梁后移一段距离，一端搁在已架箱梁顶上。架桥机以导梁作为通道纵移至末孔位置。前支腿支承在桥台上，导梁前后部的连接解开，架桥机将导梁平行放下就位。运梁车将最后一孔箱梁直接送到架桥机腹腔内。架桥机将箱梁提起，运梁车退出。纵移小车和活动油缸吊点将导梁同步提升至桥面与前端连接，纵移小车与托辊同步驱动，导梁纵移一跨，最后一孔箱梁落位安装。

4. 支座施工

预制箱梁支座多采用盆式橡胶支座，下面介绍盆式橡胶支座施工内容。

（1）盆式橡胶支座安装施工流程。

支座先安装在梁体上，然后随梁吊装对位，安装到支承垫石上，盆式橡胶支座安装完毕方可拆除支座的临时连接。

（2）盆式橡胶支座安装施工技术。

①支座安装施工准备。

a. 支座检查。

盆式橡胶支座宜在安装前拆开包装，以检查支座组装位置是否正确、组装后全高是否符合设计及相关标准要求，检查时工作人员不得松动临时连接螺栓。尤其需注意的是，由于安装支座时温度难以确定，支座出厂时难以确定预偏量，故出厂支座预偏量都设为0。若支座安装时需要预偏，工作人员应根据实际情况通过计算确定支座的预偏量。

b. 梁底支座预埋钢板安装。

箱梁预制前，在底模板上精确定位，找出支座的预埋轴线；然后使支座预埋钢板中线与模板定位中线重合，再用螺栓将预埋钢板固定在底模上，防止钢板在吊装钢筋或浇筑混凝土时发生移动。

c. 支座安装前相关尺寸检查。

在支座安装前工作人员应检查墩台跨距，支承垫石顶面尺寸、高程及平整度，锚栓预留孔位置及尺寸，发现不符合设计要求和相关标准规定时应提前进行处理。

d. 垫石处理。

在桥梁支座安装前，支承垫石顶面应画线标明支座下座板的纵、横中心线，并设置高程标点。工作人员应将支承垫石和锚栓孔清理干净，做到无泥土、无浮尘、无积水（雪、冰）及油污，并对支座范围的支承垫石进行凿毛处理。

②支座安装。

拆除支座包装铁皮，并清理干净支座上表面，然后将支座安装在预制箱梁底部（带坡度的支座应注意坡度方向）的预埋钢板上。梁底预埋钢板与上支座板之间不得留有间隙，否则应采取压力注浆方式予以填充。

由运梁车将箱梁和支座一起运至待架桥位进行架设。架桥机将箱梁精确对位后，先将箱梁落在由测力千斤顶组成的临时支撑上。测力千斤顶的主要作用：一是保证支座受力均匀，调整每个千斤顶支点的反力与四个支点反力的平均值相差不超过 ±5%；二是调整梁体位置及高程，保证支座底板与支承垫石顶面之间留有 20～30mm 的空隙，以便浇筑无收缩高强度砂浆，三是在永久支座受力以前代替支座受力。

支座安装时应做到：固定支座的上下座板应互相对正；纵向活动支座的上下座板横向应对正，纵向应根据支座实际安装温度与设计安装温度之差和梁体混凝土未完成收缩量、徐变量及弹性压缩量计算预留部分。

最后进行支座灌浆作业，待混凝土强度达 20MPa 后，拆除钢模板，并拆除临时支撑千斤顶，支座安装结束。

支座安装结束后，应及时安装支座防尘罩，并且防尘罩应做到严密、牢固、栓钉齐全。防尘罩开启不应与防落梁装置或梁端限位装置相抵触。

第三章 现场浇筑施工法施工与控制技术

第一节 支架现场浇筑施工法

一、学习任务

通过学习支架现场浇筑施工相关配套知识，掌握支架现场浇筑施工的结构特征、施工特点、适用条件、工艺流程、质量控制等相关内容，能编制铁路桥梁支架法施工作业指导书、施工作业卡片和技术交底书，达到学习目标相关要求。

二、相关配套知识

支架现场浇筑（简称"支架现浇"）即在桥位处搭设支架，在支架上浇筑预应力钢筋混凝土梁，待其达到规定强度后拆除模板和支架的一种施工方法。支架具有安装方便、受力均匀的优点。支架在布置前应先经过荷载计算，然后确定布置形式，支架搭设完成后，工作人员需对支架进行纵横向固定。

支架现浇法一般适用于桥址地质条件较好（在无水或水流较浅的河流处）、墩身不太高、工期要求不紧且地基条件较好的旱地或浅水桥位现浇梁。在山区及受地形、地势等影响大型施工机械无法进入的地区或在无大型机械设备的情况下，支架现浇法施工比较合适。

1. 支架现浇施工特点

支架现浇施工具有以下特点。

（1）支架现浇施工无须预制场地，而且不需要大型运输、安装设备。

（2）支架可根据现场实际情况采用满堂或梁式等多种形式，可多工作面同时施工，适应性强。

（3）与预制架设法施工相比，支架现浇法施工工期长，施工质量控制难度较大，对预应力钢筋混凝土梁来说由混凝土的收缩、徐变引起的应力损失比较大。

（4）施工中的支架、模板耗用量大，并且支架搭设影响排洪、通航、通车，施工可能受到洪水和漂流物的威胁。

2. 支架的结构特征

支架按其构造可分为满堂、梁式和梁柱式支架；按材料可分为木支架、钢支架、钢木混合支架和万能杆件拼装支架等。

（1）满堂支架。

满堂支架系统包括纵梁、横梁（方木或型钢）、顶托、竖杆、水平杆、剪刀撑等部分。此类支架通常由排架和纵梁等构件组成，排架由枕木或桩、立柱和盖梁组成，纵梁下需布置卸落设备。

满堂支架构造简单，可用于陆地或不通航河道以及桥墩不高的小跨径桥梁施工。在桥墩较低或地质条件较好且桥不跨越道路、河流等障碍物时，施工宜选择满堂支架。满堂支架具有安装方便、不需要大型施工设备，对地基承载力要求低的优点，但其安装质量控制要求较高。

（2）梁式支架。

梁式支架系统包括承重梁、卸落设备、支墩、支墩基础等部分。根据跨径不同，承重梁可采用钢板梁或钢桁梁。钢板梁用于跨径小于 20m 的情况，钢桁梁用于跨径大于 20m 的情况。梁可以支撑在墩旁立柱上，也可支撑在桥墩上预留的托架上。

梁式支架在桥墩较高（20m 以上）或地质条件较差（软土地基等）或跨越道路、河流等障碍物时宜选择。其支墩采用（钢筋）混凝土扩大基础、大直径钢管桩（钢管混凝土）立柱、型钢分配梁结构，纵梁可采用军用梁、贝雷梁（架）或型钢等。梁式支架不影响桥下通行、通航，但需要大型施工起吊设备配合，且对支墩地基承载力要求较高。此类支架搭设难度大、技术要求高，对起吊设备要求较高，使桥墩受偏心荷载影响。

（3）梁柱式支架。

当桥梁较高、跨径较大或必须在支架下设孔通航或排洪时可用梁柱式支架。梁支承在桥墩台以及临时支柱或临时墩上，形成多跨的梁柱式支架。

梁柱式支架施工具有以下特点：第一是结构简单，杆件受力明确，计算简便；第二是逐孔施工，具有明显的经济效益；第三是要求地基处理较少，只做局部的基础处理；第四是支架搭设简单，不需要大型设备，施工周期相对较短；第五是单片桁架刚度大，节段间采用等强度连接，且设计成标准化结构，能够根据需要组拼成各种结构形式，方便在各种场合施工；第六是预拱度设置时，每组横梁只需调整支点位置高程即可实现全断面高程的调整。

3. 支架现浇工艺流程和施工安排

（1）工艺流程。

在桥位处搭设支架（在低墩或不跨越道路等障碍物的情况下搭设满堂式支架，在高墩或跨越道路等障碍物情况下搭设梁式支架），在支架上安装底模，经预压后安装外侧模板、钢筋及预应力系统，然后浇筑梁体混凝土；根据梁体结构设计实际情况，将梁体整体浇筑成型；待梁体混凝土强度达到设计要求后拆除内模、端模，进行预应力张拉施工。

（2）施工安排。

①劳动力组织。

由现场各作业队负责组织施工。管理人员按作业点配置，包括技术员、质检员、实验员、领工员、安全防护员等。操作人员按梁长度配置，包括架子工、钢筋工、混凝土工、模板工、张拉工、辅助工等。

②材料要求。

原材料严格按照相关规范进行控制，不合格材料严禁进场。

4. 支架现浇施工关键技术

（1）施工准备及技术要求。

①内业施工准备。

施工单位首先组织相关技术人员审核施工图纸，根据各桥址现场实际情况确定施工方案，进行基底承载力和支架强度、刚度、挠度和稳定性检算，从而确定基础的形式及杆件的间距、数量和预留起拱度；其次根据现场地质情况、桥跨结构，本着施工方便、安全、经济的原则选用支架类型，组织相关管理人员、施工人员进行及上岗前技术培训，在施工前做好施工技术交底工作，及时完善各种施工过程用表。

②外业施工准备。

施工单位核对现场地质、水文情况及现场原地面高程和场地分布是否与施工方案相符，在支架现浇梁施工前，先对施工现场进行场地平整，对搭设支架的场地进行加固处理，在软基位置用碎石换填或采用混凝土基础，确保地基承载力能达到满布荷载的要求，使梁体混凝土浇筑后不产生沉降，同时做好地面的排水处理，在周边设置排水沟，使施工用水、用电及便道等有关临时工程满足施工需要，合理安排组织机械设备、仪器、人员等。

③施工技术要求。

支架要有足够的强度、刚度和稳定性，预压重量大于浇筑混凝土的重量，根据预压时支架产生的弹性和非弹性变形设置预拱度。

支架地基承载力必须满足要求，基础可采用明挖扩大基础、钢管桩基础或钻孔桩基础，支架基础有完好的排水系统。

（2）支架现浇基础施工。

支架的地基必须平整夯实，有排水措施，支架一经搭设，其地基四周不准随意开挖。基础未经验收不得搭设支架，分阶段搭设的支架实行分阶段验收，验收记录应存档。

①满堂式支架地基处理：根据桥位处的地基实际情况，对桥位整个地基进行

处理，最终使地基承载力达到设计要求。处理方式：若地基地质状况较差，如为淤泥，则用挖掘机挖出一定深度的淤泥，换填沙砾、石料；如果原地基地质状况较好，首先将原有地基整平压实，然后在其上分层填筑一定厚度的土或沙砾，并进行碾压，确保压实度，并设置横向单坡，便于及时排除雨水，如纵向坡度过大，采取设置台阶方式，便于底托支垫平整，然后在处理后的地基上施一层水泥稳定层或素混凝土作为支架基础，并按照满堂支架脚手架钢管立杆所对应的位置铺设方木。

②梁式支架地基处理：梁式支架一般两端利用桥墩承台为基础，中间支撑点采用扩大基础或钢管桩基础。扩大基础采用现场浇筑钢筋混凝土。钢管桩基础采用振动锤施工，达到设计入土深度。

处理好的施工场地进行放线，当采用沉桩、承台基础时，先按放设的桩心位置打设管桩，再施工混凝土承台或型钢承台，混凝土基础浇筑时应注意支架连接用的预埋件是否正确安装。

（3）支架搭设。

①支架定位。

支架布置用全站仪放样，然后拉线确定每根立杆的位置。支架底、顶端分别设置底托和顶托以方便调整支架底、顶高程，保证支架安装质量和满足施工需求。支架结构的搭建要稳固，杆件连接应牢靠。

②支架搭设原则。

a. 支架搭设标准：横平竖直，连接牢固，底脚着实，层层固定，支撑挺直，通畅平坦，安全设施齐全、牢固。

b. 支架按照立杆—横杆—斜杆的顺序逐层搭设。支架不得混搭，主要受力杆件如立杆、大横杆、小横杆在同一立面必须使用同一材质的材料；支架的杆件、扣件严禁随意拆除。

c. 严禁在支架上接缆风绳和设置起重吊杆，不准在支架上搁置运料滑槽及搭设受料平台，不准采用斜拉斜吊的方式从支架上进料。

d. 架子工必须熟悉支架安全操作规程，严格按规程的要求搭设，在搭设中要正确装备使用劳动保护用品。

③支架搭设施工。

a. 支架施工要求。

其一，支架要有足够的强度、刚度和稳定性。

其二，预压重量大于浇筑混凝土的重量；根据预压时支架产生的弹性和非弹性变形设置预拱度。

其三，支架地基承载力必须满足要求，可采用明挖扩大基础、钢管桩基础或钻孔桩基础。

b. 支架搭设步骤。

满堂支架可采用钢管搭设，水中支架需先设置基础、排架桩，钢管支架在排架上设置。在支架基础施工完成后，人们要对梁体支架进行放样，确定其平面位置，同时必须挂好梁体的纵向中心线，沿中心线向两侧对称搭设支架。

陆地现浇桥梁施工，可在整平的地基上铺设碎石层或沙砾石层，在其上浇筑混凝土作为支架的基础，钢管排架纵横密排，下设槽钢支撑钢管，钢管间距依桥高及现浇梁自重、施工荷载的大小而定。钢管由扣件接长或搭接，上端用可调节的槽形顶托固定纵横木龙骨，形成满堂支架。

钢管支架搭设需要设置纵、横向水平杆加劲。为确保支架的整体强度、刚度和稳定性，每根纵向钢管用纵横钢管水平杆连接，每隔一定距离设置顺桥向通长剪刀撑，横桥向每隔一定距离设一道剪刀撑，水平加劲杆与剪刀撑均需用扣件与立柱钢管连成整体。剪刀撑与碗扣支架立杆、水平杆相交处，杆件的相互连接必须紧密。可调顶托的调整高度应严格控制，以确保架子顶自由端的稳定。底托安放必须用硬木楔垫平，以保证立杆的垂直度。排架顶高程应考虑设置预拱度。

施工人员应在顺桥向按照支架间距铺设枕木，然后搭设碗扣式脚手架，严格按照支架设计图纸设计纵向间距、横向间距，支架上设顶托，横向每三道设置一道剪刀撑，纵向两外侧设置剪刀撑。其余部分参照钢管脚手架搭设要求施工。

碗扣支架均采用标准杆件进行组装，每根立杆下端均设定型圆盘支座或木垫板，并按要求设置剪刀撑。立杆顶端安装可调式支托，施工人员先在支托内安装横向方木，再按设计间距和高程安装纵向方木及楔木垫块。钢管的整体稳定性由基础的不均匀沉降、支架结构的稳定性控制。横桥向按照支架的拼装要求，严格控制纵杆的垂直度以及扫地杆和剪力撑的数量和间距。

搭设质量要求：竖杆要求每根竖直，采用单根钢管，竖杆立后应及时加纵、横向平面钢管固定，确保满堂支架具有足够的强度、刚度、稳定性。满堂钢管支架搭设完毕后，工作人员应测量放样，确定每根钢管的高度，并在钢管上做标记，对高出部分用电焊机切割，保证整个支架的高度一致并满足设计要求。在支架顶部横桥向设横向钢管，以在其上直接安设方木楞和木楔，模板铺装以箱梁支架搭设为例。横向钢管扣件下部设置纵向钢管，横向钢管扣件紧贴在纵向钢管扣件之上，纵向钢管扣件下紧贴着增设加强扣件，这样就能保证横向钢管与纵向钢管的扣件连接紧固，具有足够的强度来承受施工荷载。

梁式支架搭设方案应保证支架具有足够的强度、刚度和稳定性，要控制跨中支架的挠度限值，以避免现浇混凝土因下垂挠度过大产生拉应力而造成结构破坏。

梁式支架多采用工地现场拼装成片，再视起吊能力拼装成组，分段吊装就位的安装方法。工作人员在地面上将标准三角架、端构架、撑杆、斜弦杆等用钢销连接成一片完整的支架，用两台吊车进行配合吊装。一台吊车在地面将拼接好的纵梁（桁架或型钢）、横梁先吊放至靠近桥位处，另一台吊车将其逐片吊起安放于临时支墩的垫梁上，然后横向用槽钢或钢管连成整体，以提高其整体稳定性和抗扭能力，用绳索牵引来调整方向，局部移梁采用倒链移动。

支墩安装一般采用汽车调配和人工进行，应严格控制支墩的垂直度和平面位置。支墩之间由水平撑、斜拉撑与支墩上的拼接钢板（T形或十字形）连接，上端与型钢垫梁、下端与预埋钢板用螺栓连接，加固成排架，以提高整体稳定性。

支架如采用型钢作为纵梁，则在型钢上铺设方木。型钢梁安装采用汽车调配和人工进行。梁体支架基础完成后，工作人员在其上搭设型钢立柱，在墩顶上安置卸落支架用的钢制砂筒，在砂筒上安放工字钢的横盖梁。

梁柱式支架通常采用军用梁或贝雷梁作为纵梁，军用墩或其他形式支墩作为临时支墩。军用梁或贝雷梁作为受力纵梁，其横向刚度较弱。在使用前，军用墩采用型钢和 U 形卡将各片连接成整体，军用梁全部吊装就位后，工作人员安装联系杆，使各片梁固定，然后沿梁横向铺设钢枕（钢枕两端挑出梁体外边缘），以此作为施工作业平台。

支架在地面拼装好后，工作人员使用吊机将其吊起，放在垫梁上，且用螺栓将其连接好，安放钢砂筒落架，调整好高程。支架调整好后，工作人员铺设横纵梁，铺设横梁时要保证纵梁的稳定性，使用 U 形卡将横梁和支架腿连接成整体，铺设纵梁时使用钢筋连接成剪刀撑，使其保持相对位置的稳定。

（4）支座、支座板安装。

①成品验收。

工作人员在支座安装前应开箱检查产品合格证、装箱单，对支座连接状况是否正常进行检查，不得任意松动上下支座连接螺栓。

②测量放线。

安装支座前工作人员要复测桥墩中心距离及支承垫石高程，检查锚栓孔位置及深度是否符合设计要求。支座吊装前，工作人员要根据设计图纸计算出支座中心点坐标，利用测量控制点，在桥墩支承垫石上定出支座中心位置，并放出十字线，同时检查支承垫石表面高程，必要时用钢楔块找平。

③垫石处理。

工作人员要将支座就位部位的支承垫石表面凿毛，清除预留锚栓孔内的杂物。

④支座安装。

工作人员用吊车配合千斤顶、倒链进行支座安装，使支座准确就位。支座安装要保持梁体垂直，支座上下板水平，不产生偏位。在支座底面与支承垫石之间预留空隙，钢楔块楔入支座四角，以找平支座，并将支座底面调整至设计高程。支座与支承垫石间及支座与梁底间密贴，无缝隙。支座四角高差不大于2mm。同一梁端的支座支承面的相对高差应不大于1mm，螺栓的平面位置偏差不得大于2mm。

⑤支座灌浆。

支座安装好后工作人员即按规定锚固支座螺栓，灌浆固定。在灌浆模板安装前工作人员要详细检查支座位置，检查的内容有：纵、横向位置，平整度，同一支座板的四角高差，四个支座板相对高差。支座位置与高程无误后，工作人员安装灌浆用模板，用无收缩高强度灌浆材料灌浆，浇筑支座下部及锚栓孔处空隙。灌浆工作采用重力灌浆方式，从支座中心部位向四周注浆，直至工作人员从钢模与支座底板周边间隙观察到全部灌满为止。

⑥拆除模板。

灌浆材料终凝后，工作人员拆除模板及四角钢楔块，检查是否有漏浆处，如有，对漏浆处进行补浆，并用砂浆填堵钢楔块抽出后留下的空隙。

⑦安装支座钢围板。

梁体混凝土浇筑后，工作人员应及时拆除各支座的上下支座连接钢板及螺栓，安装支座钢围板。

（5）模板施工。

现以箱形梁为例来说明现浇梁段模板施工。现浇箱形梁的模板由侧模、内模、底模和端模组成。侧模板优先采用大块整体钢板加工；底模可采用大块钢模或胶合板；内模可采用经抛光处理的木模板或复合模板。

模板采用大块钢板时，特殊部位要采用特性模板，模板排列应规则有序，线条美观。模板缝隙严密平整，不漏浆，支撑牢靠，满足强度和刚度的要求，能够承受施工过程中可能产生的各项荷载及振动作用，在构造和制造方面力求简单，拼装方便，以提高装拆速度和增加周转次数。

工作人员在模板安装前应检查板面是否平整、光洁，有无凹凸变形及残余黏浆，将模板接口处清除干净；检查所有模板连接端部和底脚有无碰撞造成的影响使用的缺陷或变形，振动器支架及模板焊缝处是否有破损，如有需要及时补焊、整修；在模板接缝处贴胶带，以避免漏浆。

模板拼接要保证搭接平顺，禁止出现错台；模板的安装要结合钢筋及预应力管道的埋设依次进行；在模板吊装过程中，吊物下面禁止站人，当模板下放距作业平台 1m 时，作业人员方可靠近操作。附着式振动器应交错布置，安设牢固，安装位置应能使振动力先传向模板骨架，再由骨架传向面板。

①底模系统。

底模受竖向自重作用，其安装重点在于模型底部、支架顶部的纵横向分配梁的调平，工作人员应根据预压后的结果，采用小木条作为碰头楔块来调整底模高程，这样也便于拆除底模支架。工作人员应在模板接缝处粘贴胶带，保证模板之间无缝隙，以防止漏浆对现浇段质量产生影响。

箱梁底模板根据箱梁结构尺寸现场加工。底模铺设采用"以人工为主，机械配合"的方式施工。底模板安装要考虑支架预留拱度的设置、调整，加载预压试验结果及支座板的安装。

底模铺在分配梁方木上，调模、卸模通过可调顶托完成。支架顶设可调高度顶托，顶托横向铺方木，纵向用方木连接，间距应符合设计要求，方木与胶合板用钉子固定。针对曲线梁，模板加工人员可根据箱梁线形及宽度分段制作模板，将每一段视为直线段，即用分段折线代替圆曲线。

②侧模系统。

侧模承受侧向压力，可采用表面光滑的胶合板或钢模制作，可通过设置单头拉杆加背杠固定。

侧模采用的钢模由专业模板加工厂家加工制作。工作人员先将侧模滑移或吊装到位，与底模板的相对位置对准，用顶压杆调整好侧模垂直度，并将侧模与端模连接好；侧模安装完后，用螺栓连接稳固，并上好全部拉杆，调整其他紧固件后检查整体模板的长、宽、高及不平整度等，并做好记录，对不符合规定者要及时调整。

侧模板安装采用汽车吊起吊。模板起吊前，工作人员要将相应的螺丝杆和横向工字钢连接好。对于曲梁，由于每块模板面板均为平面，没有按照梁体平曲线设置弧面，故在安装模板时，工作人员应确保模板与模板之间留有间隙，以此来调节梁体的平曲线（实际为若干折线）。模板之间的间隙通过木板条和玻璃胶进行堵塞。侧模板采用方木及钢管脚手架固定，同时模板之间用钢筋作为拉杆连接。

③端模系统。

将胶管或波纹管逐根插入端模各自的孔内后，工作人员即可进行端模安装。其在安装过程中要逐根检查胶管或波纹管是否处于设计位置。端模安装要做到位置准确、连接紧密，与侧模和底模连接严密且不漏浆。

端模板因有钢筋及预应力管道孔眼，所以要按钢筋及预应力管道位置精确定位切割。每个预应力预留孔位要编号，以便工作人员在现浇施工中快速准确定位。

④内模系统。

内模安装要根据模板结构确定，当内模为拼装式结构时，可采用吊装方式。为保证底板混凝土密实无空洞，内模安装应根据捣固器的作用半径和钢筋、预应力钢筋的位置适当预留孔洞以利于振捣和排气，待混凝土溢出见粗颗粒时再封闭。

箱梁内模可以采用组合钢模，分节段加工，内模先在拼装场地拼装成节，待底板、腹板钢筋及波纹管道安装完毕后，工作人员将内模分节吊入箱梁内组拼。为了保证箱梁内模位置，内模与钢筋间应设置混凝土垫块作为支撑。

⑤模板加固。

箱梁模板加固重点是内模和侧模。为防止施工混凝土内模结构变形和顶板钢筋上浮，工作人员可利用对穿拉杆通过底板将底模和内模底部连接，在内箱加方木或钢管支撑加固，对侧模采用单头拉杆背杠加固，并确保结构尺寸满足设计要求。

为了防止内模上浮，外模每隔一段距离设一道横梁，以模板横梁作为支撑，用可调螺杆向下顶紧。为了固定内模使其不偏移轴线位置，工作人员可采用方木及三角楔将内模与外模顶牢，在浇筑混凝土时将支撑逐步拆除。箱梁顶板采用钢管支架支模，支架直接支撑在底板。内模安装完后，工作人员要严格检查各部位尺寸是否符合要求。

（6）支架预压。

支架预压的目的是检验支架的安全性及地基的强度和稳定性，消除整个支架的塑性变形，消除地基的沉降变形，测量出支架的弹性变形。支架预拱度值的大小主要考虑：支架承重引起的弹性变形值；梁设计给定的预应力和自重引起的变形值；梁设计要求的拱度值。

支架搭设完成后要进行预压，预压量应模拟现场总体荷载，即混凝土自重、施工人员及机具重量、模板及支架重量等的总和。在铺设完箱梁底模后，工作人员用堆放重物或吊挂水箱方式对支架、模板分节段进行预压，预压荷载为梁体自重的120%。施加张拉力预压是指在相应支架地面打地锚，然后利用预应力束对其施加同等量的张拉力。施加张拉力预压施工简单，适合起吊重物困难和重物不足的情况，但其也有缺点，就是施加力较集中，不能有效地反映梁体重力分布。

支架搭设好后，工作人员可铺设底模，进行预加载试压，以检查支架的承载能力，减小和消除支架的非弹性变形和地基不均匀沉降，从而确保混凝土梁的浇筑质量。加载按设计要求分级进行，从支座向跨中依次进行。待满载后工作人员分别量测各级荷载下支架的变形值，然后再逐级卸载，当支架的沉降量偏差较大时，要及时对支架进行调整。

为了解支架沉降情况，在预压之前工作人员应测量控制点高程，控制点按顺桥向布置。在预压前工作人员需要对底模平面控制点的高程观测一次，在加载50%和120%后均要复测各控制点高程，在预压的过程中平均每2h观测一次，有至沉降稳定为止，加载100%预压荷载并持荷24h后工作人员要再次复测各控制点高程，如果加载120%后所测数据与持荷24h后所测数据变化很小，说明支架已基本沉降到位，可卸载，否则还要进行持荷预压，直到支架沉降到位方可卸压。

卸压完成后，工作人员要再次复测各控制点高程，以便得出支架的弹性变形量（等于卸压后高程减去持荷后高程），用总沉降量（即支架持荷后稳定沉降量）减去弹性变形量得出支架的非弹性变形（即塑性变形）量。预压完成后工作人员要根据预压成果来调整现浇段底模高程，然后移除荷载，拆除模板，根据预压结果得出了预拱度设置有关的数值，据此对理论计算数值进行修正，以确定更适当的预拱度，并重新放样，调整立杆高度。

（7）钢筋制作、运输及现场安装。

①钢筋制作。

在钢筋加工前技术负责人应对图纸复核后绘出加工图，并由根据设计图纸在加工场地上放样，加工同一类型的钢筋按先长后短的原则下料，用弯折机加工钢筋后与大样图核对，并根据钢筋所在部位的具体情况对细部尺寸和形状做适当调整。

钢筋在加工场地加工成半成品，由汽车运输至现场，用塔吊配合人工安装。主筋直径大于 25mm 的钢筋采用滚轧直螺纹套筒连接，主梁分段连接钢筋采用焊接接头，环向箍筋及架立钢筋采用扎丝绑扎、接头点焊，其搭接长度不小于有关规范规定。在同一断面内钢筋接头数量不应超过钢筋总数 50%。

钢筋切断时，钢筋和切断机刀口要垂直，工作人员要严格执行操作规程，确保安全，在切断过程中，如发现钢筋有劈裂、缩头或严重的弯头，必须将有关部位切除。

在钢筋弯曲前，对形状复杂的钢筋（如弯起钢筋），工作人员应用石笔在钢筋上标示出各弯曲点位置，同时注意根据不同弯曲角度扣除弯曲调整值，其扣法是从相邻两段长度中各扣一半。弯曲点标注工作宜从钢筋中线开始向两边进行，对两边不对称的钢筋，也可以从钢筋的一端开始画线，但要注意校核各弯曲段的定型尺寸。箍筋成型时，应先做样品。

钢筋绑扎前由测量人员复测模板的平面位置及高程，无误后方可进行钢筋绑扎。钢筋连接根据设计和规范要求可采用套筒连接、焊接或绑扎。

钢筋加工质量要求：

a. 钢筋应拉直，无局部曲折。

b. 钢筋切口处不得有马蹄形或起弯等现象，钢筋的长度应力求符合要求。

c. 钢筋弯曲成型正确，在平面上没有翘曲不平现象。

成型好的钢筋按平面布置图的指定地点堆放，防止锈蚀和污染，同时挂上标牌，并标注尺寸、型号、规格、形状、使用部位、数量等。

②钢筋运输。

钢筋由加工厂集中加工制作，运至施工现场后由汽车吊提升，现场绑扎成形。

③钢筋安装。

在钢筋安装前工作人员先在模板上用石笔画出钢筋安装边线，在模板和箍筋之间按梅花形布设保护层垫块，并用钢丝穿过垫块中部的小孔将其与钢筋绑扎牢固，以保证保护层厚度满足设计要求。

在设计没有明确说明的情况下禁止截断钢筋，对确实要截断的，工作人员必须报技术负责人同意，截断后在其四周按照规范要求进行加强（钢筋代换）。

工作人员进行钢筋施工时，先进行底板普通钢筋绑扎及竖向预应力钢筋梁底锚固端（包括垫板、锚固螺母及锚下螺旋筋）的安装，再进行腹板钢筋的绑扎、竖向波纹管及预应力钢筋的接长、腹板内纵向波纹管的安装，最后进行顶板普通钢筋的绑扎，顶板内纵向波纹管的安装、横向钢绞线及波纹管的安装。为使保护层满足要求，保护层垫块不被压坏，箱梁施工采用定型塑料垫块或混凝土垫块。钢筋在梁段接缝处的连接方法及连接长度要满足设计及规范要求，具体如下：在双面焊困难时可采用单面焊；绑扎时绑扎铁丝的尾端不应伸入保护层内；所有钢筋交错点均绑扎，且必须牢固。

同一水平直线上相邻绑扣呈"八"字形，朝向混凝土体内部（局部无法朝向内部的，只有朝向外部，但绑扣露头部分应与水平筋相贴，且同一直线上相邻绑扣露头部分朝向应正反交错），露头部分与水平筋成 45° 角。

（8）预应力管道成孔。

预应力管道可采用波纹管或预留孔道方式成孔。波纹管有塑料波纹管和铁皮波纹管，其运输至现场应注意不能产生变形、开裂，并保证尺寸，管道存放要顺直。

预应力管道成孔时，工作人员首先应按设计图纸所示位置布设波纹管，并用定位筋固定，安放好后的管道必须平顺、无折角，纵向间距和横向位置按设计图纸上的坐标定位。波纹管接头处的接口要用小锤整平，以防在穿束时引起波纹管翻卷，其严重时会导致管道堵塞。纵向管道所有接头采用大一号的波纹管套接并对称旋紧，用胶带缠好接头处以防止混凝土浆掺入，当管道位置与非预应力钢筋发生矛盾时，工作人员采取以管道为主的原则，适当移动钢筋，保证管道位置正确。横向波纹管一般不设接头，有需要时，可采用外套接头方法，然后用胶带密封。竖向预应力螺纹钢筋分别在钢管两端锚板上用短钢筋焊接腹板钢筋固定，外套钢管采取两个或三个连通的方式（顶口焊出浆嘴，底口焊连通管），以备压浆使用。

另外，工作人员应检查波纹管是否因为焊接等原因产生破损或变形，若发现破损一定要在浇筑混凝土之前补好。在浇筑混凝土之前工作人员主要检查管道上是否有孔洞，接头是否连接牢固、密封，管道位置是否有偏差，严格检查无误后，工作人员可采用空压机通风的方法清除管道内杂物，保证管道畅通，在管道与锚垫板接头处，一定要用胶带或其他东西堵塞好，以防水泥浆渗进锚孔内。

因顶板、底板、腹板内有大量的预埋波纹管，为了避免波纹管损坏，一切焊接工作应在波纹管埋置前进行，管道安装好后尽量不进行焊接。

（9）预埋件施工。

在梁体混凝土浇筑前，工作人员应仔细核对图纸，必须保证梁体所有预埋件、预埋钢筋（例如轨道板预埋钢筋、接触网基础预埋钢筋、防护墙预埋钢筋及接地端子、伸缩缝预埋钢筋等）安装完毕，无遗漏，并保证：

①预埋时各预埋件的尺寸和位置准确，在施工中有措施；

②所有预埋件在外露部分进行防腐处理后方可预埋，预埋后其外露部分补涂

一层面漆；

③梁端预留伸缩缝、安装槽处注意防水封边处理。

（10）混凝土施工。

现浇梁施工必须保证保护层厚度和垫块布置密度，钢筋加工和安装要准确，顶面高程要严格控制。在施工过程中应由专人负责支架和模板的变形及沉降观测，发现问题及时处理。现浇梁的养护设备和设施必须事先准备妥当，相关工作人员要制定详细的养护方案，确保梁体混凝土施工质量。

①混凝土生产。

拌制混凝土配料所用各种计量器具应准确，工作人员对骨料的含水率应经常进行检测，据以调整骨料和水的用量。拌制时间应根据工艺试验结果加以控制。混凝土生产应加强对混凝土的坍落度等各项工作性能的检测，确保混凝土质量。

②混凝土运输。

混凝土的运输能力应适应混凝土凝结速度和浇筑速度的需要，使浇筑工作不间断并使混凝土在被运到浇筑地点时仍保持均匀性和规定的坍落度。混凝土被运至浇筑地点后发生离析、严重泌水或坍落度不符合要求时，应进行第二次搅拌。二次搅拌不得任意加水，确有必要时，可同时加水和水泥以保持原水灰比不变。如经二次搅拌仍不符合要求，则该混凝土不得使用。

③混凝土现场浇筑。

支架法混凝土浇筑顺序为先浇底板，再浇腹板，最后浇顶板。在混凝土浇筑期间，应由专人检查支架、模板、钢筋和预埋件等的稳固情况，当发现有松动、变形、移位时，要及时处理。混凝土的浇筑应连续进行，如因故必须间断时，其间断时间应小于前层混凝土的初凝时间或能重塑的时间。混凝土的运输、浇筑及间歇的全部时间不得超过有关规定，当需要超过时相关部位应预留施工缝。

支架法混凝土振捣可采用插入式振捣和表面振捣。工作人员在前层混凝土初凝之前将次层混凝土浇筑完毕，保证无层间冷缝，混凝土的振捣严格按振捣器的作用范围进行，严防漏捣、欠捣和过度振捣，当预应力管道密集，空隙小时，应配备小直径插入式振捣器，振捣时不可在钢筋上平拖，不可碰撞预应力管道、模板、钢筋、辅助设施。振捣器的插入间距为其作用半径的 1.5 倍，振捣时间以混凝土不再沉落、不出现气泡、表面呈泛浆为准，同时要防止过振或漏振。

在混凝土浇筑过程中，梁腹板与顶板、底板连接处应加强振捣，以确保混凝土密实。由专职人员对整个浇筑过程中的模型和预埋件等进行检查，保证其位置符合设计要求。现场工作人员应重点记录混凝土分层、分段情况及每层混凝土的捣固时间。

④混凝土养护。

混凝土养护人员应根据施工对象、环境、水泥品种、外加剂以及对混凝土性能的要求，提出具体的养护方案，并应严格执行规定的养护制度。

一般混凝土浇筑完成后，应在收浆后尽快进行覆盖和洒水养护。对于在炎热天气浇筑的混凝土以及桥面等大面积裸露的混凝土，有条件的施工单位可在浇筑完成后立即加设棚罩，待收浆后再予以覆盖和洒水养生，覆盖时不得损伤或污染混凝土的表面。混凝土面有模板覆盖时，工作人员应在养护期间经常使模板保持湿润。混凝土的洒水养护时间可根据空气的湿度、温度和水泥品种及掺用的外加剂等情况，酌情延长或缩短。每天洒水次数以能保持混凝土表面经常处于湿润状态为度。工作人员采用塑料薄膜或喷化学浆液等进行养护时，可不洒水。

大体积混凝土的养护，应根据气候条件采取控温措施，并按需要测定浇筑后的混凝土表面和内部温度，将温差控制在设计要求的范围内。

（11）模板拆除。

当梁体混凝土强度达到设计强度的 50%，梁体芯部温度与表层温度、箱内温度与箱外温度、表层温度与环境温度之差均不大于 15℃，且能保证构件棱角完整时，工作人员方可拆除侧模和端模。气温急剧变化时不宜进行拆模作业。

工作人员在模板拆除前先检查卷扬机等设备的性能，并清理好拟进入的作业面。箱梁模板的拆除顺序是先拆除内模再拆除侧模及端模。拆侧模时工作人员可通过顶压机构使侧模脱离梁体，再通过卷扬机将其拖拉至相应的位置上。工作人员拆模时，严禁重击或硬撬，以避免造成模板局部变形或损坏混凝土棱角。

工作人员将模板拆下后，要及时清除模板表面和接缝处的残余灰浆并均匀涂刷隔离剂，与此同时还要清点和维修、保养、保管好模板零部件，对缺损及时补齐，以备下次使用，并根据消耗情况配备足够的模板储存量。

（12）预应力工程。

①预应力配筋特征。

采用支架法现浇的短跨等截面连续梁，可以选用连续曲束布置预应力筋；而跨径较大的等截面连续梁，为了减小连续束预应力的摩阻损失，可在支点梁顶上设置锚固端，在梁的构造上要设置凹槽，以放置锚具并便于千斤顶张拉，凹槽在张拉后用混凝土填封。当采用这种预应力束筋时，为防止中间支点处因集中较大的锚固力（偏心距较大）而导致结构下缘拉裂，通常力筋需要贯通整个梁长。

在采用支架法逐跨现浇的连续梁中，常有以连接器接长的预应力束筋。因其是一孔接着一孔施工架设和张拉的，为达到施工方便和对结构受力有利（减小结构次内力）的目的，一般在设计时，人们把接头选在靠近支点的 0.2L 处（L 为梁的计算跨度），而使预应力束筋散开，以便于连接和施工，但要求预应力束筋的预加力合力仍保持在设计要求的高度上。

②预应力束制作。

在预应力束制作前工作人员常用专用工具对钢束进行梳理，以防钢绞线绞在一起。其制作要点如下：

a. 钢绞线下料要在特制的放盘筐中进行，防止钢绞线弹出伤人和扭绞。

b. 对散盘后的钢绞线工作人员需仔细检查其外观是否有劈裂、重皮、小刺、折弯、油污等，若有问题必须处理。

c. 钢绞线下料要在平坦、干净的地面上进行，下料采用砂轮片切割，禁止用割枪或电焊切割。

d. 预应力束的设计高程及中心位置由测量组精确放样并标示于骨架钢筋或内模板上。波纹管安装采用定位钢筋按放样位置固定，定位钢筋按设计图设置，焊接在钢筋骨架上。

e.钢绞线进场后应严格保管，避免受到电气焊损伤，钢绞线不能作为电焊机的地线使用，受损伤的钢绞线坚决不能使用。

f.电气焊作业在管道附近进行时，波纹管上要覆盖湿麻袋或薄铁皮等，以免波纹管被损伤。

g.施工人员要注意避免铁件等尖锐物与波纹管接触，保护好管道，在混凝土施工前仔细检查管道，在施工时注意尽量避免振捣棒触及波纹管，对混凝土深处的腹板波纹管、锯齿板处波纹管等要精心施工，仔细保护，必须保证这些部位的波纹管不出现问题。

③预应力穿束。

工作人员首先根据预应力管道号数和长度，用砂轮切割机下料，用铁丝将单根钢绞线编制成整束，避免错股，使锚孔对位。

工作人员将钢绞线束端头做成圆锥状，用电焊焊牢，用砂轮将表面修平滑，以防钢绞线束在波纹管接头处引起波纹管翻卷，堵塞孔道。

工作人员在穿束之前应清除锚头上的各种杂物，用高压水枪冲洗孔道；确保卷扬机上的钢丝绳牢固并认真检查是否有破损处；给钢绞线穿入端安上铁帽并固定紧，在穿束时抬高钢绞线束尾端，并放慢速度，使钢绞线端头全部进入管道。

若预应力束孔道是曲线状，人工穿束比较困难时，工作人员可将钢丝绳系在高强钢丝上，用人工先将高强钢丝拉过孔道，然后用半圆钢环将钢丝绳头与钢束头焊接在一起，开启卷扬机将钢束徐徐拉进孔内，在钢束头进孔道时，用人工协助使钢束顺利入孔。如果在钢束穿进过程中发生堵塞，要立即操作停止，查准堵塞位置，凿开混凝土，清除管道内的堵管杂物，然后继续用卷扬机将钢束拖过孔道。

④预应力张拉准备。

a.张拉锚具必须是合格产品。在储存、运输和使用过程中，锚具应得到妥善保护，避免锈蚀、污染或受到损伤。

b. 油泵灌油前工作人员要将油管、泵体管路清洗干净，在灌油时要严格过滤且保证油内不含水、酸及其他混合物。工作人员要经常检查油管及油管接口，如发现裂伤、丝扣不完整等必须进行更换。高压油表在使用前必须进行鉴定、校正，并与千斤顶同时建立使用卡，以记录校正日期和配套型号。

c. 千斤顶根据张拉力合理选择。千斤顶在使用前应进行标定，在使用过程中定期进行维修、校核、内部清洗等。

d. 预应力张拉实行张拉力与伸长量双控。工作人员事先对钢束按照张拉吨位进行伸长量及张拉油压计算，并与设计数据进行复核，取得监理工程师的认可，以确保张拉质量。

e. 钢绞线进场后工作人员要取样做拉伸试验，抽查钢绞线的断面尺寸；锚具、塞片到场后工作人员要检查锚固效率系数，要定期抽查塞片的硬度；油顶、油表要定期进行校验。

f. 工作人员将锚垫板喇叭管内的混凝土清理干净；消除钢绞线上的锈蚀、泥浆；在工作锚板锥孔内抹上一层薄薄的黄油，并在锥孔内装上工作夹片。

⑤预应力钢筋张拉程序。

张拉预应力钢筋时，梁体混凝土强度、弹性模量及龄期等必须符合设计要求。预应力钢筋应左右侧对称同时进行张拉，各节段横向预应力钢筋在纵向预应力钢筋张拉后再张拉，并及时压浆。分批张拉时，工作人员应监测梁体拱度变化是否与设计要求相符合，防止主梁反弹导致的梁体上缘因出现超拉应力而开裂，在必要时应配合每批预应力钢筋张拉情况相应调整底模高程。竖向预应力钢筋可在混凝土强度达到设计要求后进行张拉，施工有干扰时，竖向预应力钢筋可后张拉。

工作人员在预应力钢筋张拉前应做管道摩阻、张拉、锚固等试验。工作人员在预应力钢筋张拉设备使用前应测定油泵线性回归方程，根据千斤顶的张拉力计算出压力表读数，在施工过程中实行双控，以油表读数为主进行伸长值校核。

张拉程序：预张拉、初张拉、终张拉。预应力钢筋一次张拉完成，张拉在梁体强度及弹性模量达到设计强度的 80% 以上时进行，且必须保证梁体混凝土龄期大于 7 天。张拉采用张拉力和伸长值双控，伸长值容许误差控制在 ±5% 以内，同一断面的断丝率不得大于 1%。

预应力钢束张拉严格按施工图要求进行，预应力钢束采用两端对称张拉，先腹板束，后顶板束，从外到内左右对称进行。同一施工阶段的预应力钢束按先纵向后横向的顺序张拉，并及时压浆。

当钢束初始应力达到张拉控制应力的 10% 时，工作人员在钢绞线上画一个记号，作为测量延伸率的参考点，并检查钢绞线有无滑动，孔道轴线、锚具和千斤顶是否在同一条线上，注意钢束中每根钢绞线是否受力均匀，待安全阀调整至规定值后方可开始张拉作业。

在张拉过程中，工作人员应注意记录钢绞线伸长量，为了消除钢绞线束不直和初始受力不均的影响，一般应在张拉力达到一定初始值之后再进行伸长值的量测，即在初始张拉力（取设计张拉力的 15%）状态下标注伸长量起始记号。计算实际伸长量时除实测伸长量外，工作人员尚应计入初应力时的推算伸长值。张拉完成后，工作人员及时比较实际伸长值与设计理论值，其差值应控制在 6% 以内，否则工作人员要仔细分析原因，以便进行调整后继续张拉。

张拉开始后，如果锚头处出现滑丝、断丝或锚具损坏，工作人员应立即停止操作并进行检查，做详细记录，当滑丝、断丝数量超过设计规定的容许值时，应抽换钢束。张拉时千斤顶升压或降压速度缓慢、均匀，切忌突然加压或卸压。在张拉过程中，千斤顶后方不得站人，测量伸长值或打楔时，工作人员站在千斤顶的侧面。

若伸长量不足或过大，要及时分析原因，一般是管道布置不准，孔道摩阻增大，应力损失过大，有时也可能是设计计算使用的钢绞线弹性模量值与实际使用的弹性模量值不相同。

⑥预应力管道压浆。

预应力钢筋完成终拉后，工作人员应在规定时间内完成孔道压浆，在压浆前用高压风将管道内的杂物和积水清除干净，对每个孔道用高压水枪冲洗，排除粉渣、污物，对灌浆材料的性能进行专门试验，试验内容包括灌浆材料的初始流动度、流动度的延时变化与温度敏感性、压力引起的最大泌水量、膨胀性能、阻锈性能以及强度发展速率等。此外，工作人员将锚环周围、钢绞线间隙用水泥浆堵塞，防止冒浆。

一般在张拉后 24h 内往张拉孔道内压浆，如不能及时压浆，工作人员应采取保护措施保证锚固装置及钢绞线不被锈蚀，以防滑丝；在压浆前请监理工程师到场，并在征得同意后进行压浆作业。

压浆是预应力施工中的最后也是关键的一步，在压浆前工作人员应对压浆机进行认真检查、标定，先用压浆机向管道内注压清水，以充分冲洗、润湿管道，至全部管道冲洗完后，正式拌浆，开始压浆。

由于压浆质量对整个预应力体系的建立至关重要，针对以往传统压浆工艺出现的压浆不饱满、预应力钢筋容易锈蚀导致桥梁的耐久性降低等问题，工作人员可采用真空辅助压浆以保证压浆的质量，具体步骤如下：

压浆前一天，用水泥砂浆将锚圈、钢绞线与锚塞之间的缝隙堵死，在压浆前在最大工作压力下用水检查管道是否畅通。

清除锚垫板上的浮浆及杂物，检查密封罩盖上的螺栓孔是否有堵塞及杂物，若有，应清除；在压浆密封罩盖上安装橡胶圈，在橡胶圈周围涂抹一层玻璃胶，压浆封罩盖用螺栓固定在锚垫板上，密封罩盖四周应均匀受压，压浆管进口处设过滤网，滤去杂物以防止管道堵塞。

将真空泵连接在非压浆端上，压浆泵连接在压浆端上，以串联的方式将负压容器、三项阀门和压浆孔连接起来，压浆过程要连续一次进行，中途不得停顿。

在压浆前关闭所有排气阀门，启动真空泵抽真空，在真空泵运转的同时启动压浆泵开始压浆，直至压浆管的透明塑料管中出现水泥浆，此时打开压浆阀门，当阀门口流出浓浆时关闭阀门。

压浆人员要详细记录压浆过程，记录内容包括每个管道的压浆日期、水灰比、掺加料、压浆压力、试块强度等。

⑦预应力封锚。

工作人员先切除多余的预应力钢筋，然后封锚混凝土，切割多余的钢绞线一般用砂轮切割机，封锚混凝土采用无收缩混凝土。在封锚前工作人员要对锚槽进行凿毛处理，并利用焊在锚板上的钢筋和槽口钢筋焊接，保证封锚端混凝土与梁体混凝土连为一体，在封锚后进行防水处理，于锚槽外侧涂刷防水材料。

（13）支架系统拆除。

在梁体张拉完成，压浆强度达到设计强度的90%及封锚完成后工作人员方可拆除支架和底模。梁底模及支架的卸载，严格按照从梁体挠度最大处支架节点开始，逐步向两端卸落相邻节点，当达到一定卸落量后，支架方可脱落梁体的顺序。

拆除支架时，工作人员要从跨中开始对称向两头均匀拆卸，以便使桥体重量对称、均匀地由两端支座平均承担，同时预防梁体因受力不均匀产生裂纹，拆除底模时要防止损坏梁体外观。拆除时，无关人员禁止进入危险区域。拆除要在统一指挥下进行，动作协调。

拆除满堂支架时，工作人员应按顺序由上而下，一步一清，不准上下同时作业；拆除脚手架大横杆、剪刀撑时，应先拆中间扣，再拆两头扣，由中间操作人员往下顺杆子。拆下的材料，应用绳吊下，禁止投扔。

工作人员拆除梁式支架时，先松动砂筒，然后用安放在桥面支点处的卷扬机缓缓提起该处支架的工字钢横梁，使整个纵梁提高型钢立柱，接着拆除钢管或型钢立柱，最后将其一起放下纵梁。工作人员拆支架时应缓慢、对称地卸落砂筒，使梁体结构均匀受力，注意保留该段与尚未浇筑的下一段相邻跨的支架，使梁体在施工阶段的受力更趋合理，有效防止混凝土的开裂。

5.支架法施工质量保证措施

（1）工程质量检验方法。

①模板。

模板平面位置采用经纬仪或全站仪检查；平面高程采用水准仪检查；板面局

部不平处用直尺、塞尺检测；其余检测项目采用尺量检查。

②钢筋。

钢筋检验项目采用尺量检查。

③梁体。

梁轴线偏位采用经纬仪或全站仪检查；顶面高程、横坡采用水准仪检查；断面尺寸、长度采用尺量检查；平整度通过直尺检查。

（2）工程质量的保证措施。

支架现浇施工应严格按照国家和地方政府关于质量管理、标准的法律法规等有关规定组织，切实做好以下几个方面的工作。

①认真执行设计图纸会审和"交底"制度，执行施工技术规范和操作流程，加强施工测量、试验和监测，制定详细的操作规程和要求，选择合格材料，按照工程试验检测规程进行检查试验，建立质量责任制，设置专职质量员。

②根据支架设计要求的间距搭设满堂钢管支架，并设好连接支撑。支架搭设完成后，在模板安装前进行预压，消除支架的非弹性变形。

③在浇筑混凝土前，对预应力钢束的位置和波纹管道的外表进行检查，并检查锚垫板和螺旋筋放置是否正确、稳固，经检验确认后方可浇筑梁体混凝土。模板安装要保证其位置的准确性，模板接缝要平顺，并采用密封措施。梁底模板预拱度值根据试验结果和施工规范设定。

④浇筑混凝土时，工作人员由一端走向另一端斜坡分层浇筑。以箱梁为例，先灌底板，其次灌腹板，最后灌顶板，工作人员应在箱梁顶板的底模上开窗口，以便混凝土直接下到箱梁的底板，使底板混凝土均匀密实。设专人负责捣固，对箱梁底板混凝土有专人入内箱对其进行捣固。避免欠捣、漏捣和振捣过度，捣固标准以表面出浆无气泡排出，且不再下沉为宜。混凝土振捣时，严禁使用振动器直接接触波纹管。为提高承载力，防止梁体在张拉后产生水平裂纹，锚垫板和螺旋筋与梁体骨架钢筋必须连接牢固，振捣时要特别注意此处混凝土振捣要密实。

⑤混凝土浇筑完毕后立即除去表面浮浆，并拉毛，在混凝土初凝时间内用塑

料薄膜将混凝土外露部分覆盖，待初凝后洒水养护。

⑥混凝土强度达到设计要求后，方可开始张拉。张拉设备如油泵、压力表、千斤顶和油管及阀门接头等，必须处于良好工作状态，经过更换配件的千斤顶和油压表必须重新校验。张拉完成后，方可拆除模板和支架。

第二节　移动模架浇筑施工法

一、工作任务

通过学习移动模架浇筑施工法相关配套知识，掌握移动模架法施工的流程和关键技术，能编写施工作业指导书和技术交底，达到学习目标的要求。

二、相关配套知识

移动模架是一种自带模板可在桥位间自行移动，逐孔完成梁现浇施工的大型制梁设备。模板支撑在移动模架的主承重梁上，并借助已制成箱梁移位时称为上承式移动模架；反之，主承重梁在待制箱梁的下方，借助桥墩移位时称为下承式移动模架。移动模架的选用根据梁体结构设计及桥下净空要求而定，主要适用于大体积整孔简支梁和中小跨度连续梁的施工。当桥下净空较大、足以容纳下承式移动模架结构体系或施工相对比较方便时，应采用下承式移动模架施工；而上承式移动模架则适应范围较广，机械化程度高，操作简单，安全可靠，在大多数情况下均可采用。移动模架系统实际上是一个可移动混凝土制梁工厂，把桥梁上部结构预制变为在桥墩原位现浇，减少了混凝土预制需要的大片场地及预制梁的架设工作。

移动模架法适合于梁身截面相同的多跨连续梁桥和跨越江河深谷且无法采用支架进行现浇或桥下通航的桥梁。由于铁路桥隧相间，对于因隧道的阻挡而使梁无法运架的桥梁也可采用移动模架施工。

1. 移动模架现浇的施工特点

移动模架现浇施工法与在支架上现浇施工的主要区别是：前者仅在一孔桥下设置支撑，经体系转换成桥；而后者是在一联或多跨桥下设置支架，体系转换次数很少。

在软基上采用常规满堂支架施工时，地基处理费用相当高，此时移动模架施工更具优势。移动模架主梁承重系统采用箱形断面，受力性能好，刚度大，变形小；整个梁的施工荷载全部通过墩顶支撑传至地基，充分利用结构自身的有利条件，而不必考虑软基对施工中的梁体结构产生的影响。与预制架设法相比，移动模架法占地少，不需要大型预制场及大型架梁运梁设备。移动模架法施工有以下特点：

（1）标准化作业，周转次数多，利用效益高，施工速度快，质量好；

（2）不需要设置地面支架，不影响通航和桥下交通，可利用牵引设备移动，操作简单，安全可靠；

（3）多跨连续浇筑，伸缩缝少，行车舒适；

（4）不需进行地基的处理，适用范围广；

（5）能对高度较大，无法或较难设置支架的桥梁进行施工，减少了对环境的依赖性和破坏性。

2. 移动模架现浇的结构特征

（1）上承式移动模架。

上承式移动模架外模系统吊挂在承重主梁上，主梁系统通过支腿支撑在梁端、墩顶或承台上。过孔时外模系统横向开启（或打开）以避开桥墩。外模系统随主梁系统一同纵移。支腿可自行向前倒装或利用辅助吊机倒装。

上承式移动模架主要由主梁系统、外模系统、后支腿、中支腿、前支腿、吊挂外肋、后行走轮、桥面轨道、电气液压系统及辅助设施等部分组成。

①主梁系统。

主梁系统由导梁、底模及其桁架、主梁框架、侧模、端模、支腿等组成，主梁系统主要承受外模板系统等设备重量及钢筋、混凝土等结构材料重量。

②外模系统。

外模系统由吊挂框架、吊杆、底模、侧模、可调支撑系统组成。荷载通过外模板经可调支撑系统传递给吊挂框架，吊挂框架通过吊杆和主梁的牛腿最后传递给主梁系统。底模和侧模通过可调支撑系统调整，以达到精度要求。

外模系统的底模及吊挂框架底部可从中部分开，便于横向打开和合龙。模板由面板及骨架组焊而成；每块模板在横向和纵向都有螺栓连接。底模板应起拱，起拱度的设置应按移动模架承受的由实际混凝土荷载（包括钢筋）加内模自重产生的曲线特征值以及设计要求的预拱度进行，以使成桥后桥梁曲线与设计值吻合。模架就位后，应调整底模高程，使其与设计要求的预拱曲线特征值吻合。

③内模系统。

内模系统采用拆装式内模结构（或半自动化液压模板即内模小车），内模的分块设计应充分考虑最后一孔梁浇筑完毕后内模出腔的需要。采用移动模架法施工时，桥台胸墙应后浇，以适应内模的拆除。

④后主支腿。

后主支腿位于主梁系统的尾部，支撑于已浇筑好的桥梁端部。下走行机构为轮轨式，电机驱动，以实现主梁系统携外模系统纵移过孔。竖向支撑油缸用于重载支撑，并有机械锁紧螺母，在制梁状态实现机械支撑。

⑤中主支腿。

中主支腿位于主梁系统的中部，直接支撑在墩顶上。

⑥前辅助支腿。

前辅助支腿设置在导梁前端，作为中主支腿吊挂过孔时的临时支撑，前辅助支腿直接支撑在墩顶。

纵移滑道与主梁腹板和导梁下弦杆相对，纵移支座上设有减摩材料，以减少移动模架纵移过孔的摩擦阻力。在主梁下盖板和导梁上盖板上设置纵移轨道。

⑦吊挂小车。

吊挂小车可沿导梁顶部的轨道纵向运动，用于吊挂前辅助支腿纵向移位过孔及前辅助支腿和中主支腿的位置调整。

（2）下承式移动模架。

下承式移动模架主要由主梁、前后鼻梁、横梁、牛腿托架、前辅助支腿、中辅助支腿、后辅助支腿、推进小车、模板系统、液压系统和电气系统等组成。

①主梁。

主梁部分由并列的两组主纵梁组成，主要承托底模支撑梁、模板系统等设备及钢筋、混凝土等结构重量。钢梁内部设有纵向及横向肋板，以保证局部稳定性。

每组纵梁由承重钢箱梁和导梁组成，分段长度充分考虑梁跨变化施工时拆装方便。相邻两组纵梁中心距以适应桥墩宽为宜。

导梁采用桁架形式，它与梁之间采用交接，设有调整螺杆。可适应建造不同曲率半径和不同纵向坡度的桥梁。模架纵移时，若前方桥面高或导梁挠度过大时，可调节导梁上的竖向螺杆以使导梁上翘。

②底模及外模系统。

底模及外模系统由底模支撑梁、底模、侧模、翼模、可调支撑系组成，底模通过螺旋千斤顶支撑在底模支撑梁上，底模支撑梁从中部分开，每侧均与主梁相连。侧模、翼模通过可调支撑系统支撑在承重钢梁上。模板由面板及骨架组焊而成，面板厚度应考虑多次倒用后其变形量应满足施工的要求。

底模板应起拱，起拱度的设置应按移动模架承受的由实际混凝土荷载（包括钢筋）和内模自重产生的曲线特征值进行设置，以使成桥后桥梁曲线与设计值吻合。模架就位后，应调整底模高程，使其与所提供（或修正后）的预拱曲线特征值吻合。可调支撑系是用来支撑模板和调节模板的，把模板承受的力通过底模支撑梁传给主框架结构。

③内模系统。

移动模架内模由模板、内模小车、轨道、螺旋撑杆、垫块、液压系统及电气系统等组成。

内模小车由车架、撑杆、车轮、泵站、油缸、走行液压马达、电缆卷筒等组成。操纵手动液压换向阀，可使内模小车沿轨道前后行走，可使油缸及撑杆伸缩，带动五块内模按上侧模、下侧模、顶模的顺序依次到达工作位置，或按其逆序缩回到原状态。

内模轨道依靠垫块支撑在底模上，因混凝土箱梁两端有变坡，为保持轨道平直，需将轨道垫高。使轨道底部高于变坡段斜面。轨道铺设好后需用短钢筋将轨道垫块钢筋与钢筋笼焊成一体，以保证轨道能处于正确位置。顶模的竖撑杆下端支撑在轨道上，以保证梁面板混凝土的重量能通过轨道、垫块传到底模板上。

在下侧模部同样有合适高度的垫块，以承受模板及部分顶部混凝土的重量。在浇筑混凝土时，液压内模用斜撑杆、竖撑杆、平撑杆支撑，以保证内模形状、位置正确，并承受混凝土的压力。

最后一孔梁施工时，可采用在顶板预留孔洞，最后将内模分块拆除，也可在桥台施工时将支承垫石以下部分暂不施工，以便拖出内模。从节约施工成本考虑，内模系统可采用普通钢模板，人工拼装及拆除。

④主支腿。

主支腿设置两套，由支撑托架和移位台车两大部分组成。

支撑托架由两个牛腿组成并锚固在桥墩上部。支撑托架是移动模架的支撑基础，共设两套，每套支撑托架由相同的左右两部分组成，为三角形框架结构，下部设置剪力键，与桥墩中的预埋件相配合以承受垂向力。支撑托架的左右两部分利用高强精轧螺纹钢对拉与桥墩固结成一个整体。每根高强精轧螺纹钢需施加一定的预紧力，预紧采用两台千斤顶进行张拉预紧，张拉时应在顺桥方向两侧同步进行。

移位台车由托盘、纵移滑道及吊挂装置、支撑油缸、纵移油缸、横移油缸等部分组成。移位台车在横移油缸的推拉作用下在支撑托架的横梁上横向移动。横移油缸的缸端与支撑装置连接，杆端利用插销与支撑托架的横梁连接，支撑托架横梁上等距设置若干插孔，以倒换插销位置的方式实现主梁在托架上移动。纵移滑道与主梁腹板和导梁下弦杆相对，纵移支座上设有减摩材料，以减少移动模架纵移过孔的摩擦阻力。主梁下盖板和导梁下弦杆上设置纵移轨道，主梁下盖板中心设置纵移顶推耳板。纵移油缸缸端固定在纵移支座上，杆端利用插销与纵移顶推耳板连接，纵移油缸每次可以将移动模架向前推进一段距离，利用倒换插销的方式实现移动模架的推进过孔作业。模架支撑油缸安装在主支腿上，施工时，支撑油缸将整个模架顶起，使车轮离开轨面。移动时，支撑油缸缩回，脱模，使主梁坐落在车轮上，以便完成横向、纵向移动。移位台车设置倒挂辗轮，可以吊挂主支腿自行过孔。主支腿过孔利用纵移油缸实现。

⑤前辅助支腿。

前辅助支腿设置在导梁前端并与导梁连接为一个整体，作为主支腿吊挂过孔时的临时支撑。前辅助支腿从中间分开，以适应移动模架横向开启过孔作业的需要。前辅助支腿设置手动千斤顶，以调整支腿的高度，适应导梁上墩和主支腿前移安装的需要。

⑥中辅助支腿。

中辅助支腿是承重主梁前端伸出的牛腿，在合龙状态时，牛腿和墩顶之间设置油缸，可以将主梁临时支撑，作为主支腿吊挂过孔时的临时支撑。

⑦后辅助支腿。

后辅助支腿有两个作用：其一，吊挂主梁框架，实现后主支腿自行过孔，吊挂并实现主框架横向开启；其二，吊挂主梁框架后端并在桥面上行走，实现移动模架的过孔作业。

后辅助支腿下部设走行轮系，在铺设于桥面的轨道上走行。支腿下部设两个油缸，用于后主支腿和后辅助支腿的力系转换。

⑧液压系统。

液压系统由液压泵站、垂直支承油缸、纵移水平油缸、横移水平油缸、前后辅助支腿支撑油缸、控制元件及管路组成。液压系统均设置于各支腿处，完成移动模架的升降、横向开启、纵移过孔和主支腿移位。

⑨辅助设施。

辅助设施包括辅助门吊、混凝土配重、爬梯、操作平台、栏杆等。辅助门吊用于施工中吊装钢筋笼等辅助工作；混凝土配重悬挂于主梁系统两侧，钢梁前部，用于平衡模架横移、纵移过墩时的重心；操作平台和爬梯是作业人员施工的基本要求。综上，上、下承式移动模架结构应具有足够的强度、刚度和稳定性。

3. 移动模架现浇工艺流程

（1）上承式移动模架工艺流程。

上承式移动模架法的工艺流程为：施工准备—测量放样—模架组装—模架检查及预压—模架调整—支座安装—吊装底模—设置底模预拱度—安装侧模—钢筋绑扎—安装波纹管—安装内模—安装端模—顶板钢筋安装及预埋件安装—梁体混凝土浇筑与养护—预应力钢筋的张拉—管道压浆—脱模—模架横移—模架前移就位。

（2）下承式移动模架工艺流程。

下承式移动模架主梁系统通过支撑托架直接支撑在承台上，主支腿支撑主梁系统，支腿设置横向移位油缸，便于调整主梁框架位置，以保证梁位的准确，且便于曲线过孔作业；外模系统支承在两侧承重主梁上，形成一个可以纵向移动的桥梁制造平台，在平台内完成梁的钢筋绑扎、混凝土浇筑以及预应力张拉施工。

下承式移动模架施工的工艺流程如下：施工准备—墩旁托架和桥下支架安装—移动模架拼装就位、调试及预压—数据采集及分析—桥梁支座安装—底模和外模调整—底板及腹板钢筋绑扎—预应力管道及预埋件安装—内模及内模运输轨道安装—顶板钢筋绑扎—梁体混凝土浇筑及养护—端模及内模拆除—预应力钢筋安装及初张拉—模架落架—脱模—纵移模架到下一梁位—进入下一施工循环。

当张拉的预应力管道内压浆强度达到设计要求后，主梁下安装的千斤顶稍微顶升，将自锁式液压油缸的螺旋装置松开，启动泵站，使千斤顶回油，移动模架系统随着整体下落至推进平车的滑移支柱上。模架下落前要将与模架相连、影响模架拆卸的连接件解除。主梁系统和模板可以横向分离，过孔时外模系统横向开启以避开桥墩，外模系统随主梁系统一起纵移过孔，支撑托架可自行向前倒装；使其能够通过桥墩，纵向前移过孔到达下一施工位，横向合龙再次形成施工平台，开始下一孔梁的施工。

4.移动模架施工关键技术

上承式或下承式移动模架需要根据现场条件、设计图和施工组织进行选用，但基本作业雷同。首先测量并调整模板至设计高程，就地铺设墩顶处底模并安装支座；绑扎底板及腹板钢筋；安装全液压整体式自动化内模；绑扎顶板钢筋，铺设混凝土泵送管道，安装锁定横梁机构。其次，浇筑混凝土，混凝土浇筑顺序为腹板、底板、顶板，浇筑方向由前向后。最后，箱梁混凝土养生至设计要求，张拉预应力筋；移动模架准备整体前移，安装至下一桥跨。

（1）施工准备及技术要求。

①施工准备。

编制施工组织设计、施工工艺设计和工序质量控制设计，制定作业指导书和操作规程。组织技术培训和考核。

场地平整，临时支架基础稳定；墩柱施工时做好预埋件或预留孔的埋设工作；合理安排机械设备、仪器、人员等；施工用水、用电及便道等有关临时工程满足施工需要。

②技术要求。

a.移动模架应具有足够的强度、刚度和稳定性，基础必须坚实稳固。

b.在施工前尚应根据验收标准测量墩的中心线以及支承垫石的施工高程，并计算出施工误差，经监理工程师审查并签证后方可进行梁体施工作业。用于整孔制架的移动模架每次拼装前，必须对各零部件的完好情况进行检查。拼装完毕，均应进行全面检查和试验，符合设计要求后方可投入使用。

c.移动模架首次浇筑梁体混凝土前应进行预压，预压重量大于浇筑混凝土的重量；根据预压时支架产生的弹性和非弹性变形，设置预拱度。预压的目的是检验结构的承载能力和稳定性，消除其非弹性变形。首次预压荷载应为最大施工荷载的 1.2 倍，再次安装预压荷载应为最大施工荷载的 1.1 倍。预压应采用分级加载，可按最大施工荷载的 60%、100%、120%（非首次为 110%）分为三级，每级加载持荷时间应不小于 2h、2h、8h。

d. 墩柱施工时做好预埋件或预留孔的埋设工作。对于墩身上安装牛腿支架临时支撑点和锚固点的安装方式，应在收到施工图纸后，做出详细的施工设计方案报审以确保结构物安全。

（2）移动模架系统的组装。

①上承式移动模架。

上承式移动模架在桥位处现场组拼，在模架接头处设置万能杆件或钢管支架。根据现场条件，临时支墩基础一般采用扩大基础或钢管桩基础。拼装时严格控制好主梁的预拱度，并按要求将各种螺栓拧紧。其组拼步骤为：立柱和支承机构安装—主梁和导梁安装—挑梁及吊梁安装—模板系统安装—调整整个模架的横坡及纵坡—安装前支腿及其他辅助设施。

②下承式移动模架。

牛腿的组装：吊装牛腿时在牛腿顶面用水准仪抄平，以便使推进平车在牛腿顶面上顺利滑移。

主梁安装：主梁组装根据现场起吊能力，一般采用搭设临时支架将主梁分段吊装在牛腿和支架上，组成整体后拆除临时支架。

横梁及外模板拼装：主梁拼装完毕后，开始拼装横梁，待横梁全部安装完成后，主梁通过液压系统在横桥向、顺桥向依次准确就位。在墩中心放出桥轴线，按桥轴线方向调整横梁，并用销子连接好。然后铺设底模板和外腹板、肋板及翼缘模板。

（3）移动模架预压。

移动模架组装完毕后，在第一孔箱梁施工前要对移动模架进行预压试验。

移动模架预压时应注意以下问题。

①移动模架在安装完成第一次使用前，需通过等载预压消除结构物的非弹性变形，确定弹性变形值并据此进行预拱度设置，同时检验模架的安全性能，为施工中有效控制箱梁的线形、预拱度提供准确的依据。首次预压荷载应为最大施工荷载的 1.2 倍，再次安装预压荷载应为最大施工荷载的 1.1 倍。

②预压前，测量各观测点高程，加载顺序同混凝土浇筑顺序，以后每天观测一次，直到模架变形稳定为止。然后，将预压沙袋卸除，将模板清理干净后测量各观测点高程。根据每次观测记录绘制沉降曲线，并根据沉降值进行计算，确定合理的施工预拱度。

③根据梁的挠度和支撑变形计算出预拱度之和，其他各点的预拱度应以中间点为最大值，以梁的两端点为零点，按两次抛物线进行分配设置。

④预压后先调低模，再调侧模，最后调端模。预压试验可发现结构加工、安装所存在的问题和隐患，提前调整和整修，防患于未然。

（4）模架预拱度的调整。

移动模架预拱度的调整是施工中的重点，挠度值的计算要尽量结合实际情况。移动模架的挠度值主要由四部分组成：混凝土自重产生的挠度值；由后悬臂端变形产生的挠度值（浇筑第二孔以后各孔时方考虑此值）；预应力钢束张拉产生的反拱值，支点间接抛物线计算；支撑部位沉降产生的挠度值。

（5）钢筋施工。

钢筋施工时，首先在钢筋加工场完成钢筋下料、弯曲成型和必要的焊接。施工中严格控制波纹管定位钢筋网位置，确保管道圆顺，钢筋骨架内预埋钢件支立内模。钢筋混凝土净保护层要满足设计要求，合理设置塑料垫块，捆扎牢固，绑扎垫块和钢筋的铁丝头不得伸入保护层内。

钢筋验收合格后运至需要地点，利用汽车吊或人工卸至作业面，在模架内进行钢筋绑扎作业，先底腹板钢筋后顶板钢筋。钢筋保护层采用塑料垫块形成，以确保均匀可靠。对于简支梁，由汽车吊或塔架吊装至桥面上胎架内进行绑扎。安装内模后吊装顶板钢筋网，预应力管道及梁体其他预埋件跟随底、腹、顶板钢筋绑扎时及时组织安装。

（6）预应力管道施工。

预应力管道采用波纹管成孔，金属波纹管的接长采用大一号同型波纹管作接头管，接头装置避开孔道弯曲处，管两端用密封胶带缠封，避免混凝土浇筑时水泥浆渗入管内。梁段内按不小于设计要求的间隔距离设置定位钢筋网片，用以固定管道位置。定位钢筋网片用定位胎具集中加工。为避免混凝土浇筑时进入锚垫板而堵塞预应力管道，可用海绵条堵塞锚垫板压浆孔。为确保万无一失，在浇筑混凝土前还应在波纹管内穿入橡胶管或 PVC 管，并在混凝土初凝后及时拔出。

（7）混凝土施工。

混凝土中可掺用外加剂、粉煤灰、磨细矿渣粉以减少水泥用量，减少混凝土收缩徐变，防止梁体表面裂纹，并做外加剂与水泥和掺和料的相融性试验。

混凝土由混凝土运输车运输，混凝土泵车泵送入模。梁体混凝土浇筑顺序为：从两端向中间水平分层、斜向分段、两侧腹板对称、连续浇筑。每层混凝土的浇筑厚度不得超过 30cm。浇筑时同一断面先浇筑底板、后腹板、再顶板。

混凝土浇筑入模时下料要均匀，混凝土的振捣与下料交替进行。梁体混凝土浇筑时，采用插入式振动器进行振捣。在腹板钢筋及预应力管道密集处，用附着式振捣器振捣。浇筑桥面混凝土时，先用插入式振动棒振捣混凝土，再用平板振动器配合桥面悬空式整平机振捣成型。

（8）混凝土养护。

在自然气温较高的情况下，混凝土初凝后，采用洒水养护。梁体为泵送混凝土，胶凝材料用量较大，产生的水化热较大，为防止因干缩、温差等因素出现裂缝，在混凝土浇筑完成后，即以土工布覆盖养护，并在其上覆盖塑料薄膜，梁体洒水次数应能保持混凝土表面充分潮湿。梁体养护用水要求与拌制梁体混凝土用水相同。当环境温度低于 5℃时，梁体表面喷涂养护剂，并采取保温措施，禁止对混凝土洒水。

混凝土养护根据季节采取必要的保温措施：一是在浇筑混凝土后，及时在箱梁顶板覆盖养生布并洒水养护；二是在模架移走后而梁片养护期尚不足时，采取在移动小车上安装水管的办法到底腹板外侧进行喷水养护；三是在混凝土内外温差较大时，采取蓄热法养护，减少内外温差。

（9）预应力工程。

①预应力配筋特征。

预应力钢筋总的布置原则是：在保证梁底保护层厚度的前提下，尽量使预应力钢筋的重心靠下；在满足构造要求的同时，预应力钢筋尽量相互紧密靠拢，使构件尺寸紧凑。

采用移动模架法现浇梁的内力主要有 3 个，即纵向受弯、受剪以及横向受弯。通常所说的三向预应力就是为了抵抗上述 3 个内力。纵向预应力抵抗纵向弯矩和部分剪力，竖向预应力抵抗剪力，横向预应力则抵抗横向弯矩。预应力钢筋的数量和布筋位置都需要根据结构在使用阶段的受力状态予以确定，同时，也要满足施工各阶段的受力需要。

a. 纵向预应力筋。

沿桥跨方向的纵向力筋又称为主筋，是用以保证桥梁在永久、可变作用下纵向跨越能力的主要受力钢筋，可布置在顶、底板和腹板中。预应力钢筋的布置要考虑到张拉操作的方便。当需要在梁内、梁顶或梁底锚固预应力筋时，应根据预应力钢筋锚固区的受力特点给予局部加强，以防开裂损坏。

b. 横向预应力筋。

横向顶应力筋是用以保证桥梁的横向整体性、桥面板及横隔板横向抗弯能力的主要受力钢筋，一般布置在横隔板和顶板中。由于箱形截面的混凝土面积有限，在保证大量纵向预应力钢筋穿过梁体的前提下，所剩混凝土实体断面有限，所以横向预应力钢筋趋向于采用扁锚体系，以减少布筋所需空间。

c. 竖向预应力筋。

竖向预应力钢筋布置在腹板中，主要作用是提高截面的抗剪能力。竖向预应力钢筋在梁体腹板内沿纵向的布置间距可根据竖向剪力的分布而进行调整，靠支点截面位置较密，靠跨中位置较疏。竖向预应力钢筋比较短，故常采用高强粗钢筋，但粗钢筋强度较低，加之长度又较短，因而张拉延伸长量小，在使用中容易造成预应力损失过大或失效。为克服这一问题，施工中可采用二次张拉，以消除大部分混凝土弹塑性压缩引起的预应力损失。

②预应力张拉。

梁体混凝土强度达到设计强度，且混凝土弹性模量达到相应值后方可进行张拉。箱梁如出现有严重蜂窝、空洞或其他严重缺陷，经修补后其混凝土尚未达到张拉规定强度时，均不允许进行张拉。

预应力张拉按设计要求采用两端整体张拉。预应力张拉时，应按"对称、均衡"原则进行，相同编号的钢束应左右对称张拉。张拉前要计算钢束理论伸长值，在第一跨箱梁张拉时要对锚头、孔道等引起的摩阻损失进行实际测定，根据实测结果计算张拉控制力，并与设计单位协商进行修正。锚具在使用前，应对其外形外观、硬度、锚固性能及工艺性能进行抽样复检，合格后方能使用。

（10）管道压浆。

张拉完成后确定预应力筋无断丝、滑丝现象，切除多余钢绞线，封堵锚头，待封堵锚头水泥浆强度达到设计要求后即可压浆。同一管道压浆作业要求一次完成，中途不得中断。

压浆采用真空辅助压浆工艺，其工作原理为：在孔道的一端采用真空泵对孔道进行抽气，使之产生负压，在孔道的另一端用压浆泵进行灌浆，直至充满整个孔道。

管道压浆时要注意相邻管道是否串浆，每次压浆后用通孔器对相邻管道进行孔道检查，如有串浆应及时采用高压水枪冲洗干净；压浆时还应密切注意压浆泵的压力表，如出现异常要及时停止压浆，以防压浆管爆裂伤人。

（11）脱模横移。

①上承式移动模架。

上承式移动模架张拉完成后，整个外模板在垂直油压千斤顶的作用下，使用前后墩顶支撑处得主千斤顶降下主梁及横梁，然后拆开底模及桁架的中间连接螺栓，形成两组模架；两组模架在横向水平油缸的作用下分别向外侧移动，完成脱模工作。

②下承式移动模架。

启动垂直油缸，解除支承机构，然后垂直油缸徐徐下落模架；这时竖直油缸使整个模架基本同步落至各台车滑道上；模板在脱模机构及垂直油缸的作用下，整体下降，然后拆开底模及其中间连接，形成两组模架；两组模架在水平油缸的作用下分别向两侧外推，从而使底模分别向两边打开，让出桥墩空间，此时脱模完成。

（12）纵移过孔。

两组模架横向打开让出桥墩空间，做完辅助工作后即可分别驱动两侧模架下的纵移油缸，通过油缸的顶推完成模架的前移过孔。检查纵移机构是否固定可靠；解除所有影响其纵向移动的约束，模架由前后吊架吊起，解脱墩旁托架与桥墩的连接，倒运托架及支承后，即可推动模架纵移，当导梁到达前桥墩时，安装前托架，在纵移时应检查支承的安全性。

以上承式移动模架为例，纵移机构安装在前支腿桥墩处，它由纵移油缸、固定架、固定耳座、移动耳座、连接螺杆和定位销轴等组成。其一端的固定架通过墩身预留孔连在桥墩上，另一端通过移动耳座连在移动模架主梁推移滑道上。其中固定架采用与桥墩预留孔布置长螺栓。

（13）顶升就位。

模架纵移到达下跨桥位并合龙后，以桥中心线为基准，通过横移油缸的顶推来校核模架底模中心；核对无误后，用竖向油缸顶升模架使其底模达到设计高程。锁定移动模架，以待梁体钢筋混凝土的施工。

5. 移动模架法质量保证措施

（1）移动模架必须进行预压试验，并进行电路、液压系统的调试和试运行，待各项试验、检测结果达到要求后，再进行整孔梁跨的浇筑施工。

（2）移动模架就位后，应严格检查桁架与桥跨中心的关系、模板中线及高程，确保各项指标满足有关要求。根据设计要求进行预拱度设置，并跟踪、观测修正预拱度，使梁体保持良好的线形。

（3）梁体接缝处施工前，不得有油脂、尘土等杂物。注意保护预应力孔道，使其清洁、畅通。严格按施工工艺施加预应力，并逐步完成荷载转换，完成整跨梁体施工。

（4）为保证检验和试验质量要求，应在工地配备足够的人员专门完成试验工作。对进场的钢筋、水泥、防水材料、骨料等按试验规程要求做好材料复试，未经复试或复试不合格的材料不得投入使用。钢筋焊接试件、混凝土抗压试件、弹性模量试件的制作数量和尺寸要符合规范要求。

（5）混凝土浇筑过程中要定期测量其坍落度、出料温度、入模温度及室外温度，作为制定混凝土养护措施的依据。

（6）牛腿在墩身两侧安装时需同时起吊对应部件，并对拉固定。

（7）所有机加工件需防止雨水、灰尘等，特别是螺栓、螺母及垫片；所有液压件需防止雨水、灰尘等，液压软管应存放在室内，长时间的高温及潮湿环境会损毁软管。

6. 拓展知识混凝土拱柱的支架现浇施工

有支架施工的拱桥，需要在桥位上搭设拱架以完成拱圈的施工，此时拱架就成了有支架施工必不可少的临时结构，在拱桥的整个施工期间，拱架用来支承拱圈及拱上结构的重量，并保证拱圈的形状符合设计要求。

（1）拱架。

拱架不仅要有足够的强度、刚度和稳定性，同时拱架又是一种临时结构，故又要求它构造简单，拆装方便，节省材料并能重复使用，以加快施工进度，节省施工费用。

拱架可采用不同的构造形式。按结构形式可分为满布式拱架、有中间支承的墩架势拱架和常备式拱架。其中，最常用的是满布式拱架。

（2）拱架的预拱度。

拱架在承受荷载后将产生弹性变形和非弹性变形，为使拱轴线符合设计要求，施工时必须

在拱架上预留施工预拱度，以便能抵消可能发生的垂直变形。

（3）拱桥主拱圈的就地浇筑施工。

在拱架上就地浇筑拱桥的施工同在拱架上砌筑施工基本相同，即先浇筑主拱圈或拱肋混凝土，然后浇筑拱上立柱及横梁，最后浇筑桥面系。

施工时应注意的是，后一阶段混凝土浇筑应在前一阶段混凝土强度达到设计要求后进行。拱圈或拱肋的施工拱架，应在拱圈混凝土强度达到设计强度的70%以上，拱上建筑施工前方可拆除，但应对拆除拱架后的拱圈进行稳定性验算。

主拱圈混凝土的浇筑方法可分为连续浇筑法，分段浇筑法和分环、分段浇筑法。浇筑主拱圈混凝土时，立柱的底座应与拱圈或拱肋同时浇筑，钢筋混凝土拱桥应预留与立柱的联系钢筋。

①连续浇筑法。

跨径在16m以下的混凝土拱圈或拱肋，主拱高度比较小，全桥的混凝土数量也比较少，故主拱可以从两拱脚开始对称向拱顶方向浇筑混凝土，最先浇筑的部分混凝土虽然可能因本身荷载使拱架下沉，进而引起这部分混凝土的结构下沉，但因时间短，这部分混凝土仍具有可塑性，不致使拱圈或拱肋开裂，如果预计因混凝土数量多而不能在限定时间内完成，则需在两拱脚处留出隔缝，最后浇筑成拱。

②分段浇筑法。

跨径在16m以上的混凝土拱圈或拱肋，为避免先浇筑的混凝土因拱架下沉而开裂，并为减小混凝土的收缩力，可沿拱跨方向分段浇筑，各段之间留有间隔槽。圈各节段有相对活动的余地，从而避免拱圈开裂。

划分拱段时应使拱顶两侧保持对称、均匀。间隔槽一般应设在拱架受力的反弯点、拱架节点、拱顶或拱脚处。如在间隔槽内需要钢筋接头，其宽度尚应满足

钢筋接头的需要。拱段的浇筑程序应符合设计规定，在拱顶两侧对称进行，以使拱架变形保持均匀和最小。

间隔槽应在拱圈各段混凝土浇筑完成且强度达到设计强度要求后方可浇筑，浇筑的顺序可从拱脚向拱顶对称进行，在拱顶浇筑间隔槽使其合龙。为加速施工进度，间隔槽混凝土可采用比拱圈混凝土强度高一级的半干硬性混凝土。

③分环、分段浇筑法。

大跨径钢筋混凝土拱圈，为减轻拱圈负荷，通过计算可采用分环浇筑混凝土，即将拱圈高度分成两环或三环，先分段浇筑下环混凝土，分环合龙，再浇筑上环混凝土。分环浇筑的施工时间较长，但下环混凝土在达到设计强度后，能与拱圈共同承担上环浇筑混凝土的重量，可节省拱架。分环、分段浇筑也可以采用先分环、分段浇筑，最后一次合龙。上下环间隔槽互相对应、贯通。

分环浇筑会造成各环混凝土的龄期不同，混凝土的收缩和温差影响在环面间产生剪力和结构的内应力，容易造成环间裂缝。因此，其浇筑程序、养护时间和各环间的结合必须按设计确定。

④卸架设备。

为了使拱圈在卸架时能够逐渐地、平稳地均匀受力，在拱架的上部和下部之间需设置卸落设备，常用的设备有木楔、砂筒和千斤顶三种。

木楔有简单和组合两种形式。简单木楔由两块带 1：6 ~ 1：10 的斜面楔块组成。落架时用锤轻轻敲击木楔小头，楔块挤出，拱架即卸落。它构造简单，但敲击时不易控制，易造成不均匀下落。组合木楔由三块楔形木块和拉紧螺栓组成，卸架时，只需扭松螺栓，楔木就徐徐下降。砂筒是一种较完善的落架设备，拔出泄砂孔木塞，砂即流出。

第三节　悬臂浇筑法施工

一、工作任务

通过学习悬臂浇筑法相关配套知识，掌握悬臂浇筑法施工流程、挂篮构造、支架现浇段施工、悬臂段施工、合龙段施工等相关内容，完成悬臂浇筑施工中关键技术设计，达到学习目标的要求。

二、相关配套知识

悬臂施工常用于连续梁（刚构）施工，为了更好地掌握连续梁桥的悬臂施工技术，下面先简单介绍一下连续梁构造。

（一）大跨径连续梁桥、连续刚构桥构造

连续梁桥是一种超静定结构，是梁桥的基本形式之一。预应力钢筋混凝土连续梁桥常用于中等跨径以上的连续梁桥。

1. 变截面连续梁桥构造

（1）连续梁桥受力特点。

连续梁桥的主要受力特点如下。

①采用一次落架施工的连续梁桥在结构自重作用下，跨中截面产生正弯矩，支座截面产生负弯矩，且支座截面负弯矩大于跨中截面正弯矩。与同等跨径的简支梁相比，连续梁的最大正弯矩及负弯矩均小于简支梁的跨中正弯矩。由此可见，连续梁的内力分布比简支梁均匀，有利于充分发挥材料的作用。

②连续梁为超静定结构，截面相同时刚度比相应的简支梁大，即在荷载作用下跨中产生的挠度比简支梁小，行车平顺舒适。

③连续梁属超静定结构，非线性温度变化、预应力作用、混凝土收缩徐变及基础沉降等都将引起结构附加内力。

（2）变截面连续梁桥构造。

①力学特点。

连续梁根据其截面高度是否发生变化，可分为等截面连续梁和变截面连续梁。中小跨度连续梁常采用等截面形式。当跨度大于 50m 时，常采用变截面连续梁。由于连续梁的支座截面负弯矩大于跨中截面正弯矩，故多采用支点梁高大于跨中梁高的变截面形式。变截面连续梁设计有三个特点：①梁高的变化规律与连续梁的弯矩图变化规律相一致，可充分发挥材料性能；②增大支座截面梁高，有利于支座处截面抵抗较大的竖向力；③减小跨中梁高，可减轻自重弯矩。

②跨径布置和梁高布置。

跨径布置。一般采用三跨或五跨，孔跨过多、连续长度过长，温度变化将使得桥梁纵向水平位移过大，给伸缩缝设置带来困难。

③适用范围。

变截面连续梁常应用于大跨径预应力钢筋混凝土连续梁，主跨跨径多在 70 ~ 120m，主跨大于 120m 的连续梁比较少，若跨径更大，可采用连续刚构桥。

④施工方法。

大跨径预应力钢筋混凝土连续梁桥多采用悬臂法施工，施工过程中墩梁临时固结，待合龙后，拆除临时固结措施，进行体系转换。

⑤箱梁截面构造。

由于大跨径预应力钢筋混凝土连续梁桥主要采用箱形截面，下面主要介绍箱梁构造。

a.顶板厚度。

箱梁顶板厚度出一般需满足桥面板横向受力，主要是受弯的要求；满足布置箱梁纵、横向预应力钢筋的要求。对于悬臂端部厚度一般不小于 10cm，若设置防撞墙或需锚固横向预应力筋，则不宜小于 20cm。

b.底板厚度。

由于连续梁桥支座处负弯矩较大，跨中处正弯矩较大，底板一般采用变厚度设计。箱梁底板厚度从跨中向支座处逐渐变厚，以适应支座附近截面下缘受压要求。底板厚度与跨径 / 之比一般取 1/140 ~ 1/170；跨中区域底板厚度则可按构造要求设计，一般取 22 ~ 32cm。

　　c. 腹板厚度。

腹板厚度首先考虑满足抗剪要求。对于连续梁桥，在跨径区域，剪力较大，此处由于弯矩、扭矩及剪力的共同作用，使腹板承受较大的主拉应力，若腹板强度不够，则往往产生斜裂缝；其次还应考虑布置预应力钢筋管道、设置普通钢筋及浇筑混凝土要求。腹板设计不宜太薄，一般情况下腹板最小厚度知 n 应满足：腹板内无预应力管道时 Umin=20cm；

由于连续梁支座处剪力较大、跨中区域剪力较小，因此箱梁腹板一般从跨中向支座处逐渐变厚。

为了减小箱梁顶板与腹板交接处的局部应力，一般需在该部位设置承托。承托的坡度一般可采用 1：1 或者其他合适的比例。

　　（3）预应力钢筋布置。

连续梁桥中内力主要包括三项：纵向弯矩、竖向剪力及横向弯矩。为保证连续梁结构应力在允许范围内，常设置三向预应力筋，即纵向抗弯、竖向抗剪及横向抗弯预应力筋。

　　①纵向预应力筋。

当连续梁采用悬臂法施工时，其预应力钢筋布置应与施工过程相一致。施工期间张拉布置在截面上缘的预应力筋以抵抗悬臂施工阶段与使用阶段的负弯矩，合龙后张拉布置在底板的预应力筋以抵抗使用阶段的正弯矩。截面上缘预应力钢筋称为顶板束；下缘的预应力钢筋称为底板束。

顶板束有直线配筋和曲线配筋两种。曲线配筋锚固于腹板位置，有利于腹板抗剪，较多采用。大跨度连续梁可采用两种方式的结合，即在距离桥墩较近位置，设置腹板束和顶板束；随着节段的施工，变为只设顶板束。

　　②横向预应力筋。

横向预应力筋常在桥面较宽时采用，它是用来保证桥梁横向整体性，为桥面板及横隔板提供抵抗横向抗弯能力的受力预应力筋。

横向预应力钢筋一般布置在箱梁顶板和横隔板中。由于箱梁顶板的横向弯曲相当于框架或连续梁工作，故顶板的横向预应力钢筋根据顶板受力特征采用曲线布置。在悬臂段至腹板支承处，布置在顶板上缘，承受悬臂段负弯矩；在两腹板支承中间部位，布置在顶板下缘，承受顶板中间正弯矩。

由于箱梁顶板厚度小，横向预应力钢筋大多采用扁锚体系，以减小预应力管道所占空间。

③竖向预应力筋。

竖向预应力钢筋的主要作用是提高截面的抗剪能力。竖向预应力钢筋一般采用精轧螺纹钢筋，间距由计算要求确定。因桥墩支座截面处竖向力大，跨中截面剪力小，因此一般支座附近区域竖向预应力钢筋配置较密（间距小），跨中区域间距稍大。

竖向预应力钢筋长度短，张拉延伸量小，容易造成预应力损失，一般应进行二次张拉以确保足够的有效预应力。

预应力张拉后（纵、横、竖向）应及时对管道进行压浆并封锚，压浆应密实饱满，否则有可能带来严重后果；大跨径预应力钢筋混凝土连续梁多采用C50及以上的高强混凝土。

2. 变截面连续刚构桥构造

连续刚构桥最大的特点就是主桥墩顶不再布置支座，而是采用墩梁固结方式以改善墩顶的受力状态。预应力钢筋混凝土桥连续刚构桥的适用范围在100～240m，主要采用悬臂浇筑法施工。

（1）受力特点。

①连续刚构桥是墩梁固结体系，上部的梁与下部的桥墩作为一个整体受力。

②当同等跨径的连续刚构桥与连续梁桥均采用悬臂法施工时，在结构自重作用下二者的结构内力与变形基本一致。但在活载作用下，连续刚构桥主梁跨中截面正弯矩及支座截面负弯矩都小于相同跨径的连续梁，因此连续刚构桥的梁高一般略小于同等跨径的连续梁桥。在梁高相等的情况下连续刚构桥比连续梁桥能适应更大的跨径。

③温度变化、混凝土收缩等因素可使连续刚构桥产生较大的纵向变形及在墩顶产生较大的水平推力。为了减少这些影响，应在确保桥墩抗压与抗弯刚度的前提下尽量减小桥墩的水平抗推刚度。而高桥墩具有水平抗推刚度小的特点，恰好满足连续刚构桥的要求，故连续刚构桥的桥墩非常适合采用高桥墩。

（2）构造。

①跨径布置。

预应力钢筋混凝土连续刚构桥一般采用3～5跨布置，如果采用连续刚构—连续梁组合体系桥，则连续跨数可以更多。边跨与中跨的跨径之比一般取0.5～0.7。当连续刚构桥在深谷条件下采用悬臂法施工时，为了减小边跨的支架现浇长度或取消边跨支架改用导梁合龙，可减小边跨与中跨的比值，此时可取 E 为 0.5～0.55。

②桥墩。

连续刚构桥桥墩主要有双薄壁墩、单薄壁墩及 V 形桥墩三种基本形式。连续刚构桥的桥墩在满足桥墩抗压、抗弯刚度的前提下，应尽量减小其水平抗推刚度以适应桥梁纵向变形，减小结构次内力，故水平抗推刚度较小的单肢薄壁墩或双肢薄壁墩成为连续刚构桥桥墩的主要形式。一般情况下，墩的长细比可取16～20；双肢薄壁墩的中距与主跨可取 1/20～1/25。

因薄壁墩的防撞能力较弱，在通航河流上建连续刚构桥时，应充分注意薄壁墩抵抗船舶撞击的能力，并采取合适的防撞措施。但需要注意的是大跨连续刚构桥在横桥向的约束较弱，桥梁在横向不平衡荷载作用下，易产生扭曲变位，为了增大其横向稳定性，桥墩的横向刚度应设计得大一些。

a. 双薄壁墩。它是用两个相互平行的薄壁墩与主梁固结，薄壁墩截面可以是实心的矩形或者空心的箱形截面。双薄壁墩抗弯刚度大，稳定性好，水平抗推刚度小，适应桥梁的纵向变形；由于是双薄壁墩，主梁的负弯矩峰值出现在两薄壁墩的墩顶，且比单薄壁墩小一些，可以减小墩顶主梁截面尺寸，节约材料。双薄壁墩是连续刚构桥理想的桥墩形式，目前被广泛采用。

b. 单薄壁墩。在连续刚构桥墩高较大时可采用单薄壁墩，如图 3.10(b) 所示，其截面形式有实心矩形或空心的箱形截面。

（4）墩梁固结构造

连续刚构桥的墩梁固结处构造与受力是十分复杂的，也是结构设计的关键部位。固结处的连接形式取决于墩柱的形式，同时应考虑使传力路径明确简捷、力线流畅和施工方便。

在墩梁固结处采用了梁部箱体与双薄壁墩直接相接的形式，双薄壁墩轴线与固结处梁部的横隔板中心线一致。双薄壁墩顶钢筋经底板伸至横隔板内，确保锚固长度满足规范要求。为了防止结合部位横向开裂，在横隔板上下部位及底板处均设置横向预应力筋，在桥墩与梁体连接部位底板顶面应力集中处增设梗腋。对于特大跨径的连续刚构桥，其薄壁空心墩墩顶宜布置 2m 左右的实体段。

（二）悬臂浇筑法施工技术

1. 悬臂施工概述

悬臂施工法是常用的无支架施工方法之一。悬臂施工法是从钢桥悬臂拼装发展而来的，最早用于修建预应力钢筋混凝土 T 形刚构桥，后来逐渐被推广应用于预应力钢筋混凝土悬臂梁桥、连续梁桥、连续刚构桥、斜腿刚构桥、斜拉桥、拱桥和桁架桥等。悬臂施工法特点如下。

（1）预应力钢筋混凝土连续梁桥和悬臂梁桥采用悬臂施工时需进行体系转换，设计时应根据各施工阶段受力状态进行配束验算。

（2）施工期间无须搭设支架，不影响桥下通航或行车。施工过程中，施工机具和人员等荷载全部由已建梁段承受。所以悬臂施工法可应用于跨越通航河流、高深峡谷、跨线立交等障碍的桥梁施工。

（3）多孔连续梁可并行施工，加快施工进度。

（4）悬臂施工法可充分利用混凝土受压性能好，预应力筋受拉性能好的优点，将跨中正弯矩转移为支点负弯矩（墩顶截面上缘布置纵向预应力钢筋承受拉力，下缘混凝土承受压力），增大桥梁跨越能力。

（5）悬臂浇筑施工用的挂篮等设备可重复利用，节约资源，降低工程费用。

悬臂浇筑法是以桥墩为中心，对称向两岸浇筑梁段混凝土，待混凝土强度达到强度要求后，张拉预应力钢筋，前移挂篮，依次进行剩余节段施工的方法。主要施工设备是挂篮。悬臂施工时应根据设备情况及工期，选择合适的节段长度，若节段过长，混凝土自重增加，将使预应力配筋、挂篮重量增加，同时还增加平衡及挂篮后锚设施等，导致工程造价增加；若节段过短，则会影响施工进度。一般每个悬臂浇筑节段长为 2 ~ 6m。据不完全统计，目前 80% 以上的大跨径预应力钢筋混凝土桥梁均采用悬臂浇筑法施工。

2.悬臂浇筑施工分段

悬臂浇筑施工时桥梁结构可分为五段浇筑。I 为墩顶及安装挂篮前梁段（又称 0 号段）；n 为 0 号段两侧对称分段悬臂浇筑的部分梁段，简称悬臂段；in 为在支架上现浇的边跨部分梁段；IV 为中跨合龙梁段；v 为边跨合龙梁段。桥梁各部分的长度视主梁形式、跨径、挂篮的形式及施工周期而定。墩顶及安装挂篮前梁段长度一般为 5 ~ 16m，以能够顺利安装挂篮为宜；悬臂浇筑分段长度一般为 2 ~ 6m；支架现浇段一般为 2 ~ 3 个悬臂浇筑分段长；合龙梁段长度一般为 2m。

预应力钢筋混凝土连续梁（刚构）桥采用悬臂浇筑法施工的常用施工程序如下：

（1）在墩顶托架或墩旁支架上浇筑墩顶及安装挂篮前梁段（0 号段），其中连续梁需要实施墩梁临时固结系统。

（2）在墩顶及安装挂篮前梁段（0 号段）上安装悬臂施工时所需移动挂篮，进行预压试验，消除挂篮拼装过程中的非弹性变形，测出弹性变形量。

（3）利用安装完成的挂篮依次向两侧对称分段浇筑悬臂梁段至合龙梁段。

（4）在悬臂浇筑梁段施工的过程中，可以同时进行边跨现浇梁段的施工，边跨现浇段施工可根据桥梁实际情况选择施工方式。一般可在支架上或墩旁托架上支模板浇筑。当边跨现浇梁段较短时，可利用挂篮浇筑。边跨现浇梁段预应力钢筋张拉一般采用双端张拉，当工期较紧，预应力钢筋混凝土连续梁（刚构）影响连接处另一侧桥梁施工时，可将边跨合龙钢筋设置为单端张拉，以减少对连接桥的影响。

（5）三跨连续梁（刚构）合龙顺序可以选择先边跨合龙，后中跨合龙施工方案；也可采用先中跨合龙，后边跨合龙。多跨合龙梁段浇筑顺序按设计或施工要求进行。合龙梁段施工采用劲性骨架和临时预应力钢束固结，模板可利用挂篮模板进行施工；也可在改装的简支挂篮托架上浇筑。

3.墩顶及安装挂篮前梁段（0号段）施工

墩顶及安装挂篮前梁段结构复杂，主要体现在预埋件、普通钢筋、各向预应力钢筋及其孔道、锚具密集交错，梁顶有纵横向坡度，端面需考虑与待浇筑梁段相接等因素。墩顶及安装挂篮前梁段施工难度大，同时作为后续梁段施工的起点，务必重视其施工质量。根据墩顶及安装挂篮前梁段结构形式和截面高度情况，一般可将其分2～3层进行浇筑。若分两层浇筑，一般先浇筑至腹板中下部，然后完成全截面浇筑；若分三次浇筑，则可先浇筑底板，次浇筑腹板，最后浇筑顶板。预应力钢筋混凝土连续梁（刚构）桥墩顶及安装挂篮前梁段施工程序如下：

（1）安装墩旁支架或墩顶托架，拼装操作平台；

（2）浇筑支承垫石及临时支座；

（3）安装永久支座，永久支座一般采用盆式橡胶支座；

（4）安装底板、腹板的模板系统和落梁设备；

（5）安装底板部分堵头模板；

（6）托架或支架平台预压；

（7）调整模板位置及高程；

（8）绑扎底板和伸入腹板的普通钢筋；

（9）安装底板上的竖向预应力钢筋管道和预应力钢筋；

（10）自检合格后报监理工程师验收；

（11）浇筑底板混凝土；

（12）混凝土养护；

（13）绑扎腹板、横隔板钢筋；

（14）安装腹板纵向、横隔板横向预应力管道和预应力钢筋；

（15）安装其余部分模板；

（16）自检合格后报监理工程师验收；

（17）浇筑腹板、横隔板混凝土；

（18）混凝土养护；

（19）拆除部分内模后，安装箱梁顶板部分模板；

（20）绑扎顶板底层钢筋网及管道定位筋；

（21）安装顶板纵向预应力管道及横向预应力管道和预应力筋；

（22）安装顶板上层钢筋网；

（23）自检合格后报监理工程师验收；

（24）浇筑顶板混凝土；

（25）抽拔预应力管道（若是波纹管则无须抽拔）；

（26）孔道清理及混凝土养护；

（27）拆除顶板、底板模板；

（28）两端混凝土连接面凿毛；

（29）混凝土强度达到设计要求强度后张拉竖向、横向预应力钢筋；

（30）竖向、横向预应力管道压浆；

（31）拆除内模、侧模和底模；

（32）拆除墩旁支架或墩顶托架操作平台。

若为预应力钢筋混凝土连续刚构桥，则可省去第（2）（3）施工步骤。将上述施工主要内容和结构构造要点分述如下。

①搭设墩旁支架或墩顶托架。

预应力钢筋混凝土连续梁采用悬臂浇筑法施工时，墩顶及挂篮安装前梁段（0号段）一般采用在墩旁支架或墩顶托架上支设模板浇筑，本部分施工时应注意将墩梁临时固结，使梁段能承受悬臂浇筑施工时产生的不平衡力矩。

墩旁支架或墩顶托架可根据承台形式、墩身高度和地形情况，设置在承台、墩身或地面上。在特定情况下，还可设置悬挑结构，即直接将支架设置在墩顶，通过悬挑结构来承担上部墩顶及安装挂篮前梁段（0号段）重量。

墩旁支架或墩顶托架可采用碗扣式支架、万能杆件、贝雷桁架、六四军用桁架、型钢、螺旋钢管等钢结构拼装而成，亦可采用钢筋混凝土结构拼装而成。常用的施工支架或托架有满堂支架（碗扣式和粗钢管）、膺架、扇形托架、三角托架、预埋牛腿托架、临时墩及型钢结构支承平台、悬挑结构等。

托架或支架操作平台的平面尺寸视拼装挂篮的需要和拟浇筑梁段的长度而定，横桥向的宽度一般应比箱梁底板宽出 1.5 ~ 2.0m，以便设立箱梁边肋的外侧模板。托架或支架顶面（或增设垫梁）应与梁段底面纵向线形变化一致。支架一般在现场拼装完成，托架可在现场整体拼装，亦可部分在临近场地拼装后再吊运就位整体组装。托架或支架总长度可根据拼装挂篮的需要而定。

由于墩顶及挂篮安装前梁段（0号段）在托架或支架上浇筑，托架或支架的弹性、杆件连接处的缝隙、地基沉降等都可能使托架或支架下沉，若不消除下沉变形可能引起混凝土梁段出现裂缝。因此采用万能杆件、贝雷架、板梁、型钢等做托架时，在混凝土浇筑以前，可对支架或托架进行荷载预压以减少其永久变形，测量其弹性变形并检验托架的安全性。

②浇筑支承垫石及临时支座。

a. 支承垫石施工。

支承垫石是安放永久支座的场所，为满足支座安装受力要求，支承垫石四角平面高差应小于 1mm，为此支承垫石一般应分两层浇筑。首层浇筑高程比设计高程低 15cm，第二层浇筑应利用带微调整平器的模板，控制浇筑高程比设计高程稍高，再利用整平器及精密水准仪量测，反复整平支承垫石混凝土面，直至达到设计高程为准。在安装支座前对支承垫石进行凿毛，其后浇筑 2 ~ 3cm 厚砂浆，砂浆浇筑高程较设计高程略高（3mm），最后安放支座就位，调整使其符合设计高程，确定高程偏差 ±1mm，水平位置偏差 ≤ 2mm。

b.临时支座。

预应力钢筋混凝土连续梁桥采用悬臂浇筑施工时为保证施工过程中结构稳定可靠，必须采取措施使墩顶及挂篮安装前梁段与桥墩临时固结。临时支座是在施工阶段使桥墩、梁体临时固的结构，以便承受施工时传来的悬浇浇筑梁段荷载。临时支座应在连续梁合龙后便于拆除和体系转换。连续刚构桥桥墩与梁体刚性固结，不需进行桥墩与梁体的临时固结。

c.临时固结。

临时固结或支承措施有下列几种形式：

临时支座一般采用较高强度的混凝土，常用C40及以上强度混凝土，并用塑料包裹的锚固钢筋穿过混凝土预埋于梁段底部和桥墩中；

在桥墩一侧或两侧加临时支架或立柱；

将墩顶及挂篮安装前梁段临时支承在三角撑架或门式托架上。

临时支承可采用10～20cm厚夹有电阻丝的硫黄水泥砂浆层、砂筒或混凝土块等卸落设备，以使体系转换时较方便地解除临时支承。

③墩顶及挂篮安装前梁段（0号段）模板和支架施工。

模板和支架是墩顶及挂篮安装前梁段施工的关键，其设计、施工等主要技术要求如下：

a.应有足够的刚度和强度；

b.准确计算在浇筑过程中结构的弹性变形和非弹性变形；

c.施工偏差和定位要求应符合《客货共线铁路桥涵工程施工技术指南》（TZ203-2008）等有关规范规定；

d.便于操作，施工质量高。

当墩身较低时，可搭设各类钢支架并在顶面上支模板系统，浇筑混凝土。当墩身较高时，可在墩身上搭设托架，并在托架顶面上支模板系统，浇筑混凝土。

④预应力钢筋管道安装。

为确保预应力钢筋布置、穿管、张拉、灌浆的施工质量，必须确保预应力管道的设置质量，目前常用预埋铁皮管、波纹管或橡胶抽拔管成孔。铁皮管和波纹管需由专业设备加工制作，孔径按设计要求而定；橡胶抽拔管在专业厂家制作，宜在混凝土浇筑后一定时间内抽拔，抽拔的时间可根据混凝土全部埋设橡胶抽拔管的时间与平均温度的乘积确定，一般选择其值在 150 ~ 200℃内进行抽拔。抽拔时可用尼龙绳锁住外露橡胶抽拔管，启动卷扬机拖拔，根据橡胶抽拔管的长度和阻力选择一次抽拔根数。为避免抽拔橡胶抽拔管时塌孔，可将波纹管与胶管相间布置。施工时采用架立钢筋固定管道的位置。选择铁皮管和橡胶抽拔管成孔时，待混凝土浇筑完成后必须用小于孔径 10mm 的设备清孔，以便清除异物，补救塌孔，保证预应力钢筋穿孔畅通。

⑤预应力钢筋施工。

预应力钢筋施工，详见项目 1 有关预应力施工内容。

⑥墩顶及安装挂篮前梁段（0 号段）大体积混凝土施工。

大体积混凝土施工部分内容详见项目 1 中有关大体积混凝土施工内容。本部分主要介绍大体积混凝土施工降温的问题。墩顶及安装挂篮前梁段混凝土结构底板、腹板厚度大，最大厚度可达 2m。为降低混凝土凝固时的温度影响，墩顶及安装挂篮前梁段混凝土浇筑时需设置降温水管。降温水管一般采用镀锌钢管或 PVC 管，进出口均设置在桥面高程之上。

冷却管一般为 U 形管。某预应力钢筋混凝土连续梁墩顶及挂篮安装前梁段施工降温管布置情况如下：U 形管下部与底板下缘间距 0.7m，竖管与混凝土外壁间距 0.7m，管与管间距 1.0m。在梁段内埋设温度测试元件，实测混凝土内部的水化热情况，以确定冷却水流动速度。

4. 悬臂浇筑梁段施工

（1）挂篮构造。

挂篮是一个能沿着轨道行走的活动脚手架，是悬臂浇筑梁段施工时的主要设备。悬臂浇筑梁段施工时挂篮悬挂在已经张拉锚固的梁段上，模板安装、钢筋绑扎、管道安装、混凝土浇筑、预应力张拉与压浆等工作均在挂篮上进行。当一个梁段的施工完成后，挂篮解除后锚，移向下一梁段进行施工。挂篮既是空间的施工设备，又是预应力钢筋未张拉前梁段的承重结构。

①挂篮分类。

随着施工技术的不断改进，挂篮已由过去的压重平衡式发展成现在常用的自锚平衡式。自锚平衡式挂篮主要有桁架式和斜拉式两类。

桁架式挂篮按其组成部件的不同，可分为万能杆件挂篮、贝雷梁挂篮、型钢组合式、桁架组合式等。按桁架构成形状的不同，又可分为平行桁架式、平弦无平衡重式、弓弦式、菱形式等多种。

随着桥梁跨径越来越大，为了减轻挂篮自重，减少施工节段的临时钢丝束，在桁架式挂篮的基础上研制了斜拉式挂篮。

②挂篮的主要构造。

下面以组合斜拉式挂篮为例介绍挂篮的主要构造。

组合斜拉式挂篮是在斜拉式挂篮的基础上加以改进后的一种新的挂篮形式。挂篮自重更轻，其承重比不大于 0.4，最大变形量不大于 20mm，行走方便，悬臂浇筑梁段施工周期更短。

a. 承重结构。

挂篮承重结构由主梁、主上横梁、前上横梁和后上横梁组成，承受和传递斜拉带及内、外滑梁的荷重。主梁后部有水平和竖向限位器，其功能除固定挂篮位置外，还起传递施工荷载的作用。挂篮行走时竖向限位器换成压轮，以控制挂篮行走时的稳定性。

主上横梁用型钢制成，通过三角形垫块用螺栓与主梁连接，其功能是将斜拉带的拉力传给主梁。

前上横梁用螺栓与主梁连接，并通过吊杆与内滑梁、外滑梁相连，用以支撑和固定模板，并传力给主梁。

后上横梁的功能是在挂篮行走时通过两端钢丝绳吊起底部的下后横梁，使主梁与挂篮下部同步移动，从而使组合斜拉式挂篮一步到位。

b. 悬吊系统。

悬吊系统包括斜拉带、下后锚带、内外滑梁吊带。

斜拉带由两根钢带组成，其长度和断面尺寸由设计计算而定。斜拉带上设有销孔，用以调节长度。斜拉带是挂篮的主要受力构件之一，它将底模平台及侧模上受的力传递给主梁。斜拉带也是控制挂篮高程的主要构件，即通过上端千斤顶进行微调，达到模板定位的目的。因此，斜拉带除应有足够的强度外，还要有足够的刚度。在较宽的箱梁上，为减小下横梁的变形，宜在腹板外侧再增加两根斜拉带。

下后锚带一般有两个，其材料和断面尺寸基本与斜拉带相同，功用是固定底模平台并将后横梁的力传递到已浇完混凝土的梁段上，通过带上的销孔来调节长度以适应底板厚度的变化，上端用千斤顶支承，以便保证新旧梁段平顺。

内外滑梁吊带由带钢或精轧螺纹粗钢筋组成，用于支撑模板，并将所受的力传递给主梁。

c. 模板系统。

模板系统包括底模平台、底模、外侧模和内模。

底模平台由前下横梁、后下横梁和若干纵梁组成，在纵梁上直接铺底模板。下横梁和纵梁之间用活动铰链连接，以保证其灵活性。前下横梁、后下横梁各有2个或4个挂耳，与斜拉带和下后吊带连接，将施工荷载传给已浇梁段。前下横梁另设2个挂耳，用钢丝绳与主梁前端连接，后下横梁两端各设一个挂耳，用钢丝绳与后上横梁相连，以保证挂篮前移时侧模与主梁同步移动。

外侧模系用型钢杆件组成框架，内置模板；内模一般采用组拼式模板。当内滑梁和托架移位后，根据悬臂浇筑梁段截面高度变化情况重新组拼内模。

d. 限位器。

限位与锚固系统由水平与竖向两组限位锚固装置组成，水平限位器又分为上、下限位器。上水平限位器通过主梁尾端的若干根（由计算确定）精轧螺纹钢筋与预埋锚板锚固，主要是限制主梁在斜拉带受力时前移。下水平限位器通过已浇梁段底板预埋钢板与挂篮上的限位板锚固，主要作用是防止底模平台在斜拉带受力时向后移动。

竖向限位器是为防止主梁在承重和行走时失稳而设的。在挂篮主梁后半部利用竖向预应力钢筋（或预埋件）设置 2 ~ 3 个垂直限位装置，施工时通过千斤顶压紧达到限位目的，行走时将千斤顶压板换成压轮即可达到挂篮行走目的。需要注意的是，下后吊带也属于底模平台的竖向限位器。

③挂篮选择。

选择合理的挂篮是保证施工质量、加快施工进度的重要因素。在选型时应尽量选择质量轻、结构简单、受力明确、运行方便、坚固稳定、变形小、装拆方便的挂篮，并尽量利用本单位现有构件。

挂篮选型前应先确定如下内容：

首先，应确定悬臂浇筑梁段的分段长度。梁段分段越长，节段数量越少，挂篮周转次数少，施工速度快，但结构庞大，相应的挂篮质量较重；梁段分段越短，节段数量越多，挂篮周转次数多，施工速度越慢，但结构较轻，相应的挂篮质量轻。因此悬臂浇筑梁段长度应根据施工条件，权衡利弊综合考虑确定。我国近来修建连续梁、连续刚构的分段长度一般在 2 ~ 5m 之间。

其次，应考虑悬臂浇筑梁段施工期间可能发生的荷载情况，进行最不利的荷载组合。可能发生的荷载大体有以下几种：①挂篮自重；②模板支架自重（包括侧模、内模、底模和端模等）；③振动器自重和振动力，千斤顶和油泵及其他有关设备自重；④施工人群荷载；⑤最大节段混凝土自重等。

第三，分析梁段宽度及断面形式。当桥梁为单箱横截面时，全断面用一个挂篮施工；当桥梁为双箱单室横截面时，一般采用两个挂篮分别施工，最后在桥面板处用现浇混凝土连接。为了加速施工，也可采用大型宽体桁架式挂篮一次浇筑完成整个桥梁断面。

一般情况下，万能杆件、贝雷桁架、六四军用桁架组拼的挂篮比型钢加工制作的挂篮加工速度快、利用率高、成本低。而采用型钢加工制作的挂篮虽一次性投资大，但具有节点少、变形小、质量轻、结构完善、施工灵活和适用性强的优点。施工中可根据实际情况选用。

挂篮结构标准：

a. 挂篮质量与待浇筑梁段混凝土的质量比值宜控制在 0.3 ~ 0.5 之间，不应超过 0.7；

b. 挂篮系统的总重控制在设计限重之内；

c. 挂篮允许最大变形（包括吊带变形）不应超过 20mm；

d. 挂篮行走、浇筑混凝土时的抗倾覆安全系数大于 2；自锚固系统的安全系数大于 2；斜拉水平限位系统的安全系数大于 2；上水平限位系统的安全系数大于 2。

e. 满足施工安全、质量、成本、工期和操作简便等方面的要求。

④挂篮安装。

墩顶及挂篮安装前梁段施工完成后，即可拼装挂篮及模板系统。一般采用在墩旁或其他场所拼装部分杆件后，再分别吊装入位，连接成整体。一般先组拼上桁架系统，再组拼底模平台。

a. 在墩顶及安装挂篮前梁段浇筑完成并获得要求的强度后，方可拼装挂篮，挂篮拼装时应对称进行。

b. 挂篮的操作平台下应设置安全网，防止物件坠落，以确保施工安全。挂篮应全封闭；四周设围护；上下应有专用扶梯，方便施工人员上下挂篮。

c. 挂篮组拼后，应全面检查安装质量，并做载重试验，以测定其各部位的变形量，并设法消除其永久变形。

d. 挂篮行走时，须在挂篮尾部压平衡重，以防倾覆。浇筑混凝土梁段时，必须在挂篮尾部将挂篮与梁进行锚固。

⑤挂篮试压。

为了检验挂篮的性能和安全，并消除挂篮的非弹性变形，测出其弹性变形规律，挂篮使用前应进行预压，预压通常采用试验台加压法或水箱加压法等。

a. 试验台加压法。

在桥下组装挂篮时可用试验台加压法检测挂篮主桁架受力性能。试验台一般通过在桥台或承台中预埋钢筋锚固挂篮主桁架后端，前端按最大荷载计算值施力，并记录千斤顶逐级加压时变形情况，测出挂篮弹性变形和非弹性变形参数，用作悬臂浇筑时设置预拱度的依据。

b. 水箱加压法（试块加压法）。

挂篮在桥位处组拼完成后，可用水箱试压法（试块加压法）检查挂篮的性能和状况。水箱设于前、后吊点处。前吊带锚固于挂篮前横梁；后吊带穿过底模平台锚固于横桁梁上，也可穿过已浇筑梁段的预留孔锚固于梁段上。在前后吊带的上端装设带压力表的千斤顶，反压于挂篮上横梁，分级分别进行灌水和顶压直至设计荷载重量，记录全过程挂篮变形情况，即可完成荷载预压。

⑥浇筑混凝土时消除挂篮变形的措施。

每个悬浇梁段的混凝土一般可分二次或三次浇筑完成（数量少时也可采用一次浇筑完成），为了使后浇混凝土不引起先浇混凝土的开裂，需要消除后浇混凝土引起挂篮的变形。一般可采取以下几种措施。

a. 混凝土一次浇筑法。

箱梁混凝土采用一次浇筑，并在底板混凝土凝固前全部浇筑完毕，也就是要求挂篮的变形全部发生在混凝土塑性状态期间，避免裂纹的产生。此法的难点是需在浇筑混凝土前预留准确的下沉量。

b. 水箱法。

浇筑混凝土前先在水箱中注入相当于混凝土质量的水，在混凝土浇筑过程中，逐步放水使挂篮的负荷和挠度基本不变。

c. 抬高挂篮后支点法。

此法浇筑混凝土前先将模板前端设计高程抬高 10 ~ 30mm，预留第一次浇筑混凝土的下沉量，同时用螺旋式千斤顶顶起挂篮后支点，使之高于滑道或钢轨顶面（一般顶高约 20 ~ 30mm）。在浇筑第一次混凝土时千斤顶不动，浇筑混凝土质量使挂篮的下沉量与模板的抬高量相抵消。在浇筑第二次混凝土时，将千斤顶分次下降，并随即收紧后锚系的螺栓，使挂篮后支点逐步贴近滑道面或轨道面。随着后支点的下降，以前支点为轴的挂篮前端上升一数值，此数值应正好与第二次混凝土质量使挂篮所产生的挠度相抵消，保证箱梁模板不发生下沉变形。此法设备少，比水箱法简单，缺点是需实测确定顶起量。

斜拉式挂篮总变形小，一般可在浇筑混凝土前预留下沉量，不必在浇筑过程中进行调整。也可根据工程情况设计合适的方法，如某连续梁施工时将挂篮底模承重横梁改用直径 1 ~ 1.2m 的加劲钢管，管内与水泵及泄水管连通，使加卸载控制灵活。在梁段混凝土浇筑过程中，逐渐排水，保持挂篮的负荷和挠度基本不变。

5. 边跨现浇段施工

预应力钢筋混凝土连续梁（刚构）桥边跨的不对称部分，一般在碗扣式支架、螺旋钢管加贝雷架等支架上现场浇筑而成。

还有一种比较新颖的施工方法称作高吊架法，它是利用悬臂施工的挂篮作为支撑结构，浇筑边跨现浇段和合龙梁段。该法的优点是施工周期短，安装方便，经济性好，适合水上和高桥墩施工。

6. 合龙段施工及体系转换

（1）合龙段施工。

预应力钢筋混凝土连续梁（刚构）桥的合龙分中跨合龙和边跨合龙。中跨合龙为两个悬臂梁段的合龙；边跨合龙为一个悬臂梁段和一个支架现浇梁段的合龙。一般情况下，设计的中跨合龙段和边跨合龙段构造完全相同，施工工艺也基本相似，其区别是中跨合龙时要用千斤顶对两悬臂端进行一定量的顶开。下面以预应力钢筋混凝土连续梁桥的合龙施工工序为例进行讲解。

①预埋劲性骨架。

合龙时需预埋劲性骨架，劲性骨架一般采用型钢制作。将劲性骨架按设计要求预先埋置于最后一个悬臂节段的前端。这一步除了要对悬臂施工时最后一个梁段的施工挠度准确计算外，还需将预埋劲性骨架精确定位，确保合龙时劲性骨架能够准确焊接。

施工中根据劲性骨架与梁段截面的关系，将骨架分为如下三种：

a. 体内式劲性骨架。这类劲性骨架设置在梁段截面内，混凝土浇筑完成后被包围，不易受到腐蚀，不影响桥梁的外观，并且设置方便。其不足在于因体内式劲性骨架多设置在箱梁的四个倒角区，加上劲性骨架之间设有剪力撑，导致倒角部位钢筋放置不便，混凝土不易振捣密实；由于劲性骨架设置在倒角处，焊接操作空间狭小，工作困难且焊接质量不易保证。

b. 体外式劲性骨架。这类劲性骨架设置在梁段截面顶板、底板表面，一般采取在顶板和底板预埋钢板，然后将型钢焊接或通过螺栓连接固定在预埋钢板上形成劲性骨架，待成桥后需将骨架切割移除。体外式劲性骨架的优点在于施工方便，预埋劲性骨架、绑扎普通钢筋、焊接劲性骨架、浇筑和振捣混凝土等方面都明显优于体内式。其缺点在于劲性骨架设置在体外，不能较好地传递弯矩和轴力，用钢量大于体内式劲性骨架。

c. 复合劲性骨架。这类劲性骨架根据施工需求，将部分劲性骨架设置在梁段截面内，部分设置在梁段截面外，结合了上述二者的优点。

劲性骨架一般用来承受较大的压力和垂直于梁段的剪力，承受拉力的性能不好，此时可采用劲性骨架和临时预应力束共同锁定法。该法是在合龙梁段的同时设置劲性骨架和临时预应力钢筋承受合龙时的荷载。一般是劲性骨架焊接完后张拉临时预应力钢筋，使劲性骨架预先承受压力而临时束预先承受拉力。这样在合龙梁段混凝土养护期间，临时劲性骨架和预应力钢筋共同承担外部荷载，当外界因素在合龙梁段引起压力时，由劲性骨架承受；当外界因素在合龙梁段引起拉力时，由临时束承受。

②设置配重。

合龙梁段施工时的配重应按设计确定的配重并结合工程特点进行分析确定。配重的设置应注意均衡对称，避免对悬臂段梁体产生扭转和冲击。配重材料可根据工程实际选择，水箱、混凝土块、沙袋等均可。

③顶开两悬臂端。

用千斤顶对两悬臂端进行适量的顶开。顶开工艺只在中跨合龙时进行，边跨合龙时无须顶开。

④焊接劲性骨架。

将劲性骨架在合龙温度下锁定焊接。预应力钢筋混凝土连续梁桥的设计合龙温度就是指劲性骨架的焊接锁定温度。

⑤张拉临时束。

在合龙梁段顶板处设有若干对临时预应力钢筋，需要在合龙时进行张拉并在合龙完成后拆除。

⑥浇筑合龙梁段混凝土。

合龙梁段施工时常将单侧挂篮前移作为施工平台。施工程序是先拆除一个挂篮，用另一个挂篮走行跨过合龙梁段至另一端悬臂梁段上，形成合龙梁段施工支架，在其上进行混凝土浇筑。在浇筑合龙梁段混凝土的同时要同步释放等重量的配重，同时要保证合龙梁段混凝土的振捣质量符合设计要求。

（2）合龙梁段注意事项。

合龙梁段施工是悬臂浇筑施工的关键之一，为减轻温差、混凝土收缩徐变、结构恒载及体系转换等带来的不利影响，需采取一定的措施，以保证合龙梁段质量。

①合龙梁段长度在满足施工操作要求的前提下应尽量缩短，预应力钢筋混凝土连续梁（刚构）桥施工中合龙梁段多取 2.0m。

②合龙宜在低温时进行，遇夏季应在晚上合龙，并用草袋等覆盖，加强接头混凝土养护。

③合龙梁段混凝土中宜加入减水剂、早强剂，以便混凝土及早达到设计强度，及时张拉预应力钢筋。

④合龙梁段采用劲性骨架临时锁定措施，可采用劲性型钢或预制的混凝土柱

安装在合龙梁段上、下部做支撑，然后张拉部分预应力筋，待混凝土达到要求强度后，张拉其余预应力筋，最后再拆除临时锁定装置。

⑤为确保合龙梁段施工时混凝土始终处于稳定状态，在浇筑之前两悬臂端应附加与混凝土质量相等的配重（或称压重），配重要根据设计计算确定，配重要以桥轴线对称加载，按浇筑重量逐渐卸载。

（3）合龙梁段体系转换。

预应力钢筋混凝土连续梁桥利用悬臂浇筑法施工时需进行体系转换：在悬臂浇筑施工时，墩梁采取临时固结，结构为T形刚构；合龙时撤销梁墩临时固结，结构呈悬臂梁受力状态，结构合龙后形成连续梁体系。墩梁临时锚固的拆除应均衡对称进行，确保约束逐渐均匀释放。在拆除前应测量各梁段高程，在拆除临时固结的过程中，注意各梁段的高程变化，如有异常情况，应立即停止作业，查明原因，排除危险后方可继续施工。

7. 施工控制

（1）影响悬臂施工控制的因素。

对于分节段悬臂浇筑施工的桥梁来说，施工控制就是根据施工监测所得的真实数值进行施工计算，确定出各个悬臂浇筑梁段的立模高程，以此来保证成桥线形及结构内力状态符合设计要求。影响悬臂浇筑施工的因素有如下几方面：

①施工方案。桥梁结构恒载产生的内力与施工方法和架设程序密切相关，制定施工控制方案前应首先研究桥梁采用的施工方法和架设程序，并确定施工荷载数值。

②计算图式。预应力钢筋混凝土连续梁（刚构）采用悬臂浇筑施工时一般要经过墩梁固结—悬臂浇筑施工—合龙—解除墩梁固结—合龙的过程。在悬臂浇筑施工过程中桥梁结构体系不断发生变化，故在各个施工阶段应根据桥梁结构实际状态选择计算图式进行分析计算。

③非线性。非线性对中小跨径预应力钢筋混凝土连续梁桥（刚构）桥的影响较小，可以忽略不计，但对预应力钢筋混凝土大跨径连续梁（刚构）桥必须考虑

非线性的影响。

④预应力。预应力直接影响结构的受力与变形，施工控制中应在设计要求的基础上，充分考虑预应力的实际施加程度。

⑤混凝土收缩、徐变。预应力钢筋混凝土连续梁（刚构）桥施工控制计算中应计入混凝土收缩、徐变对变形的影响。

⑥温度。温度对桥梁结构的影响是复杂的，在施工控制中应考虑其影响。通常的做法是对季节性温差在计算中予以考虑，对日照温差则在观测中采取一些措施予以消除，以减小其影响。如为保证温度恒定时测量桥梁的高程，一般选择早晨进行高程测量，由于此时太阳未出来可认为温度基本恒定。

⑦施工进度。施工控制计算需按实际的施工进度及合龙时间考虑各个梁段的混凝土徐变变形。

（2）高程控制。

预应力钢筋混凝土连续梁（刚构）桥悬臂浇筑施工时梁段立模高程是施工控制的一个关键，它决定着成桥后桥梁线形是否满足设计要求。如果在确定立模高程时考虑因素比较全面，符合桥梁施工实际状况，则最终桥面线形较好，易满足设计要求；反之，将会导致桥面与设计线形有较大的偏差，甚至无法满足设计要求。

需要注意的是立模高程并不是桥梁建成后的设计高程，而是以设计高程为基础，考虑施工中各因素产生的变形影响后而确定的一个高程。

（3）质量标准。

悬臂浇筑必须对称进行，并确保轴线和挠度在误差允许范围内。

①成桥后线形（高程）：±50mm；

②合龙相对高差：±30mm；

③轴线按《客货共线铁路桥涵工程施工技术指南》（TZ203-2008）及相关规范规定执行。

预应力钢筋混凝土连续梁（刚构）桥在施工过程中，还应注意下列问题：

①梁段上不得出现受力裂缝。若出现裂缝时，应查明原因，若缝宽超过0.15mm，必须经过处理后方可继续施工。

②梁段接头处施工质量符合设计要求，线形要平顺，顶面要平整，每梁段无明显折变。

③相邻块件的接缝平整密实，色泽一致，棱角分明，无明显错台。

④混凝土表面平整密实，蜂窝麻面的面积不超过所在区域面积的0.5%，深度不超过10mm。

⑤箱梁内部的建筑垃圾必须清理干净。

8.悬臂浇筑梁段混凝土注意事项

（1）应根据计算和施工控制数据设置各个梁段的预拱度。

（2）安装模板时应核对其中心位置及高程，与前一梁段混凝土面应平整密贴。如前一梁段施工后出现中线或高程误差需要调整时，应在模板安装时予以调整。

（3）安装预应力钢筋管道时应与前一梁段预留管道严密对接，并采用胶带密封防止灰浆进入管道。管道四周应布置足够定位钢筋，确保预留管道位置正确，线形平顺，无直弯。

（4）浇筑混凝土时，应从梁段前端开始往后端对称平衡浇筑。浇筑时应加强振捣，并注意对预应力钢筋管道的保护。

（5）为提高混凝土早期强度以加快施工速度，在混凝土配合比设计时，可加入早强剂和减水剂。每个梁段施工周期在5~7天。为防止混凝土出现过大的收缩、徐变，应在配合比设计时按规范要求控制水泥用量。

（6）梁段模板拆除后应及时对梁端的混凝土表面进行凿毛处理，其目的是加强接头混凝土的连接性能。

（7）梁段混凝土浇筑可根据梁高确定采用一次浇筑还是二次浇筑。若是一次浇筑则在箱梁顶板中部留一窗口，混凝土由窗口进入箱内，再分布到底模上。当箱梁断面较大时，考虑梁段混凝土数量较多可采取二次浇筑，即先浇筑混凝土到底板至腹板倒角以上，待此部分混凝土达到一定强度后，再浇筑腹板上段和顶板，需要注意的是其接缝应按施工缝要求进行处理。

（8）梁段分次浇筑混凝土时，为了不使后浇混凝土的重力引起挂篮变形而导致先浇混凝土开裂，应采取措施消除后浇混凝土引起挂篮变形。

第四节　公路跨铁路桥梁转体施工设计

目前，转体施工方法在桥梁建设中有着广泛应用，尤其是一些曲线桥梁转体施工，目前都会普遍采用一种支架现浇体的施工方法。在具体应用过程中，如何对曲线的桥梁结构进行充分考虑，对转体的各项工序质量做出有效控制，是目前公路跨桥梁转体施工所面临的主要技术难题。

一、转体原理及其设备构成

（一）转体基本原理

公路跨铁路桥梁的转体施工技术，其主要原理就是箱梁的重量通过墩柱来传递给球铰，并且上球铰还会传递给下球铰和承台。然后在箱梁主体施工完毕以后，这些梁体的重量就会转移到下球铰当中，然后再进行称重和配重等工作。通过连续作用千斤顶来牵引埋设在上转盘的牵引索，从而克服一些上下球铰之间撑脚和上下滑道之间动摩擦力矩的情况。确保转体能够转动到位，这是转体的基本原理。

（二）转体设备的组成

在转体设备的牵引动力系统上，其一般由牵引盘、牵引索、牵引反力座以及助推反力座四部分组成。其中牵引盘是整个牵引系统的关键，它主要是在转体球铰和上转盘之间，而牵引索则是预埋其中，主要作用是绕牵引盘至牵引反力座处。牵引索在制作上通常为两根钢绞线，采用对称牵引，参数会根据引力的大小进行选择，牵引力计算公式为 T=2FGRI（3D）。其中，T 为牵引力。F 为摩擦系数，G 为转体总重量，R 为转体球铰半径，D 为牵引力偶臂。在转体施工应用中，一些施工误差、风荷载以及机具等因素都会对相应的转体结构造成较大影响，产生一种不平衡效应。为了对这种现象进行解决，保证转体施工中的结构安全，需要在转体系统设计中设置出撑脚和滑道，对一些转体过程中的不平衡弯矩进行抵抗。其中滑道是由定位骨架和钢板共同组成，滑道的半径通常为 4.5m。在施工中定位骨架还需要利用一些边角钢进行焊接。然后再预埋至下转盘当中，通过钢板和螺杆连接的形式机械进行调整校对，然后再利用混凝土进行浇筑。此外为了保证转体施工的顺利进行，在每个撑脚面垫上都要设置出相应的聚四氟乙烯滑块，在钢板顶设置出不锈钢板，能够有效减少转动时产生的摩擦力，这些都是转体设备组成的重要内容。

二、转体施工技术要点

（一）试转

首先在试转的技术要点上，需要在这一阶段对转体进行较为全面的检测，保证转盘和平衡配重各个环节正常，只有对转体进行一次小范围的试转，这样才能有效确定牵引设备和转体系统能够在施工中稳定运行。并且还要保证各项运行参数处于一种合理的范围以内，并且为了保证梁体不会侵入铁路限界内部，还可以将试转角度设置为 2°。此外在试转阶段，对于转体结构的整体平稳性还要进行详细的检查，尤其是一些受力部分是否有着裂缝产生情况，更要进行及时了解。发生一些异常情况以后，应该立即停止试转操作，在知晓原因并且采取相应整改措施以后才能进行后续的试转工作。比如可以在试转阶段根据各项试转参数来进行技术，并且和理论值进行比较，对一些偏差进行及时调整，才能保证试转的顺利进行。

（二）正式转体

其次在正式转体上，主要包括箱梁位置控制和定位两方面技术要点。在转体阶段的实施上，需要根据转台上的转角刻度标识和两面轴线双控，来对一些转体欠转或者是超转情况进行有效避免。同时在箱梁位置控制上还需要对转台标识的刻度进行仔细观察，并且向控制台报告相应的监测数据，每移动一定距离就要实施一次报告。并且在检测过程中可以设计出桥梁的轴线，然后在一侧边直段上进行观察，在确保轴线的位置得到合理控制的前提下对箱梁位置做好控制。至于转体定位的施工技术要点，需要在梁体中线到达设计位置以后，用千斤顶来进行梁体姿态的调整工作，确保梁体的精确定位。同时还需要在撑脚和滑道钢板之间采用一种铁楔来进行固定，不仅可以防止梁体在外力的作用下产生自动摆动，同时也可以维护整个结构的稳定性。

三、工程概况

王母阁路位于济宁市东部，为该市重要的南北通道，现状为双向四车道，两侧设人行道，与新兖铁路交叉处采用（9.79+9.79+5.22）m框架桥下穿铁路。受城市排水体系的影响，雨季箱涵积水严重，交通拥堵，为缓解现状，拟对王母阁路采用高架桥方式进行拓宽改造。道路设计按地理位置分东、西两线，于既有道路西侧上跨铁路，跨铁路处桥梁分幅布置。受地形及既有建筑物影响，线路平面采用S形曲线，曲线半径为700m。为降低对既有铁路的影响，采用转体施工方案，两幅同步转体42.1°。为保证既有王母阁路正常通行，转体前采用挂篮法顺铁路方向现浇梁体。

（一）主要技术标准

（1）道路等级：城市主干路；（2）设计速度：50km/h；（3）车道数：双向四车道；（4）车道宽度：3.5m；（5）跨铁路桥梁标准断面宽：22.7m；（6）桥上最大纵坡：2.2%；（7）桥面横坡：2%；（8）桥梁设计荷载：城—A级的1.3倍；（9）桥梁环境类别：Ⅱ类；（10）桥梁设计安全等级：一级；（11）结构重要系数：1.1；（12）桥梁设计基准期：100年。

（二）孔跨布置

跨铁路转体桥梁孔跨布置的关键在于确定距铁路线路中心的安全距离，以降低桥梁施工及运营期间对铁路的影响，设计时按以下原则考虑：（1）下部结构施工（包括防护及辅助设施）应位于铁路坡脚及栅栏以外。（2）所有结构施工（包括防护及辅助设施）应位于铁路接触网带电体以外不小于 2m。根据公铁交叉处铁路设备情况，确定本项目所有构造物平面距铁路线路中心最小安全距离为 10.65m（设计时取 11m）。孔跨布置采用 2×70m 预应力钢筋混凝土 T 形刚构。

（三）横断面设计

根据现行铁路相关规范及铁路局的要求，横断面设计主要考虑以下因素：（1）桥梁外侧设置两道防撞墙，且最外侧防撞墙顶设置防护网；（2）桥梁分隔带处设置防护措施，防止落物影响桥下铁路运营安全。

结合本桥的技术标准，确定单幅桥面横断面布置为 0.5m（SS 级防撞墙）+1.5m（缓冲带）+0.6m（SX 级防撞墙）+8m（机动车道）+0.5m（SS 级防撞墙），单幅桥宽 11.1m。桥梁横断面（单位：cm）桥梁分隔带处设置盖板防护，防护范围为铁路线路中心两侧各 35m。盖板采用混凝土材料，顺桥向板间距 1m，板间预留 5mm 缝隙，横桥向宽 1.05m，端部厚 0.08m，中部厚 0.13m；盖板顶设 2 道 SBS 改性沥青防水卷材；卷材顶铺设 3cm 厚 M10 水泥砂浆。

（四）桥梁结构设计

梁体采用单箱单室变截面箱梁，中支点根部梁高 8m，边支点梁高 3.2m，梁高及底板厚度采用 1.8 次抛物线。箱梁顶宽 10.8m，底宽 6m，悬臂长 2.4m；顶板厚 30cm，腹板厚 60~100cm，底板厚 30~100cm；采用三向预应力体系。中支点处梁体与主墩固结，边支点采用支座连接，每端设 2 个支座，支座横桥向间距 4m。梁体共分 19 个节段。其中 0 号为支架现浇段，长 12m；1~17 号为挂篮现浇段，共长 59m，最大节段长 4m；18 号为边跨现浇段，长 4.88m。梁端伸缩缝宽 12cm。在中支点、边支点及跨中设有横隔板，共 5 道，中支点横隔板厚 5m，边支点横隔板厚 1.8m，跨中横隔板厚 0.6m。

受曲率的影响，梁体在恒载下产生扭转，会导致梁的挠曲变形。在设计中，弯桥的简化计算主要与两个因素有关，一个是圆心角 $\psi 0$，另一个是桥面宽度与曲率半径之比。本桥平面位于半径为 700m 的 S 曲线上，圆心角为 $\psi 0=5.7°$

（＜30°），可以忽略扭转对挠度的影响；桥面宽度与曲率半径之比 L2/b R ＝ 1.26 ＞ 1.0（L 为梁轴弧线长，b 为桥梁的半宽，R 为曲线半径），故不应按直线桥简化计算。

为研究曲线半径对梁体受力的影响程度，采用 MidasCivil 软件，对曲线、直线模型分别进行计算。

（1）曲线半径对最小正应力、最小主应力影响较大，按直线桥简化不利于桥梁结构设计。（2）曲线半径对弯矩、剪力影响较小，但对扭矩影响较大，通过进一步计算，若不考虑此扭矩影响，按直线桥简化计算，支点附近腹板厚度可减少 10cm。（3）曲线半径对边支点恒载反力影响较大，对活载反力影响较小。

（五）转体系统设计

转体系统主要由转体球铰、上转盘、下转盘、砂箱、撑脚、滑道、牵引系统组成。在设计时，应充分考虑各组成构件的相互制约关系，有序、合理地确定各构件结构尺寸及位置。

1. 偏心设置

由于本桥位于曲线上，在挂篮现浇过程中，不平衡弯矩随着桥梁节段的增加而增大，依据计算结果，最大不平衡弯矩出现在最大悬臂状态下，横向最大弯矩为 36981kN·m，纵向最大弯矩为 8881kN·m。

为保证桥梁结构转体顺利，在设计上主要采用以下方式处理不平衡弯矩：（1）调整桥梁结构尺寸，如曲线外侧箱梁腹板加厚、箱梁顶板切角等。（2）采用永久结构配重，如将铁砂混凝土浇筑于箱梁箱室内，增大横隔板厚度等。（3）采用临时材料配重，待转体完成后拆除，配重材料一般采用钢筋、沙包等。（4）将转体球铰中心与转体结构重心偏心设置，

以消除转体状态下的不平衡弯矩。

方式（1）、方式（2）适用于支架法，而本项目采用挂篮法现浇梁体，受挂篮钢模板限制，改变桥梁结构尺寸或永久配重，无疑增加了挂篮的加工难度，且施工工序烦琐，不利于结构安全。方式（3）只能对小吨位不平衡结构进行配重，

若采用该方式，本桥配重将达到 12300kN，施工难度大。综上考虑，设计采用方式（4），即设置偏心方式。偏心设置值由转体时的最大不平衡弯矩计算得出，本桥横向偏心为 50cm，纵向偏心为 11cm。设置偏心后各施工阶段弯矩计算结果由上述计算结果可以看出，设置偏心后，横向最大不平衡弯矩出现在 6 号节段，纵向最大不平衡弯矩出现在 9 号节段。

2. 砂箱计算

在挂篮现浇过程中，结构重力及不平衡弯矩主要作用于转体系统的砂箱上，由于轴力、弯矩不断变化，最不利情况较难确定，需对各施工阶段砂箱受力进行分析。本桥采用直径为 80cm 的砂箱，共计 26 个。砂箱最大压应力按 15MPa 考虑，最大压力为 6626kN。设置偏心后，最大不平衡弯矩出现在挂篮施工的中间节段，但由于轴力较小，此时不控制砂箱设计，砂箱压力最大值依旧出现在最大悬臂状态（压力为 2777kN），此时安全系数为 2.38，满足要求。

3. 转体球铰

转体球铰主要承受转体时上部结构荷载。本项目转体时恒载为 75798kN，考虑临时配重、施工机械以及球铰不均匀受力等因素，转体球铰重力选取 100MN。

转体球铰外径为 2850mm，总高 260mm，采用锚固螺栓和套筒与上、下转盘连接，上、下支座板螺栓各 10 个，直径为 52mm，长 600mm。

4. 下转盘

转体时，下转盘起到连接转体系统与桩基础的作用；成桥后，下转盘作为桥梁下部结构的承台。下转盘结构尺寸设计需满足以下要求：（1）下转盘平面结构尺寸满足转体系统各部件布置需求。（2）转体施工过程中，下转盘厚度应满足结构受力要求。（3）结合项目位置处地质条件及结构内力，确定桩基直径及根数，下转盘应满足规范对承台的要求。根据上述要求，采用 12 根直径 1.8m 的钻孔灌注桩基础，桩基间距为 4.8m。下转盘为正八边形，边长为 7.2m，厚 4m。

5. 上转盘

上转盘作为连接桥墩及转体系统的构件，应从结构构造、受力要求等方面进行设计。(1)构造要求上转盘平面尺寸应考虑砂箱布置情况,并结合桥墩墩底截面尺寸综合确定。常规的截面形式为矩形,若下转盘空间受限,如结构转动轨迹超出下转盘范围,也可采用圆形或多边形。(2)受力要求转体施工时,上转盘受到砂箱作用的反力,进而产生结构弯矩,需对结构的承载能力进行验算,确定上转盘的厚度及配筋。

受砂箱布置及下转盘结构尺寸制约,上转盘采用正八边形,边长为5.05m,厚3m。

6. 撑脚及滑道

理论计算上,不平衡弯矩可通过设置偏心的方法消除。但在实际施工过程中,施工误差、机具、风荷载等因素仍会对结构产生不平衡效应。为保证结构的安全,在转体系统中设置了撑脚、滑道,用来抵抗转体过程中的不平衡弯矩。

本桥共采用6对钢管混凝土撑脚,每对2个。其中,钢管直径为80cm,壁厚为16mm,管内注入C55微膨胀混凝土。

滑道由定位骨架与钢板组成。滑道半径为4.5m,宽1.15m。施工时,定位骨架采用等边角钢筋焊接,预埋至下转盘中,通过螺杆与钢板连接(钢板厚3cm),使钢板表面高出下转盘1cm,并用螺母调整校平,然后浇筑混凝土。为保证转体顺利进行,每个撑脚底面垫宽950mm、厚4mm聚四氟乙烯滑板一块,钢板顶部设宽990mm、厚2mm的不锈钢板,以减少转动时的摩擦力。

7. 牵引系统

牵引系统由牵引盘、牵引索、牵引反力座、助推反力座4部分组成。

牵引盘为牵引系统的关键,位于上转盘与转体球铰之间,牵引索预埋其中,并绕牵引盘引至牵引反力座处。牵引盘直径受滑道及上转盘结构尺寸限制,其尺寸在两者之间。牵引索一般为两根钢绞线,采用对称牵引,参数依据牵引力的大小进行选择。牵引力计算公式为 $T=2fG R I(3D)$,其中,T 为牵引力,G 为转体总重量,R 为转体球铰半径,D 为牵引力偶臂,f 为摩擦系数。牵引反力座、助推反力座为辅助设施,置于转体系统的下转盘上。

本桥牵引盘直径为 5.1m，牵引索选用 15 — s15.2 钢绞线，通过计算，牵引力为 1623kN，牵引安全系数为 2.41，满足要求。

（1）根据曲线桥 T 形刚构的计算结果，进行以直代曲的简化后，对结构应力、扭矩、边支座反力影响较大；对结构弯矩、剪力基本无影响。（2）对曲线转体施工的桥梁，偏心设置及砂箱布置为转体系统设计的主要控制因素；因转体前采用挂篮法现浇施工，设置偏心后需对各施工阶段砂箱压力进行检算。

第五节　连续刚构桥施工技术

一、连续刚构桥的特点

（1）连续刚构桥采用的梁板是连续的，梁板和桥墩之间采用无支座的固结方式。这种结构形式一方面保证了桥面的平顺性，另一方面又避免了支座的设置和更换带来的困难，在很大程度上为施工带来了便利。连续刚构桥由于其各部分连接方式的特殊性，使得其在某些方向的抗弯及抗扭刚度都相对较大，这为后期桥梁在使用过程中的安全和稳定打下了坚实的基础。

（2）连续刚构桥采用的柔性桥墩可以在很大程度上减少由于预应力钢筋混凝土在各种环境作用下所产生的微小位移和变形。连续刚构桥在大跨径桥梁中应用较广，选用的桥墩结构形式需要根据现场情况及温度、湿度等环境中引起的混凝土收缩徐变及纵向位移而定。在经过地形地势比较复杂，高差比较大的地区，可以采用高墩连续刚构体系，但当地势相对高差较小，而桥墩高度不够时，可以采用柔性更好的双薄壁墩，进而提高结构的承载能力。

（3）连续刚构桥的梁板连续性及桥墩的结构形式使得梁板内部结构的受力更加合理，梁板中间的正弯矩相对较小，两侧的负弯矩也相差不大。另外，连续刚构桥采用墩梁固结的形式，与普通的桥梁相比，不再需要更换支座，可节省此项费用的开支，同时也优化了结构的受力，延长了结构的使用年限。

（4）连续刚构桥结构的跨径相对较大，一般在 100～300m，根据连续刚构桥结构的受力性能分析，在施工过程中通常采用悬臂施工的方式。

二、桥梁悬臂浇筑施工技术

悬臂浇筑是连续刚构桥在施工时经常使用的施工技术。由于桥梁跨径较大，梁体质量也较大，所以，往往采用从中间向两侧浇筑混凝土的方式，这就是悬臂浇筑。悬臂施工中常用的设备为挂篮，但是挂篮无法浇筑端头部分混凝土，因此，在浇筑端头小范围长度的混凝土时，常采用托架进行浇筑。悬臂施工方法使用的必要条件是墩梁固结，由于悬臂施工的施工技术已经相当成熟，因此，在进行连续刚构桥地施工时经常采用该方式。

（一）施工托架

施工托架在施工时，要根据现场施工的一些条件，依据桥墩结构高度、承台结构形式、地形地质条件等，分别在各个结构顶面设立支撑托架，托架可以由万能杆件拼接而成，它设立的长度和高度应根据现场施工的需要和梁体现浇段节段的长度来确定，托架横桥向的宽度设置通常比箱梁的底宽一些，这样是为箱梁模板的设置提供空间。现阶段，大跨度连续刚构桥常用的托架分为斜撑式和斜拉式，在托架的使用过程中，由于其对箱梁的冲击作用，理论上会导致附近的混凝土产生一定的变形，为了消除这种变形的影响，在施工中通常利用各种方式对托架施加预变形。

（二）施工挂篮

在浇段的起步长度内采用托架法，当托架上的混凝土浇筑长度达到一定值后，开始采用挂篮施工。挂篮施工是连续刚构桥悬臂浇筑成功的关键，挂篮施工是以桥墩为中心点，向两侧对称浇筑，由于挂篮施工的局限性，浇筑通常分段进行。挂篮的作用相当于普通施工中的脚手架，只不过是在空中施工，桥梁从浇筑到完成的整个施工工序都在挂篮上进行，其中包含了混凝土浇筑的各个方面，例如，安装模板，绑扎及焊接钢筋，安装预应力张拉设备，张拉预应力钢筋，等等。

挂篮在连续刚构桥施工中发挥了很大的作用，它的功能主要包含对于梁体节段各个位置的调整和运送，模板的运送和安装，各种施工材料的运送，各种机具材料的吊装，等等。正是由于挂篮的强大施工功能，使得对挂篮质量的要求相当高，不仅需要有足够的承重能力，还要求其具有足够的安全性和稳定性，并且要求其移动速度快，灵活性好等。

（三）施工工艺悬臂

施工工艺悬臂施工是连续刚构桥施工中的重要方式，在悬臂施工的现场浇筑工作中，对于浇筑顺序应该严格按照相关规定和要求来进行。通常情况下，先浇筑梁板的底板，然后浇筑梁板的腹板和顶板。但如果混凝土体积足够小时，可以一次性全部将其浇筑完。在进行挂篮悬臂浇筑混凝土施工时，要及时观测挂篮的承重变形情况，避免新旧混凝土接缝处出现较大的裂缝，进而影响桥梁的整体质量。尤其是在浇筑腹板和顶板时，由于底板已经浇筑完成，相互之间极易出现裂缝，因此，要特别注意其与底板之间的接缝处理。为了减少这种裂缝，可以采用施加预变形的方式，进而减少和消除裂缝。

（四）施工技术保证措施

连续刚构桥采用的桥墩为柔性桥墩，刚度较小，允许结构产生较大的移位，特别是一些不规则，不对称的结构，桥墩在不对称荷载作用下会产生较大的弯矩，进而导致较大变形，其稳定性相对较差。为了改善这种情况，需要采取有效施工措施来保证结构的稳定性。现阶段，可以采用的措施有以下几种：当桥梁结构建筑高度较小且水深较浅时，可以搭设临时支架来加强桥梁的稳定性；在桥梁建筑高度较高且水较深时，可以采用三脚撑架架设在桥墩上部作为临时支撑结构，待结构整体施工完成后，再将一系列的辅助工具拆除。

三、桥梁合龙段施工技术

在连续刚构桥的施工工艺中，合龙段的施工工艺是非常复杂的，一旦合龙段的施工出现问题，将会给整个桥梁带来很大的危害。因此，应严格控制合龙段的施工质量。

（一）劲性钢骨架的预埋与配重地设置工作

在进行合龙段的施工前，要根据设计的具体要求在合龙节点的两侧悬臂段各预埋劲性骨架。预埋前，要做好悬臂端施工挠度的计算，做好骨架位置的准确核算，避免在合龙时骨架因出现错位而无法焊接。在进行配重时，一方面要根据设计计算的极限配重，另一方面要根据实际情况对配重质量进行计算和核算，确保其准确性，防止合龙段两端质量不对称对梁体产生冲击作用，避免影响梁体的质量。

（二）两悬臂端的顶开及劲性骨架的焊接工作

若桥梁施工时天气温度相对较高，对于桥梁合龙段的施工方式和施工工艺有一定的要求，一般采用顶开法的方式来进行。该方式需要严格计算顶开距离，根据设计要求和设计计算的顶开距离进行核算，同时，应该考虑温度、湿度、跨径、桥墩高度以及地质特点等因素，综合分析计算各因素的影响，最终确定顶开的距离。悬臂端的顶开只需要在中跨合龙段进行，借此来消除高温对梁板的作用与影响，进而改善整个桥梁结构的受力状况。悬臂端的顶开需要利用千斤顶进行。确定千斤顶的位置时，要根据结构的受力情况，保证不对梁板产生明显的影响，避免梁板产生横桥向的挠度和弯矩。梁板悬臂端的顶开常利用2个变量来控制：一个是顶开力，另一个是顶开量。如果考虑温度对合龙的影响，可以采用顶开量控制，其他情况下，一般采用顶开力来进行控制。悬臂端顶开到位后，需要进行劲性骨架的焊接，焊接对温度的要求比较高，如果不注意控制温度，会在一定程度上影响焊接质量。通常进行焊接时，需要控制温度在一定范围内，但如果在高温季节焊接，要采取一定的降温措施或者选择温度较低的时段进行。焊接工作尽量不间断，保证速度和质量，从而不影响混凝土浇筑的开盘时间。

（三）预应力钢筋的张拉与混凝土的浇筑

一般情况下，在连续刚构桥合龙段常常设置1对临时的预应力钢束，以预应力的形式促进和保证合龙段的顺利施工。该预应力钢束要在合龙时及时进行张拉，待结束后要及时拆除。最后一步就是进行合龙段处混凝土的浇筑工作。

四、工程案例

（一）工程简介

该项目为某高速公路上一座大跨度桥梁，桥梁中心桩号为 DZK20+780。该桥根据跨径及结构形式分为 6 联，跨径形式为：$2 \times (2 \times 40m)+2 \times (3 \times 40m)+(65m+2 \times 120m+65m)+(3 \times 40m)$。其中，跨径较大的第 5 联采用预应力钢筋混凝土变截面连续刚构，跨径组成为 $65m+2 \times 120m+65m$，其余部分采用预应力钢筋混凝土连续 T 梁。

（二）合龙段施工

连续刚构桥梁边跨合龙段施工该桥梁连续刚构部分合龙段采取的施工顺序为先边跨后中跨。边跨采用吊架合龙，为保证箱梁合龙时为刚性连接，箱外顶板预埋 2 处劲性骨架，箱内底板预埋 2 处劲性骨架，合龙时焊接固定。

1. 模板施工

为了确保施工质量，保证梁体结构的美观性和平整性，也为了在一定程度上促进施工的顺利、快速进行，现浇段箱梁外侧、底模采用大块定型钢模，箱体内采用建筑组合模板。箱梁底模及侧模采用 $1.0m \times 1.2m$ 钢模板拼接而成。翼板模板下方设钢管支架支撑于 16 号工字型钢上；外侧模与内侧模设对拉杆固定；底模模板与 16 号工字型钢分配梁固定，局部异形模板采用现场加工木模。

2. 钢筋施工

钢筋加工工艺相对复杂一些，对于施工人员的要求也比较高。在下料前，要检查好钢筋的规格和数量，对于一些需要绑扎或者焊接的钢筋，可以提前绑扎和焊接好，最后同步进行安装。在安装时，要计算好钢筋的间距和数量，避免后期出现钢筋剩余和不足的情况。对于钢筋的施工和安装，主要有以下几个注意事项：

（1）当钢筋还未施工，需要在场地内堆放时，要严格按照一定的顺序进行分类堆放，严禁杂乱摆放堆砌。另外，存放钢筋时，为了避免雨水的冲刷，要用一些防潮物品覆盖或者搭设临时存放的场地，进而保证钢筋的质量，避免因受潮生锈，影响其刚度和强度。

（2）在施工时，要采取一定的措施来保证混凝土的保护层厚度，避免后期因保护层厚度不够，钢筋出现外露。在预应力钢筋需要安装的地方按照设计要求预留孔道及预埋装置，并且注意其预留位置和孔径的准确性。

（3）钢筋焊接工艺相对绑扎工艺相对复杂，在进行焊接时，要注意电焊机的各项指标的设定，防止由于电流过大或者过小带来的误差以及对钢筋的损坏。对钢筋进行焊接施工时，要优先选择双面焊接的方式，如果根据实际需要无法进行双面焊接时，再使用单面焊接的方式。当焊接完成时，要及时清理掉焊接面的焊渣，保证焊接面光滑和美观。焊接完成后，要及时根据相关指标要求进行质量检测，合格后，方可进行下一道工序。

（4）由于预应力钢筋的受力性能比普通钢筋更为重要，预应力钢筋的位置也经过了反复地计算确定，因此，当预应力钢筋和普通钢筋的位置相抵触时，要以预应力钢筋为主，调整普通钢筋的位置，保证结构受力的合理性。待钢筋加工安装完成后，首先要进行自检，根据指标要求进行检验，保证预应力钢筋施工的准确性，进而保证整个梁体的受力性能，避免出现较大的失误。

3. 合龙段劲性骨架施工

依据施工图设计，每个合龙段共设 4 个劲性骨架，布置于箱梁内底板和顶板位置。合龙段前一个号块需精确预埋劲性骨架。先提前焊接一端，另一端在浇注混凝土前（中跨合龙段两边还需同时顶推 1500kN 水平力）迅速地将劲性骨架焊接完成，另外，要注意焊接时的天气温度，通常在一天中气温最低时进行。在进行焊接工作前，要将焊接周围的梁体结构用水浸湿，并利用防火物品将其覆盖，避免因电焊而给梁体的外表带来损坏，造成梁体表面的不平整，影响其美观和质量，严重者甚至会影响到混凝土的保护层，给结构带来一定的危害。

合龙段配重按图纸设计要求进行主桥边跨合龙时，需在最后一个浇筑的号块加合龙段质量一半的平衡重，施工时在号块顶上设置 1 个 3m（顺桥向）×8m（横桥向）×1.2m（高）的水池；中跨合龙段需在两边的最后一个浇筑号块上加合龙段质量一半的平衡重。施工前将水池中注水至设计质量，待凌晨温度最低时迅速焊固定劲性骨架后立即进行合龙段浇筑。

混凝土浇筑本段箱梁一次装模浇筑完成，浇筑顺序为底板和腹板，最后到顶板。浇筑时间安排在天气稳定且晚上温度较低时。混凝土的浇筑完要及时振捣，并分层浇筑，各层浇筑间隔时间不宜过长，避免混凝土出现裂缝和脱节。

4. 合龙段预应力施工

合龙段的预应力施工要求较高，要严格根据规范要求进行。首先，要进行混凝土的浇筑工作，待混凝土浇筑完成并且强度达到设计要求后，要及时张拉预应力钢筋。张拉时，要及时关注周围混凝土的形态，一旦出现异常情况，要及时停止张拉。张拉前，要检验或者复核张拉设备保证张拉的有效性。在预应力钢筋张拉过程中，采用拉伸量和油表读数 2 个方式进行控制，当二者测得的结果差距较大或者伸长量与规定量之间的误差较大时，要及时对仪器进行校核和检验，及时查找原因并纠正。预应力钢束的张拉根据钢束的长度和位置选择两侧张拉和单侧张拉方式，张拉顺序要先上后下，先中间后两边，并对称于构件截面的竖直轴线。预应力钢筋要严格根据设计和规范要求进行安装与张拉，禁止对其进行切割和焊接，施工中要保护预应力钢筋，避免其被锈蚀和弯折。

5. 预应力管道压浆工作需要注意的事项

（1）压浆所用的设备和材料都要经过严格的检验后方可进行压浆施工。由于压浆工作的复杂性，要定时对压浆设备进行清洗维护，避免因施工残渣的堵塞而影响施工质量。

（2）水泥浆压主要连续不断地进行，中间不可间断，直到达到施工质量的要求为止。为了保证让预应力钢筋被全部充浆，要封闭所有的出浆口，直到水泥浆凝固以后，才可打开所有的出浆口。

连续刚构桥是桥墩和梁板之间采用固结方式的一种预应力钢筋混凝土结构，连续刚构桥兼有连续梁的优点，同时采用墩梁固结的方式在一定程度上也优化了桥墩结构的受力情况。为了保证桥梁的安全性和稳定性，在施工过程中一定要控制桥梁的质量，提高施工技术，减少因施工质量问题而导致桥梁破损情况的出现。

第四章 重力式沉井

第一节 工艺流程和施工质量重点提示

重力式沉井下沉原理是：沉井在自重的作用下，克服外井壁与土的摩阻力、刃脚土的支撑力，水的浮力等而下沉。因此，在设计中，应尽量采取减小外井壁与土的摩阻力、刃脚土的支撑力（不含由潜水员冲挖刃脚、处理阻沉点即可解决的刃脚支撑）、水的浮力的措施。

一、准确计算外井壁与土的摩阻力

在设计中充分考虑减少摩阻力

重力式沉井应首先满足 $G \geqslant 1.25F$

式中：G 为沉井自重（不排水下沉时扣除水的浮力）；F 为土对沉井井壁的摩阻力，即 $F = r_0 A$

式中：A 为包括井顶围堰在内与土相接触的井壁面积（只计外井壁）；r_0 为单位面积上的摩阻力，根据实际经验或实测资料确定。（下列数值供参考）黏性土 $r_0 = 24.5 \sim 49.0$ kPa；砂类土 $r_0 = 11.8 \sim 24.5$ kPa；砂卵石 $r_0 = 17.7 \sim 29.4$ kPa；沙砾石 $r_0 = 14.7 \sim 19.6$ kPa；软土 $r_0 = 9.8 \sim 11.8$ kPa；泥浆套 $r_0 = 2.9 \sim 4.9$ kPa。

减少土对沉井壁的摩阻力，应从两方面考虑。

（1）减少井壁与土的接触面积 A。

将沉井设计为在每节沉井接缝处错台为 $5 \sim 20$ 锄的阶梯形；或将沉井壁外侧设计成 $1\% \sim 2\%$ 向内斜坡的锥形。相对减少土与井壁的接触面积，有效减小沉井下沉的阻力。

（2）降低 ro 值，在沉井外壁与土之间人为制造一层液化或润滑膜层。

在沉井中设计预埋管道等，将沉井设计为空气幕沉井或泥浆润滑套沉井，可减小井壁与土的单位摩擦力值。从而减少沉井与沉井壁的摩阻力，达到顺利下沉的目的。

在地质水文条件允许的情况下，考虑排水下沉。

二、减少浮力作用对沉井下沉的阻力

在稳定的土层中，且渗水量在每平方米沉井面积渗水量不大于 $1m^3$ / h 时，可考虑排水除土下沉；或虽然土层透水性较强，渗水量较大，但排水不致产生流砂现象时，也可采用排水开挖下沉。

三、削弱刃脚及隔墙土对刃脚及隔墙的支撑力

（1）在满足沉井强度及稳定性的条件下，尽量减小刃脚及隔墙土的厚度，即减小了刃脚及隔墙与土的接触面积，从而减小了地基土对刃脚及隔墙的支撑力。

（2）增大刃脚斜坡度，即增大刃脚内坡与地面的角度。

（3）在沉井中预埋高压射水管道助沉。

当计算沉井自重小于土的摩阻力，沉井下沉深度较大，且土层较坚硬时，可在沉井壁内（或外侧）预埋冲刷管，高压射水助沉。

（4）沉井需穿过非常坚硬的土层或岩层，可考虑预裂爆破法，并在设计交底时详细说明。沉井施工令钢梁的受压面积为 Ax。

在计算假设中认为钢梁的受压区和受拉区均达到完全塑化，其应力沿梁高方向均匀分布，取矩形应力图。这一点与实际情况是有出入的。靠近钢梁边缘部分的应变较大，有可能超过屈服变形的终值，而进行强化阶段。若不考虑这部分钢材的强化应力，仍按屈服强度计算承载能力，其结果是偏于安全的，但是，对中性轴附近的部分钢梁应变较小，有可能没进入屈服阶段，其应力将小于屈服强度，

并按三角形分布。显然,对于这部分没有进入屈服阶段的钢梁(特别是上翼板),仍按矩形应力分布,取屈服强度计算承载能力,其结果是偏于不安全的。因为这部分的力臂较小,对抗弯承载能力所造成误差,在工程上也是可以接受的。公路与城市桥梁多按结合梁塑性抗弯承载能力计算的简化解处理。

结合梁塑性抗弯承载能力计算的精确解与结合梁塑性抗弯承载能力计算的简化解主要区别就在于计算假设中对受压区混凝土的处理不同,精确解认为受压区混凝土翼板边缘的应变达到混凝土的极限压应变 εu=0.0033。受压区混凝土取矩形应力图,其宽度取混凝土弯曲抗压强度设计值 $f$cm,其高度取 z=0.9C $\leq$ ^d,式中 C 为截面变形零点到混凝土翼板顶面的距离。不考虑受拉区混凝土参加工作。同时将钢材视为理想的弹塑性体。精确解与实际情况相符合,但相对简化解麻烦些。

总之,对结合梁用塑性理论分析之后,结合截面抗弯承载能力的确定更合理,通过实例计算,结果也表明按弹性理论分析,只有在使用阶段才比较符合实际,而在决定结构或构件的承载能力时,塑性理论考虑了材料塑性给强度带来的潜力,计算结果更经济一些。

第二节　施工质量控制措施

我国码头种类众多,但在其中重力式码头无疑是佼佼者,它不仅对常见的低温、冷冻等恶劣的自然天气应付自如,载重也远远超过一般的码头承载量,这种码头建设时所用的材料与一般的码头也有所不同,其硬度与密度都需要达到相应的标准才能投入使用,选用的材料即便经过多年的风吹日晒,也不会有较大的质量问题,除了上述优点之外,它的装卸技术水平也略高一筹。当然,最值得一提的是,这种施工技术不仅可以极大地提高施工效率,同时还能有效地降低施工成本,提高效益空间。

一、沉箱概述

重力式码头下设多种结构形式，但最为常见的应当是沉箱，而在众多种类的沉箱中，小型沉箱的出现频率最高。一般来说，这种类型的沉箱在正式投入使用之前首先要通过预制环节，然后再对其进行相关的安装工作，某种程度而言，由于经过了预制环节，所以不论是其质量还是其安装正位工作对工作人员来说都不再是难题。可是，对于体积质量较大的沉箱来说，它们往往是在半潜驳上进行预制，而且这个过程中的预制质量和安装正位是很难被解决的。

二、大型重力式沉箱码头施工过程的质量问题

这些年来，我国的水运市场不论是其规模还是发展速度都日新月异，随着需求量的不断增大，与之相匹配施工船舶机械化程度也在不断提高，大型重力式沉箱码头的体积、实用性和深水化程度随着相关技术的不断提高都有了较大的提升。在码头施工设施技术水平飞速上升的发展过程中，人们对其建设水平的要求自然也水涨船高，也就是说，在当下，我们建设码头的时间相较之前会缩短，缩短工期的用意是应对当前供不应求的局面，但是效率的提高往往意味着其质量会出现问题，从我国重力式沉箱码头的使用现状来看，以下几点是最为常见的质量问题：

（1）沉箱之间的缝隙浇筑质量不达标，使用时间较长后会出现不同程度的渗水现象，水的侵蚀致使沉箱的抗腐蚀性大不如前，非常容易被酸、碱等各类腐蚀性较强的物质侵蚀，使运输的稳定性大大降低。

（2）按照相关图纸开挖基槽的过程中并未对周边淤泥进行有效的控制，使得基槽挖掘工程完毕后无法保有其原状，沉积物迅速堆积，使基槽无法满足下一步的施工需求。

（3）基床抛石、夯实的实际高度和施工设计图中所规定的高度有较大误差；这种误差的出现将使其后期无法满足施工作业的需求，基床的平整度也会受到较

大的影响，淤积物和沉积物的堆积速度也会远远超过预期。

（4）基床整平的工作进入尾声时会发现补抛的厚度要远远大于标准厚度，这种问题表面上似乎不会导致重大问题，但是这将在沉箱安装完成后慢慢凸显其弊端，厚度过大会使得预留沉降量受到影响，进而使沉箱出现滑移、松动等各类问题。

（5）后期抛填的方式和速度不符合要求会导致码头向海侧的倾斜角度超过设计图中的范围，进而使沉箱的位置在使用过程中发生变化。

（6）对码头胸墙的沉降位移控制不当，较大的误差会使得沉降位移的分布均匀度大大降低，导致相邻的胸墙之间出现无法弥补的高度差，进而导致裂痕的出现。

（7）竣工之时轨道的位移、沉降等问题时有发生，导致码头无法满足使用需求。

三、质量监控工作

（一）沉箱预制的质量控制方法及途径

在材料以及施工人员动工之前，必须根据现有的地段预留出预制场地，以备沉箱预制工作之用。

预制沉箱的过程中，材料的遴选工作十分重要，将关系到沉箱的质量和耐用程度，所以其中的钢筋、沙子以及水泥等都必须选择最优质的，同时混合比例也要保持在最佳。

一般来说，在预制的过程中，分层预制是最为常见的一种形式，由于大部分码头动工之前并没有实际的操作经验，所以在这一环节中我们需要通过一些典型的施工案例获取基本经验，防止混凝土出现不可挽回的问题，导致成本增加。此外，预制工作中的核心步骤就是处理分层接缝，当混凝土初步经过冷却并且凝固的过程中，应该在混凝土的表面进行缓凝剂的喷洒，并且随着凝固程度的不断加深而补充缓凝剂，最后用高压水枪进行冲毛处理。这样一个方法，不但能够完全清除掉混凝土接茬面的水泥乳化层，直到混凝土表面的碎石露出三分之一的高度时，还能保证混凝土不会在这一过程中被冲散。而在浇筑上一层的混凝土之前，必须先要用淡水把混凝土接茬面进行充分的湿润，达到"饱和面干"的标准，得以让新旧混凝土充分结合。

（二）基槽开挖的质量控制方式

基槽是所有码头施工过程中的第一步，也就是基本单元，码头的运输能力以及质量都与其有着密不可分的联系。因此，基槽的开挖过程每一步都必须要按照标准流程执行。如果要求的基槽其深度和面积超过单元范围，那么此时我们则应当使用分层分条开挖的方式来达到其目的。

基槽的质量与其土质也有密不可分的联系，如果在挖掘过程中土质与预期的不同，则需要当机立断地对相关人员报告，防止出现损失。

基槽内部淤泥回流的问题十分常见，且不易做补救措施，所以对此，很多操作规范中都明确表示，为了防止基槽中的淤泥回流，港池的标高必须大于基槽的标高。这一点在大型重力式沉箱码头施工工作进展的时候则更需要注意，如果主观与客观条件允许，那么最好采取平行施工的方式保证其高度差，如果无法满足平行施工的要求，则需要在施工前进行严格的计算防止外部淤泥对基槽造成损害。

基槽边坡的坡度大小与其后期的稳定性之间有密不可分的联系，因此，边坡施工的过程中"下超上欠，超欠平衡"这一原则必须严格遵守，与此同时，为了保证其结构的稳定性，我们可以适当地结合台阶式这种开挖方法，达到综合效果。

（三）基床抛石、夯实的质量控制方式

在基床抛石动工之前我们必须做一些相应的准备工作，那就是要检查并且确定基床的长宽比，如果发现基床长宽比的变动幅度较大，那么要马上制定相应的补救措施。假如基槽所沉淀的淤泥含水率在150%以内，那么简单的清除工作就可以达到补救效果。

基床抛石除了会受到施工人员操作标准的影响之外，还会受到自然界中水、

风以及各种气体的影响，所以，在投入施工之前我们必须对抛石的相关参数了然于胸，才能正确开展其工作。

基床夯实之前的准备阶段主要指的是基床的整平工作，一般来说，高度差要小于 3 厘米才为最佳。

（四）沉箱安放的质量控制方式

对沉箱质量进行检查和修复是沉箱安装之前最重要的一项工作，特别是进水阀门要格外注意，因为阀门质量的好坏将直接决定沉箱的隔水，一旦稍有不慎就会出现渗水、漏水等各种质量问题，降低其浮游稳定性。

沉箱安装完毕之后抛填工作要即刻开展，不得延误，否则水流和气体将会是沉箱的位移发生偏差，造成损失。

（五）后方棱体抛填的质量控制方式

后方棱体抛填工作同样需要准备阶段，在这个阶段，我们主要需要勘探沉箱当前的状态是否趋于稳定，再就是有无淤泥沉淀和堆积。

抛填的实际施工情况和设计图纸会有一定的出入，这是非常正常的现象，我们按照实际数据合理地进行抛填即可。

（六）优化施工方案

优化方案的目的不外乎有二，一是为了提高施工质量和效率，二是为了降低施工成本，不论基于哪一种出发点，优化工作都必不可少。只有根据实际情况不断地调整方案细节，才能最大限度地提高方案的实用性和科学性，并且降低成本。

重力式码头未来将是我国各大码头中的领头羊，它结实耐用，而且灵活多变的优势正在渐渐地凸显出来。所以，如果能够把这种类型的码头施工技术有效应用，那么将在国际市场中占据非常具有优势的战略地位。在提高施工效率的同时，通过提高质量标准，加大监管措施等各种方法保证码头质量，从根本上提高我国码头的市场竞争力，为国民经济做出更大的贡献。

第三节　践后总结

一、关于井位偏差超标后的处理建议

沉井下沉至设计高程后，新旧《验标》对于允许偏差和检验方法规定汇总如下。

（1）旧验标（2004年1月1日废止）的规定：

第7.2.5条规定，沉井下沉至设计高程后的允许偏差和检验方法应符合规定。当倾斜度或位移超过规定，但经设计单位验算，尚能符合设计要求时，该沉井的下沉工作仍可评为合格。

（2）新验标（2004年1月1日施行）的规定：

第7.2.9条规定，就地制作沉井下沉至设计高程后，允许偏差和检验方法应符合规定。

1. 沉井井位超标与施工质量的界定

就地预制沉井由撤垫开始至下沉到设计高程，井位始终处于下沉与纠偏的动态之中，由于地质的复杂难测导致井位纠偏亦难于完全掌控，因而井位偏差超标在施工中时有发生，按新《验标》规定，井位超标属于沉井下沉质量不合格。因此，在施工决策上无论是再度纠偏利用或是纠偏未果报废均处于两难选择，纠偏困难是由于刃脚已达设计高程，井筒四周土壤约束较强，纠偏正位的结果难测；沉井报废的难处则在于若弃之不用从设计到施工难度更大，诸如：清除废井方法，若避开既有井位又涉及设计变更的梁跨和桥渡布置等。

面对井位超标的实际，建议仍按旧《验标》由设计验算沉井的结构质量及其使用上的功能状况作为最终的质量判定，以体现新《验标》的刚柔并进，既要严格标准，又能在满足设计功能的前提下灵活运用。

2.井位超标的处理建议

（1）准确测定实际井位。

沉井就位后底面和顶面 x、y 轴坐标、z 轴倾斜方向和倾斜度等三维坐标测定后，与允许偏差值对比，求出井位实际的超标量值。

（2）准确判定工程部位、结构和施工阶段的属性。

由于井位超标的质量失格，属于沉井分部工程中 5 个分项工程（模板与支架、钢筋、混凝土、下沉、清基和填充）中的下沉，而沉井制造、钢筋和混凝土等结构质量仍属合格，清基和填充属于尚未施工的后续分项工程。

（3）采用旧《验标》设计验算的规定。

沉井井位超标对于工程投产运营的质量、安全和使用功能的影响，应根据井位实际的超标量值等情况，建议仍采用旧《验标》第 7.2.5 条的规定，当倾斜度或位移超过规定，但经设计单位验算，尚能符合设计要求时，该沉井的下沉工作仍可评为合格。

若此，对新《验标》而言，既有刚性规定，又有弹性的符合设计结构要求的技术变通，在严格执法与符合设计要求之间，也建立了一条科学互动、求真务实的沟通管道。

④严格质量标准与控制井位：

不能以符合设计要求为由疏于施工中沉井纠偏的力度和标准。新《验标》的井位允许偏差是施工质量控制的底线，因为一旦突破底线导致质量失控，不符合设计要求，其严重的质量后果是可想而知的。

二、沉井水下混凝土封底的工艺要点

锦承线老牛河桥（1962—1963 年）水害复旧工程，设计桥墩基础为 5m+6m 两节圆形沉井基础，沉井施工采用抓泥斗带水开挖下沉、竖向导管水下混凝土封底。封底时水下混凝土通过导管灌入井底后，井内积水顺管底又重返导管的情况时有发生，导管进水，封底失败，只能返工再行二次封底，有时需重复 2 ~ 3 次才能成功。

1.水下混凝土封底失败原因

通过分析总结历次失败教训后认为，导管进水主要原因在于水下混凝土在导管出口四周未能形成足够的埋深由于埋深不足，难以平衡导管内、外的水头压差，故而导管外（井内）的高水头穿透致使导管进水。欲使埋深反足够，则有赖于自导管内溢出的水下混凝土，在井底形成稳固的圆台几何体。综上，封底启动时的储灰量不足，导管四周形不成足够的埋深是历次封底失败的主要原因。因而要求封底启动时的储灰：在数量上确保井底形成埋深导管高度为 H 的圆台体；在灌注工艺上确保封底启动后的全部储灰能够连续不断地沿导管灌入井底，使其尽早形成埋深为 H 的圆台体，简言之：储灰足够、连续灌注、导管。

2. 水下混凝土沉井封底的相关参数

通过多次实践测试，对于水深 10m 沉井水下混凝土封底的坍落度为 16 ~ 20cm 时，混凝土在水下流动坡度为 1 ： 5 ~ 1 ： 8；导管内径为 29cm 时，其作用半径 R=3 ~ 4m；导管埋深 H=40 ~ 60cm 时，即可平衡导管内外的水头压差。

3. 沉井封底工艺演练

沉井封底具体的操作工艺也是封底成败的另一关键，例如配合下灰时导管的升与降、储灰的供给与连续、操作人员的岗前培训与定位，以及指挥得当、配合协调等均需事先准备充分。

第五章　沉入桩基础

第一节　工艺流程和施工质量重点提示

沉入桩所用的基桩主要为预制的钢筋混凝土桩和预应力钢筋混凝土桩。断面形式常用的有实心方桩和空心管桩两种，方桩尺寸为 30cm×30cm、30cm×35cm、35cm×35cm、35cm×40cm、40cm×40cm，桩长为 10～24m。管桩（包括钢筋混凝土和预应力钢筋混凝土）一般由工厂以离心成型法制成。目前成品规格：管桩外径 40cm、55cm 两种，分为上、中、下三节，管壁厚度为 8～10cm。

近年来发展的 PHC 高强预应力钢筋混凝土离心管桩已在工程上广泛应用，上海市延安东路高架道路与外环快速干道等工程均有采用。PHC 离心管桩系工厂化生产，制桩标准化程度高，具有混凝土强度高、施工连贯性好、穿透力强、耐久性好及造价低等特点，且桩型、桩长可根据用户要求及施工情况灵活选配和调整。同时 PHC 管桩的桩尖可按场地土质类型选用开口式或闭口式，其中开口式可减少打桩过程中外排土量，从而减轻对周围建筑物和地下管道、管线等的挤压效应。

制作钢筋混凝土桩和预应力钢筋混凝土桩所用技术应按现行《公路桥涵施工技术规范》处理。此外，还应注意以下事项。

（1）钢筋混凝土桩内的纵向主钢筋如需接头，应采用对焊接头。

（2）螺旋筋或箍筋必须箍紧主筋，其与主筋交接处应用点焊焊接或用铁丝扎结牢固。

（3）预应力钢筋混凝土桩的纵向主筋采用冷拉钢筋且需焊接时，应在冷拉前采用闪光接触对焊焊接。

（4）桩长增加采用法兰盘连接时，法兰盘应对准位置焊接在钢筋或预应力钢筋上；对先张法预应力钢筋混凝土桩，法兰盘应先焊接在预应力钢筋上，然后进行张拉。

（5）混凝土应由桩顶向桩尖方向连续灌注，不得中断。

（6）桩的钢筋骨架（包括预应力钢筋骨架）允许偏差应符合规定。

钢筋混凝土桩的预制要点：制桩场地的整平与夯实；制模与立模；钢筋骨架的制作与吊放；混凝土浇筑与养护。间接浇筑法要求第一批桩的混凝土达到设计强度的 30% 以后，方可拆除侧模；待第二批桩的混凝土达到设计强度的 70% 以后才可起吊出坑。

预制桩在起吊与堆放时，较多采用两个支点。较长的桩也可用 3 ～ 4 个支点。支点位置一般应按各支点处最大负弯矩与支点间桩身最大正弯矩相等的条件来确定。起吊就位时多采用 1 个或 2 个吊点。堆放场地应靠近沉桩现场，场地平整坚实并备有防 7k 措施，以免场地出现湿陷或不均匀沉陷。当预制桩长度不足时，需要接桩。常用的接桩方法有法兰盘连接、钢板连接及硫黄胶泥（砂浆）连接等等。预制桩的混凝土强度应满足设计要求。预制桩的制作应符合下列要求。

（1）桩的表面平整无蜂窝，麻面深度不得超过 15mm。

（2）桩的棱角碰损深度应在 10mm 以内，其总长度不得大于 50mm。

（3）桩顶与桩尖均不得有蜂窝和碰损，桩身不得有钢筋露出。

（4）预应力钢筋混凝土桩不得有裂缝，钢筋混凝土桩桩身收缩裂缝宽度不得大于 0.2cm。横向裂缝长度，方桩不得超过边长的 1/2，管桩和多角桩不得超过直径或对角线的 1/2；纵向裂缝长度，方桩不得超过边长的 2 倍，管桩和多角形桩不得超过直径或对角线的 2 倍。

（5）预制桩出场前应进行检验，出场时应具备出场合格检验记录。

沉桩顺序应根据现场地形条件、土质情况、桩距大小、斜桩方向、桩架移动情况等来决定，同时应考虑使桩入土深度相差不多，土壤均匀挤密。

一、桩基础施工概述

桩基础是一种深基础，是由桩基和与之连接的承台共同构成的结构。桩基础是上层建筑物与地基的连接构件，主要功能就是把上层建筑物的荷载更好地传递到下层地基中，以达到提高上层建筑稳定和抗压、抗剪切的力学实际效果。本章从桩基础的施工方法角度探讨基础桩型的施工工艺。

总的来说，桩基础施工方法主要可以分成预制桩和灌注桩两大类。预制桩也称为沉入桩，要求工作人员在工厂里或施工现场先把桩制作完毕，然后挖孔把桩埋入孔中；灌注桩则是要求工作人员先把孔挖好，放下钢筋笼，接着把水泥灌注进孔形成桩基础。

二、桩基础类型和施工工艺

（一）预制桩基础施工工艺

预制桩的工艺其实质就是在工厂或施工现场先制作好桩体，然后在施工现场挖孔，通过各种方法把制作好的桩放入挖好的孔内。沉桩具体分为以下几类。

1.打入桩

打入桩就是使用锤击或者振动的方法把已经做好的桩体打入设计好的土层位置，打入设备一般有蒸汽锤、柴油锤及振动桩锤等。当施工现场地质条件不好，如场地中有较坚硬的土层时，人们可以考虑采用辅助沉桩法，使柱沉入土中。

2.静力压桩

静力压桩就是利用机械的自重和机械的冲击力把预制好的桩体打入设计好的土层位置。静力压桩具有噪声低、振动小等特点，非常适合在城市或居民区旁边施工，该施工方法可以在不扰民的情况下完成施工，不仅大大降低了施工环境的干扰，还能缩短施工周期。但其独特的施工方式也会导致其沉桩能力弱于打入桩，这种施工方法通常适用于桩体承载力要求不高的情况。

3. 螺旋桩

螺旋桩就是利用螺旋钻头把已经做好的桩体打入设计好的土层位置。因为该方法是通过螺旋钻头进行土层掘进的，所以设备对周围土层的扰动比较大。

4. 振动沉入桩

振动沉入桩顾名思义，就是使用振动沉桩机械的上下振动把已经做好的桩体打入设计好的土层位置。

5. 水冲沉桩

水冲沉桩是利用加装在桩体内部或是桩体两侧的由外部水泵提供压力的高压水流来辅助桩体进入桩孔。其目的是利用高压水流减小桩侧阻力与桩头阻力，便于锤击入孔。

（二）沉桩机械类型

预制桩的施工方法都有其固定特有的施工工艺和施工设备。以下是工程项目中常用的沉桩机械类型及其适用性能。在预制桩的施工中，施工设备的不同是区分各种类型施工工艺最有效的方法，而且不同的设备和不同工艺也会带来不同的施工效果和施工使用条件的差异。

1. 坠锤

桩基材料为木质或是断面比较小的混凝土桩，并且土质条件为一般黏性土、砂类土，含有少量砾石土的情况下，则更适合使用坠锤施工。坠锤不仅使用起来比较方便，还可以调整落距，使落锤的冲击力可大可小，但也存在速度慢、效率比较低的问题。

2. 单动汽锤

单动汽锤由汽缸和活塞组成，汽缸提升靠蒸汽或压缩空气，控制配合阀便能使汽缸提升或下落，依靠汽缸的自重来打桩。单动汽锤适用于打各种桩，由于其构造简单、机械化程度较高，使得它施工高效且适用范围较为广泛，但是由于施工是通过不断锤击桩头下沉，破坏了土体的静态平衡状态，还伴随有噪声和振动较大等公害，因此对施工环境有所要求。

3. 双动汽锤

双动汽锤区别于单动汽锤，它由加重的柱塞作为锤头，打桩时不仅利用机械的自重打桩，还利用了蒸汽或压缩空气作为第二动力，故称为双动汽锤。它也适用于各种不同的桩，如斜桩、水下打桩，并可用作拔桩机。相较于单动汽锤，它的冲击力更大，施工效率更高，随之带来更大的振动和噪声，并且双动汽锤的重量更大，移动不是很方便。

4. 柴油打桩机

柴油打桩机主体也是由汽缸和柱塞构成的，它利用燃油能量推动活塞上下运动而锤击沉桩。它可用于打各种桩和钢板桩，但不适用于过软或过硬的土质。柴油机锤击桩的优点是移动方便、能源消耗较小、动力输出较大。

5. 振动打桩机

振动打桩机适用于各种打桩方式，尤其适用于松散砂土、亚黏土、黄土和软土，但不适用于密实黏性土、风化岩、砾石，这类社会大大降低其施工效率，而且成效较差。它具有快速的打桩下推速度，简单安全的操作过程，并且能辅助拔桩。

6. 静力压桩机

静力压桩法施工是通过静力压桩机的自重和机架上的配重提供反力而将预制桩压入土中的沉桩工艺。静力压桩通常适用于高压缩性黏土层或砂性较轻的软黏土层或覆土层不厚的岩溶地区。它的优点是噪声低、振动小，非常适合在城市或居民区旁边施工，该施工方法可以在不扰民的情况下完成施工，大大降低了施工环境干扰的同时也缩短了施工周期。

（三）灌注桩的施工工艺

灌注桩的施工是在施工现场设计好的打桩位置上通过机械或者人工的方式成孔，接着放入用于加固和固定的钢筋骨架，然后再往孔内注入混凝土，待其固化后形成桩体。灌注桩施工工艺又可分为以下几类。

1. 挖孔

可采用人工或机械开挖。挖孔时，每挖一段就要形成一圈混凝土挡土墙或用砌体砌筑的挡土墙。当达到要求深度后，进行扩孔，放入钢筋笼，浇筑混凝土。挖孔的优点是可以直接观察地层，容易清理，设备简单，噪声低，各种类型的桩可以同时建造，桩直径大，适应性强，也比较经济。其中正、反循环钻孔灌注桩由于其噪声小、振动小、成孔速度快这些优点得到了施工项目队的广泛应用，也得到了施工单位的高度重视。

2. 锤击或振动钻孔

在孔内浇筑上混凝土，最后拔出套管。它可打入硬塑土层或中粗砂层。这些桩基类型具有施工机械简单、施工速度快、成本低的优点，但缺点是容易出现颈缩（桩身截面局部缩小）、桩体破损、局部污泥吸收、混凝土离析及桩体强度不足等问题。

3. 振动沉管灌注桩

在钢管底部设有一个活瓣桩尖（沉管时桩尖关闭，拔管浇筑混凝土时打开阀门）。不过振动沉管灌注桩锤击沉管灌注桩地灌入力度要低，承载力也要低。

4. 钻孔（冲孔）灌注桩

钻孔灌注桩是在地面设置好的位置上直接钻一个孔，利用机械把桩孔位置中的土都清除干净，接着再次确认孔内残渣清除工作，然后把钢筋笼放入孔内，最后浇筑混凝土。钻孔（冲孔）灌注桩具有承载力高、桩身变形小的特点。

大部分灌注桩的施工都具有承载力高、沉降比较小、稳定性好的特点，最关键的是灌注桩的施工能适应多种环境条件、成本比较低，因此被建筑施工项目广泛应用。但是灌注桩的施工也经常出现一些比较严重的质量问题，如断桩、桩底沉渣、桩体离析、桩体扩径或缩径等工程事故。不仅造成了经济财产的损失，还对人民的生命安全构成威胁。

本文主要概述建筑施工的桩基础施工方法，并以成桩方式把桩基础分为预制桩和灌注桩，介绍了其中比较常用的几种桩基础施工方法。桩基础的施工主要着眼于施工建筑的要求、地形地质的特点与条件限制，根据这些内容选择合适的桩基础施工方法对施工质量和经济效益会有很大的帮助和提升。本文主要分析了在土木工程施工中几种桩基础施工工艺及常见的桩基础施工设备。对于施工人员来说，严格按照桩基础施工方案施工，以及增强安全施工意识，严格遵循施工流程，在保证建筑地基基础和桩基础施工质量的同时，不断提升工程的施工效率，也是施工单位不可忽视的重要改进方向。

第二节　岩溶地区钻孔桩

岩溶地区溶蚀作用的变化情况会随着时间的推移扩大溶洞的规模。由于岩溶地区地质的不稳定性，受外界因素影响颇大，在此地进行施工，桩基施工的难度过高，常常会出现一些卡钻、塌孔等情况。若是对该种情况不重视，很容易出现意外事故。针对当前所出现的问题，要以岩溶发育地区的地质条件作为着手点进行分析，引进先进的技术对岩溶地区的工程项目进行技术优化，增强周边支护结构的稳定性，制订有效的溶洞处理方案，推动岩溶地区施工项目的顺利开展。

一、目前岩溶地区钻孔桩基础施工中存在的主要不足

从岩溶地区的地质分布来看，同一施工场地内相近位置的土层分布不尽相同，从而增加了桩基施工的难度。目前，在相关工作中普遍存在设计深度不够，施工处理方案单一，施工人员专业水平有待提高等问题。本文主要针对以下 3 个方面进行全面的解析：首先是在施工中对岩溶的分类进行分析；其次是常见溶洞类型的处理措施；最后从组织措施及管理方面进行相关论述。希望通过这些分析可以为日后的工程项目提供更好的理论支持，能够提供更多可选择的措施。

二、岩溶类型分析及对钻孔桩基础施工的影响

（一）岩溶的分类

根据岩溶的填充特点，可以分为充填型、半充填型和无充填型；根据岩溶垂向分带个数分为单个溶洞和多层溶洞；

根据岩溶大小可以分为大溶洞（溶洞高度＞3m）和小溶洞（溶洞高度＜3m）；根据是否漏水可以分为全漏水溶洞、半漏水溶洞、不漏水溶洞。岩溶的分类多种多样，对此，本文主要根据岩溶的演变发育分为以下4种：1）地表水会沿着灰岩内的裂隙面发生溶蚀，最终在时间的推移下转变成石柱或石笋；2）地表水会沿着灰岩内的裂隙面向下渗流，慢慢形成落水洞；3）落水洞的地下水含水层会发生横向移动，形成岩溶洞；4）地下洞穴塌陷后形成的岩溶洞。

（二）岩溶对桩基施工的影响

岩溶地区出现岩面不平整主要源于该地区的岩面倾斜、风化差异大等情况。若是该情况不被重视，施工时会导致钻头或冲锥移位，致使冲击时的能量损耗过大，发生一系列的施工安全问题。部分地区的岩溶发育区溶洞密集性强，各个溶洞相互交杂、填充，故一旦在钻孔时击穿过溶洞，会出现岩溶地区的漏浆塌孔等情况，严重时还会出现地表局部的坍塌风险。溶洞顶板的击穿会有一定的卡钻风险，如果在该情况下完成混凝土灌注，会使混凝土直接流入溶洞中，致使规模较大的溶洞地质条件很难形成灌注桩。

三、岩溶处桩基的处理措施

针对不同的岩溶类型，应采取不同的处理措施，桩基在溶洞地层的钻孔施工。建议根据溶洞的类型采用填充片石黏土、钢护筒跟进法施工方案，综合岩溶地区地质条件的复杂性，岩溶地区的施工指导性方案可根据施工现场实际情况进行调整。

（一）填充法

采用黏土和片石填充适用于溶洞高度小于 6m 的情况，片石与黏土可按 1∶1 的体积比回填，溶洞较大时，可加入部分水泥砂浆，当钻孔内发生漏浆时，先对该区域的不平整区域预先回填 1～2 层水泥砂浆，再用钻头对其冲击 1 遍即可确保周边地区的片石和黏土密实统一，确保回填面距离顶部 1～2m 为止。在溶洞完成回填后，要向钻孔内注入水泥砂浆，使其可以慢慢地浸入片石缝隙中。若一些地区无法靠自然力浸入缝隙内，可利用钻头冲击的方式将其直接挤入溶洞，确保周边形成一层保护膜。对于大面积的溶洞，应用填黏土和片石很难了解到的孔隙变化情况，故要对成孔区域采用灌注低标号混凝土对其进行处理。此外，还需要将混凝土通过导管直接灌入孔隙内部，确保混凝土可以直接灌注到溶洞顶 1m 以上的位置，等到混凝土施工强度达到一定状态后再对其进行工程施工。

（二）护筒跟进法

当溶洞高度不一时，可应用钢护筒进行钻孔，应用片石、黏土块等对该区域进行封堵。而某些特殊形态的溶洞，则应根据实际情况采用多层次的钢护筒进行钻进行处理。钢护筒应用一些高质量的钢板制作，确保其在厂家生产之后应用机械集中卷对其进行工程加工。施工时，先将桩径扩孔 10cm，正常钻进溶洞上方约 1m 处，采用汽车吊辅助振动锤等打入设备，将钢护筒分节打入土层中至溶洞底。钢护筒跟进工艺流程：场地平整、定位→埋设外钢护筒→冲孔至溶洞顶→下放内钢护筒→正常成孔至桩底标高（终孔）。岩溶处理预注浆法施工步骤为：先在每个桩基周围均匀布设 6 个注浆孔，注浆孔从地面钻孔（钻孔直径 D=108mm）至桩底，钻孔长度为从地面到桩底，钻穿顶板后用直径为 89mm，壁厚 3.5mm 的钢花管打入溶洞底部。钢花管采用在无缝钢管上钻孔制作，注浆材料采用 42.5R 级普通硅酸盐水泥，水灰比为 1∶1。水灰比根据现场情况可做适当调整。为防止注浆过程中浆液流失过快，浆液采取 1∶1 水泥浆，并掺加早强剂及增稠剂（5%～6% 的膨润土）。对于填充物较少或溶腔较大的溶洞，可先通过钻孔向溶洞内填充黄沙，待溶洞填充满后再进行注浆加固。

（三）施工注意事项

1. 斜孔、弯孔的防治

在对周边的基岩进行冲击的过程中，要考量搭配基岩埋深、溶沟、溶槽等施工中会涉及的特殊地质。一旦遇到该种类别的地质，需要放慢冲击速度，依据现场实时调整冲击频率，维持低频率、小落距。回填硬质片石时，应用低锤密击有利于避免偏锤孔斜现象，配制适量低标号混凝土回填斜孔或弯孔处，待混凝土强度提升，符合施工作业后才可再次被冲击使用，确保孔位偏差慢慢减小。

2. 埋锤、卡锤的防治

进行埋锤、卡锤的防治时，要根据收集到的地质数据信息制定措施，实时调整冲程和速度，确保该地区的泥浆浓度符合规定，减小塌孔出现的概率。一旦发现岩溶洞隙，要向其中填入一定量的块石和碎石，确保洞隙处被充实，溶洞施工区域要应用钢丝绳紧绷锤子，降低击打时出现的冲程，主要源于岩溶地区施工的特殊性。此时，需要及时地关注钢丝绳的变化情况，判断钢丝绳是否会出现斜孔问题。如果是由于一些意外事故出现埋锤、卡锤、掉锤等意外事故，不可以盲目将锤子拔出，要在分析其实际原因后再采取针对性的举措。若卡锤现象出现在沙砾层，可以通过冲、吸等方法对其综合处理，使冲锤周边地冲碴不断松动并掉落，等待合适的时机顺利提锤。需要注意的是，一旦出现塌孔埋锤现象，施工单位要配置大直径的冲击锤，将其用于清理周边地区的杂质物，再确保原锤与孔壁分离即可。

（四）灌注问题处理

采用灌注混凝土处理溶洞时，混凝土的灌注量与桩孔径大小息息相关，但过多的混凝土会增加混凝土用量，并且在施工过程中，灌注阻力的变大直接降低了混凝土的和易性，致使其出现堵塞导管、漏斗的情况，甚至危害工程的安全性。此时，要提高设备起重承载力，使其直接应用漏斗加混凝土。若是起重承载力不足，会导致施工出现晃动情况，故应当应用卷扬机拉紧漏斗，使混凝土直接灌输到孔底即可。灌注混凝土时，会出现不连续情况，故要有效做好水下导管的设计。

在整体工程施工完成后，施工人员应当了解当地的孔口地返浆情况，规避后期的灌注不密实情况。为增强该地区的灌注密实度，应有效减小漏斗高度落差，防止其出现桩孔坍缩等意外情况。但是，根据实际的工程施工需求，应当确保每根灌注桩的混凝土灌注时间少于8h，灌注高度大于10m。

四、针对岩溶地区桩基施工人、材、机的管理

（一）设计阶段的把控

在设计前期，应收集翔实的地勘资料，在公共建筑中提前进行超前钻，为设计提供尽可能准确的地勘资料，有助于桩基结构的安全设计及施工造价的把控。对此进行简要分析：

（1）明确工程施工要求，了解每一个地区的桩基施工规范，制定适合当地施工的施工计划以及举措，待相关工作者核实之后，直接进行下一步操作；（2）制订施工计划后，要对桩基的情况全面分析，应用计算机设备采集相关数据信息，了解岩溶洞的一些基本情况，经过长期性的分析与检验之后制订游戏计划；（3）对不同地区的桩基位置做好核实，一旦发现信息数据存在差异，要聘请专业设计单位以及监理单位做好现场情况的重新核实。

（二）相关的技术人员职业素养提升

在岩溶地区桩基施工中，工作人员的综合素养与其施工质量息息相关。因此，培养高素质的、专业性强的技术人员的十分重要。但就当前的社会发展过程情况可知，这类人才极度缺乏。故管理者必须重视对专业技术人员的培养，引进更多的专业人才加入岩溶地区桩基施工团队，确保工程施工的质量。当前，各类专业技术人员的水平参差不齐，各种施工质量问题屡见不鲜。为了从根本上解决问题，可以通过诸多途径进行专业人才的培训和培养，通过多种渠道、多方式吸引人才，聘请专业的讲师进行知识宣传。另外，还要定期或者不定期地对施工人员进行考核，使施工人员主动地利用闲暇时间进行专业知识学习，从而不断提升自身的综合素养和技术水平。

（三）关键的机器设备的提档升级

在岩溶地区桩基施工技术的使用过程中，对设备的要求十分高，但目前行业发展过程中，某些机器设备的配备难以满足施工需求，直接影响了施工质量。为进一步保障行业的发展前景，要不断更新相关的机器设备，对设备进行升级，确保使用最优的工程施工工艺。目前，我国岩溶地区桩基施工的技术水平比较落后，设备的更新与升级速度慢，导致施工问题屡见不鲜。如果不能保障机械设备的购置，很难开展工程施工。故在后续的行业发展中，要重视机器设备的引进，提升对岩溶地区桩基施工质量和水平。

式开始，后续则需要做好项目的日常管理工作，及时发现并解决政企分歧。为达到此目标，则需要对项目的投资、运营等方面的内容采取动态化调整措施。根据项目特点采取专业的履约管理手段，在发现问题后及时做出调整，最大限度地减小偏差，以客观的方式评估项目执行阶段所取得的成果。若处理后仍存在问题，则需进步调整并在此给予评估，按照此方式循环推进，促进 PPP 项目的高效发展。

（四）适用增值税税率

根据《财政部税务总局关于调整增值税税率的通知》（财税〔2018〕32 号）的相关规定，纳税人发生增值税应税销售行为或者进口货物，分别由原来 17% 和 11% 的税率下调至 16%、10%，进一步考虑政府付费 PPP 项目的实际建设状况，其增值税应税销售行为有以下 2 种。

1. 政府付费部分适用增值税税率

政府付费由可用性服务费及运维服务费两部分共同组成，其中以前者的占比较高，其通常以投资回报率等额本金为依据，在此基础上经测算确定当年的可用性服务费支付金额。在此方面，部分观点认为社会资本应当为政府提供金融服务，此条件下适用 6% 的增值税税率。

2. 经营性部分适用增值税税率

根据对使用者付费项目的分析，按经营性部分的服务性质（常见的有销售货物、旅游娱乐服务、文创服务等）分别适用特定的增值税税率。增值税属价外税的范畴，在此特性下组织 PPP 项目财务测算工作时，无论采用的是投资现金流量表、利润表或是其他形式，均根据不含增值税的价格进行计算，此时增值税自然不会通过财务报表反映。且在有争议的可用性服务费适用增值税税率中，投资内部收益率等指标均不会受到税率的影响，即二者具有显著的独立性，只是在财务计划现金流量表中反映，可根据此方面的情况对资金做出安排和运作行为。

综上所述，随政策、市场环境等方面的变化，PPP 项目正面临高风险发展时期，其间政企双方的矛盾随之彰显，对政企双方的工作方法提出更高的要求。鉴于此，本文则围绕 PPP 项目在执行阶段的重难点展开分析，根据现有情况提出解决办法，以提升 PPP 模式的应用水平并供同行参考。

第三节　施工质量控制措施

当建筑物荷载较大，地基上部土层软弱，浅埋扩大基础不能满足安全、稳定与变形要求时，常采用桩基础。目前，我国桥梁工程中常用的是沉入桩施工和灌注桩施工。

一、桩的制作

（一）预应力钢筋混凝土桩与混凝土桩的制作

预应力钢筋混凝土桩和混凝土桩的现场预制时，场地应平整、坚实，并应便于混凝土的浇筑和桩的吊运。制作混凝土桩和预应力钢筋混凝土桩时，主筋的设置宜采用整根钢筋，如需接长宜采用闪光对焊。主筋与箍筋或螺旋筋应连接紧密，交叉处应采用点焊或钢丝绑扎牢固。混凝土浇筑时，应保证浇桩地区的地面平整坚实，桩顶部 50 ~ 100cm 之间的混凝土，除箍筋加密外，应浇筑强度等级较高的细骨料混凝土。桩顶被锤击面必须与桩纵轴线垂直，桩尖四面应抹均匀，角度一致，斜面不得有鼓肚或凹口产生。同一根桩的混凝土配合比不能随意改变，并用搅拌机拌合，坍落度不宜为 4 ~ 6cm。浇筑混凝土时，每根或每节桩应连续进行不得中断，不得留有施工缝。当混凝土强度达到 25% 设计要求时可拆侧模；如无特殊要求，强度达到设计要求 70% 时可拆底模；全部达到设计强度时，方可使用。混凝土浇筑后应及时覆盖并洒水养护，养护天数按采用的水泥种类与气温而定，但不得少于 7d。制桩完成后，应在桩身逐根标明编号、浇制日期、混凝土强度等级及试件编号。

（二）钢管桩制作

钢管桩宜在工厂制作，制作钢管桩的材料应符合设计要求，并有出厂合格证明和试验报告。钢管桩的分段长度应满足桩架的有效高度、制作场地条件、运输与装卸能力。钢管桩可采用成品钢管或自制钢管。焊接钢管的制作工艺应符合有关规定。钢管桩的焊接应符合设计要求，设计无要求时，应注意：焊接前，将焊缝上下 30mm 范围内的铁锈、油污、水汽和杂物清除干净；对于焊丝、焊条和焊剂，应在焊前烘干；焊接定位点和施焊应对称进行。露天焊接时，应考虑由于阳光照射所造成的桩身弯曲；焊接完成后，应对每层焊缝进行检查，及时清除焊渣。钢桩位于河床局部冲刷线以下 1.5m 至承台底面以上 5 ~ 10cm 部分，应进行防腐处理。防腐前应进行喷砂除锈，达到出现金属光泽，表面无锈蚀点为止。运输、起吊、沉桩过程中，防腐层被破坏时应及时修补。

二、桩的运输与堆放

混凝土强度达到设计强度 70% 后，方能吊装运输。钢筋混凝土桩在起吊和堆放时，多采用两个支点，桩较长时采用 3 ~ 4 个支点，支点的位置按支点最大负弯矩与跨中部最大正弯矩相等的原则确定。采用 3 个及 3 个以上吊点时，通常每两个吊点用 1 根千斤绳。预制桩吊立于打桩架时，多采用一个吊点，较长的桩可采用 2 个吊点。桩搬运时，其支点位置与吊点位置相同。堆放场地应平整坚实，防止支点发生不均匀沉陷。堆放支点与吊点位置也相同，多层堆放时，各支点垫木应均匀放置，各垫木顶面应在同一水平面上。在吊装、运存过程中，因弯矩过大造成开裂的钢筋混凝土桩应作报废处理，不得用于基础施工。桩的堆放场地应平整坚实，排水通畅，堆放时，混凝土桩的支点应与吊点上下对准，堆放不宜超过 4 层；钢桩的支点应布置合理，防止变形，堆放不得超过 3 层。并应采取防止钢管桩滚动的措施。

三、锤击沉桩施工

（一）施工准备

沉桩前，应对桩架、桩锤、动力机械、射水管路、蒸汽或压缩空气管路、电缆等主要设备部件进行检查。沉桩前还应对混凝土预制桩进行检查，其强度应达到设计要求。另外，开锤前应检查桩锤、桩帽或送桩与桩的中心轴线是否一致。在松软土中沉桩，将桩锤放在桩顶上时，为防止下沉量过大，应先不解开钢丝绳，待安好桩锤再慢慢放长吊锤和吊桩的钢丝绳，使桩均匀缓慢地向土中沉入。同时还要继续检查桩锤、桩帽或送桩的中心是否同桩的中心轴线一致，桩的方向有无变动，随时进行改正。经检查无误后即可进行锤击。

（二）沉桩方法

锤击沉桩的施工方法包括由一端自另一端顺序打、由中间向两端打、由两端向中间打和分段打桩。由一端走向另一端顺序打桩便于施工，应用较多，一般当桩数不多、间距较大、土不太密实、桩锤较重时，可采用此顺序打桩。由中间向两端打桩可避免因中部土壤被挤紧而造成打桩困难的现象，一般在基坑较小，土质密实，桩多、间距小的情况下采用此顺序打桩。由两端向中间打桩可使土质越挤越紧，增加土的摩擦阻力，充分发挥摩擦桩的作用，适用于较松软的土中打摩擦桩。分段打桩可解决后打桩不易打入的问题，且土壤挤出也比较均匀，可在基坑较大，柱数较多的情况下采用。

（三）施工要求

沉型钢桩时，应采取防止桩横向失稳的措施。当沉桩的桩顶标高低于落锤的最低标高时，应设送桩，其强度不得小于桩的设计强度。送桩应与桩锤、桩身在同一轴线上。开始沉桩时应控制桩锤的冲击能，低锤慢打；当桩入土一定深度后，可按要求落距和正常锤击频率进行。锤击沉桩的最后贯入度，柴油锤宜为 1 ~ 2mm/ 击，蒸汽锤宜为 2 ~ 3mm/ 击。在沉桩过程中发现贯入度发生剧变；桩身发生突然倾斜、位移或有严重回弹；桩头或桩身破坏；地面隆起；桩身上浮的情形时应暂停施工，并应采取措施进行处理。

四、振动沉桩施工

振动沉桩法具有沉桩速度快，施工操作简易安全且能辅助拔桩的优点，适用于松软的或塑态的黏质土或饱和砂类土层中，对于密实的黏性土、风化岩、砾石效果较差，基桩入土深度小于 15m 时，单用振动沉桩即可，除此情况外宜采用射水配合振动沉桩。

（一）施工方法

振动沉桩施工应考虑振动对周围环境的影响，并应预计振动上拔力对桩结构的影响，每根桩的沉桩作业应一次完成，中途不宜停顿过久，开始沉桩时，应以自重下沉或射水下沉，将桩身稳定后，再采用振动下沉。吊装振动沉桩机和机座与桩顶法兰盘连接牢固。在自重下沉或射水下沉至缓慢甚至不下沉时，开动振动沉桩机并同时射水，以振动力迫使管桩下沉。振动持续一段时间后，当桩下沉至再次趋于缓慢或桩顶大量涌水时，停止振动，只采用射水冲刷。经过相当时间射水后，再行振动下沉。如此交替下沉，沉至接桩高度时，拆去振动打桩机及输水管，在接桩的同时接长射水管，再装上振动打桩机，然后继续沉桩。当管桩下沉至距离设计标高尚有适当距离时，提高射水管，使射水嘴缩入桩内，停止射水，立即进行干振。将桩沉入至设计标高，并且最后下沉速度不大于试桩的最后下沉速度、振幅符合规定时，即认为合格，并拆除沉桩设备。基础内的桩全部下沉完毕后，为了避免先沉下的桩周围的土被后来沉桩射水破坏，影响其承载力，应将全部基桩再进行一次干振，使其达到合格要求。

（二）施工注意事项

在振动沉桩过程中，如发生贯入度发生剧变；桩身发生突然倾斜、位移或有严重回弹；桩头或桩身破坏；地面隆起；桩身上浮的情形或机械故障时，应立即暂停施工，查明原因并采取措施后，方可继续施工。

施工中出现的问题也各种各样，需要对症下药采取措施。相信随着工程实践的不断丰富，能为静压桩的发展提供更大的空间。

第四节　践后总结

北京枢纽原东北环线通惠河桥为三跨连续梁，墩台基础为 55cm 钢筋混凝土管桩，管桩下沉采用 6t 蒸汽锤锤击并辅以高压射水，桩尖置于砂夹卵石层。根据设计要求，由于超静定结构对于基础沉降的严格限制，施工前需要进行试桩和桩的静载试验，其中垂直静载试验用以确定桩的承载力和沉降量，水平荷载试验以确定桩的水平推力。

针对现行《验标》对于桩基础中的试桩、桩承载力和静载试验的规定，结合通惠河桥试验的具体实践和体会，对于试桩、桩的承载力及其检测方法、垂直静载试验以及关于试桩和静载试验的建议，将在本节中第一条至第四条予以简要介绍以供参考。

一、试桩

桩基施工前进行试桩的目的在于核证地质勘探资料和相关数据，用以获取符合桩基境域实际的技术参数，为设计和施工提供准确、可靠的设计依据和工艺参数。

试桩过程也是选择、检验、改进和优化施工设备的实际演练，为选择沉桩设备、确定沉桩工艺参数提供直接的经验和数据。

静载试验获取的试桩承载力（一般多指桩周阻力）常通过直接在桩顶加载取

得，并绘出荷载与试桩沉降关系曲线，这是目前确定沉桩承载力最直接、最准确的试验方法和手段。

试桩为确定桩长、承载力、沉降量提供的试验数据，是优化施工设计、保证工程质量最主要的技术依据。

根据试桩的施工参数和静载结果，对桩群中需要检验确定承载力的其他成桩，通过二者施工技术参数的对比，即可间接判定。

根据桩基的结构性质（静定或超静定）、重要性以及在复杂水文地质条件下建设规模较大的桩基工程，往往在设计时选择有代表性的地点、部位并结合其结构性质，在施工前搞少数试桩；而一般的普通结构、桩数较少的设计项目，可以间接获取设计参数的，一般不搞试桩。

试桩是勘察设计单位的工作内容。桩基要否试桩应由设计单位确定，对于试桩数量、形式（垂直或水平静载）、加载方法、地点、时限以及试验资料的共享，应在设计文件中明确并提出相应的具体要求。

试桩要纳入设计概算。试桩的全部工作内容应纳入建设项目的设计概算，作为施工企业制订施工作业计划的技术依据。

试桩应纳入施工计划。施工企业按设计要求应将试桩纳入施工计划，并在正式沉桩之前搞完试桩得出完整的试验资料，为优化施工设计、沉桩工艺提出准确可靠的数据支持。

二、桩的承载力及其检测方法

桩的承载力计算有二：一是按桩身材料强度，二是按桩周土的阻力或桩底土的承载力（强度），分别进行静力计算，取二者较小值作为控制设计和施工的技术依据。

1.按混凝土桩身材料强度计算的桩承载力

传统上采用桩芯取样检测桩身混凝土强度和完整性。由于科技的发展进步，目前则采用新的基桩检测方法，用以判明受检桩身完整性、承载力的检测和评定。

[详《铁路工程基桩检测技术规程》(TB10218—2008)]

2.按桩周土阻力或桩底土强度计算的桩承载力

目前仍采用传统的静载试验方法直接对桩加载试验确定其承载力。静载试验一般由设计单位提出，在试桩上进行。根据设计的具体要求，在基桩正式施工前的试桩上通过分级、分阶段直接加载，即可确定试桩的破坏荷载、极限荷载和容许荷载即桩的容许承载力。

若仅为检验基坑中个别成桩的承载力而专门进行静载试验者，在实践中并不多见，除非事先有计划并有特殊的技术需要。

三、桩的静载试验

1.静载试验的工艺要点和桩的承载力

直接在桩顶设千斤顶按桩的设计极限承载力分级、分阶段加载，观测记录该桩的沉降，待一个加载级地沉降稳定（休止）之后，再行下一级加载，直至桩周土的阻力或桩底土的承载力破坏（即荷载不增加、沉降仍然持续），此加载阶段即为桩的破坏荷载阶段。

根据静载试验的荷载与沉降曲线（P ~ S）选取比破坏荷载小一级的荷载，作为桩的极限荷载。极限荷载除以安全系数 K，即为桩的容许承载力。

施工图中标示的单桩设计承载力，是根据桩基静力计算结果且在试桩容许承载力范围之内的选取值（一般取整数），因而桩承载力的设计值应小于或等于桩的容许承载力。

综上，就桩的承载而言，有破坏荷载和极限荷载，桩的承载力则有容许承载力和设计承载力。桩的静载试验一般多在试桩上进行。

2.静载试验的种类和加载方法

（1）静载试验种类。

静载试验有垂直、水平加载以及桩的上拔力试验等 3 种，其中垂直加载试验较为常见，另两种试验较为少见。

（2）垂直加载试验。

垂直加载试验有平台式加载、重物千斤顶式加载以及锚桩千斤顶式加载等。

（3）静载试验的技术评估。

①静载试验地点靠近桥址的地质钻孔，与设计项目的境域实际相吻合，获取的试验资料是重要的设计、施工依据。

②静载试验可在桩顶利用千斤顶分级、分阶段循环加载，直至桩周土阻力或桩底土强度破坏，实测的荷载与沉降（F～S）曲线准确、真实、静载试验数据可靠，是目前检验单桩承载力、确定沉降值最直接的试验方法。

③静载试验事前准备工作量较大：

包括静载试验选点搭建试验棚、方案确定、加载设施的设计与加工、设备运输与安装、编制试验细则、计量工具标定和校正以及人员培训等。

④试验周期较长：日夜连续试验，垂直静载1根桩需7～10d。

⑤人员配置较多：三班作业，每班需2～8人（含电力工、机械工）。

⑥费用较高：材料、加工、设备安装、设备拆除以及设备租赁费等。

综上，静载试验适用于较大工程建设项目或重要结构，对于一般较小的建设项目则不尽适宜，静载试验应尽量在试桩上进行而不要在基坑中的成桩中进行（除非事先有计划或有特殊的技术需要）。

四、对于《验标》有关静载试验规定的探讨和建议

《验标》对沉入桩、钻孔桩分别在第6.4.3条、第6.5.19条规定，"桩承载力试验必须符合设计要求"，检验方法为"施工单位进行静载试验"。

按照《验标》的条文排序，上述两项规定均属施工质量检验的主控项目，成桩静载的对象泛指基坑中业已竣工就位基桩群中的成桩（1根或数根），对于成桩承力的检验采用静载试验的方法，无论从检验方法的规定及其技术上是否可行，均有商榷和探讨之处，因为静载试验本身应具备其必要的前提条件并符合相应的技术规定，否则难以实施，以下对成桩静载提出以下探讨意见和建议。

1. 成桩静载的前提条件

静载试验就是通过加载设施在桩顶直接加载，以获取该桩承载力及其沉降变形的方法，成桩静载亦不例外。

静载试验必要的前提条件是：必须事前明确检验对象（试桩或成桩的桩号或桩位）。而成桩检验承载力一般采用随机抽样确定，显然不具备上述的前提条件，故难以事前明确受检的桩号，并影响其静载试验的后续工作，如加载方法与设施准备、试验场地与平面布置、试验设备与校正等均无从下手也无法准备。

成桩静载同样需要事前的规划、设计和确定加载方案，并应纳入设计概算和施工作业计划。除非在技术上有特殊要求和需要，一般的工程建设项目不会在桩群的成桩中为检验承载力而专门搞静载试验。

2. 成桩静载应考虑的技术规定和方案的选定

（1）加载方式和桩群数量。

①打入桩桩基一般桩数较多，在基坑内采用锚桩式加载方案在技术上尚有可能（事前应明确静载的成桩桩号和桩位，以便统筹规划）。

②对于钻（挖）孔桩桩基，由于桩长、径粗且桩数较少，锚桩式加载则不宜，静载方案如何实施，在技术上需做大量功课。

（2）静载试验桩与锚桩或加载支架之间的距离要求。

若对基坑中桩群某根桩进行静载试验，试桩与成桩距有严格限定，目的在于试验结果的准确、可靠，这也是静载试验重要的技术要求和标准。

（3）静载试验的预期目标和加载吨位。

①打入桩桩径与设计承载力都较小，静载试验加载至桩周土阻力破坏即桩地破坏荷载阶段，一般在技术上问题不大。

②钻（挖）孔桩由于桩长、径粗，设计承载力较大，若加载至桩的破坏阶段，则需数百吨加载重物，重物的运输、加载布置、重物支撑和方案筹划等难度较大；若仅加载至设计荷载、未达破坏阶段，则桩的极限荷载和容许承载未知，充其量仅仅说明：静载加载至设计荷载时，该桩尚属正常，而这与静载的预期目标相距

甚远，对此应事先全面统筹规划。

（4）成桩静载的场地和空间。

在桩群基坑内的成桩静载，三种加载方式需要的平面场地和起重装吊的空间，均应符合试验和操作的技术要求，特别是对于水中或围堰内成桩的静载，其难度更非一般。

3. 关于静载试验的建议

（1）静载试验应在试桩上进行，桩群中的成桩则不宜。

试桩是否必要应由设计单位在文件中提出，施工单位据此进行计划安排、方案确定以及试验准备等，方可有序进行并达到试桩的预期目的。而成桩则难度较大，除非事前有安排和要求，一般的建设项目桩基，特别是钻（挖）孔桩的成桩，若仅为检验其承载力而专门搞静载试验，无论从技术上或是投资上均不适宜；

（2）检验成桩承载力应以间接判定为主。

由于静载试验工作繁杂、制约因素多且周期较长，故只能在有代表性的少量试桩上进行，难以广泛用于桩群中的成桩。成桩承载力的检验以间接判定为主，是一种技术上可行、经济上合理的选择。

①对于较大项目已有试桩和静载试验结果的，可利用试验结果的技术参数，诸如：实际桩长、承载力、沉降值、地层情况以及贯入度等，与成桩的沉桩记录、挖孔的实际地质、施工参数和结果，通过二者的对比，即可间接判定成桩承载力，以达到规定的质量检验目的。

②对于中、小型桩基项目没有试桩和静载的，依照施工技术指南，可根据地质勘察的设计资料、静力触探试验资料结合地区性经验公式估算，或采用动力公式根据锤击的最终贯入度等进行估算，也可达到检验成桩承载力的目的。（详《客货共线铁路桥涵工程施工技术指南》（TZ203—2008）第7.2.6条）

第六章　墩台就地现浇法施工与控制技术

第一节　普通桥墩施工

一、工作任务

通过学习普通桥墩施工相关配套知识，掌握普通桥墩类型、构造，施工流程、技术要点等内容，完成普通桥墩施工关键技术设计，达到学习目标的要求。

二、相关配套知识

（一）桥墩类型及特点

普通桥墩习惯上指墩高小于 30m 的桥墩，根据现场环境和施工条件通常采用整体模板浇筑施工。

桥墩一般由墩身、顶帽及基础三部分组成。墩身水平截面形状主要取决于水文、通航、地质及线路情况等因素。

铁路桥梁的桥墩类型主要有重力式桥墩、轻型桥墩（柔性墩、空心墩）、拼装式桥墩等。鉴于铁路工程中重力式桥墩应用最为普遍，本任务主要介绍重力式桥墩。

1. 桥墩类型

（1）重力式桥墩。

重力式桥墩是一种实体结构，一般由石砌或混凝土建造，墩帽需要配置钢筋。

按其墩身截面形状划分为多种形式。对于跨河桥，选用时主要考虑水流特性，尽量减少墩旁河床的局部冲刷和水流压力，并使水流顺畅通过桥孔。墩身截面在此前提下，应力求节省圬工和施工简便。

①圆端形桥墩。

圆端形桥墩的截面是矩形两端各接一个半圆。施工稍复杂，但比较适合流水通过，可减少局部冲刷。用于水流和桥轴线交角小于15°的情况，是铁路跨河桥中最广泛使用的一种形式。

②圆形桥墩。

圆形桥墩的截面为圆形，流水特性较圆端形和矩形好。用于桥轴法线与水流交角大于15°或河流流向不稳定的河流中。由于截面为圆形，各方向具有相同的抵抗矩。在用于纵横向受力差异较大的桥墩上时，浪费圬工。另外，当用石料砌筑时比较费工。这种桥墩多用于单线直线铁路高墩中。

③矩形桥墩。

矩形桥墩的截面是矩形。矩形墩外形简单，施工方便，圬工数量较省，其缺点是对水流阻力大，引起的局部冲刷较大，一般用于无水或静水中，或用于高桥墩最高水位以上部分。

④尖端形桥墩。

尖端形桥墩适用于桥轴法线与水流交角小于5°及河床不允许有严重冲刷的小跨度桥梁。在有流水的河流中，桥墩的尖端能起破冰作用，为此，迎水端应采取特殊加固措施。尖端形桥墩的缺点是尖端部分施工困难，故较少应用。

⑤流线型桥墩。

流线型桥墩是高速铁路建设中发展起来的一种桥墩。其特点是顶帽和墩身部分通过曲线连接，线形美观，一般流线型桥墩的墩身是圆端型。

⑥拱桥重力式桥墩。

拱桥重力式桥墩由于拱脚对桥墩施加较大的水平推力，因此与上述梁桥的重力式桥墩不同，区别在于墩帽构造不同。从抵御恒载水平力的能力看，拱桥桥墩又可分为普通桥墩和单向推力墩（亦称制动墩或固定墩）。普通墩一般不承受承载水平推力或者仅承受两侧不等跨结构相互作用后剩余的水平推力。单向推力墩的主要作用是，当其一侧的桥孔坍塌后，桥墩仍能够承受另一侧桥孔的单向承载水平推力，以保证拱桥不致连续坍塌。多跨连续拱桥的单向推力墩一般每隔3~4个桥墩设置一个。从体型上来看，普通墩可以做得薄一些，而单向推力墩则要求做得厚实一些。

拱桥桥墩构造特点简述如下。

a. 拱座。拱桥墩顶要设置拱座，且拱座应与拱轴线呈正交的斜面，强度较高。

b. 拱坐的位置。当拱座两侧孔径相等时，拱座均设置在桥墩顶部的起拱线高程上；当桥墩两侧的孔径不等，荷载水平力不平衡时，则将拱座设置在不同的起拱线高程上。此时，桥墩墩身可在推力小的一侧设置边坡或增大边坡，从外形上考虑，边坡点一般设在常水位以下。

c. 墩顶以上构造。由于上承式拱桥的桥面与墩顶顶面相距有一段高度，故墩顶以上结构常采用几种不同形式。对于实腹式石拱桥，其墩顶以上部分通常做成与侧墙平齐的形式。对于空腹式石拱桥普通墩，常采用立墙式、立柱加盖梁式或者采用跨越式。对于单向推力墩常采用立墙式和框架式。当采用立墙式时，为了检修的方便，墙中应设置过人孔；当采用立柱加盖梁或框架式时，则应按照钢筋混凝土结构进行设计配筋。立柱和盖梁可以做成装配式构件，采用不低于C30的钢筋混凝土。架设时可以将预制立柱插入墩顶预留的孔槽内，使施工速度大为加快。普通铁路拱桥桥墩的顶宽，对于混凝土墩一般可按拱跨的1/15~1/25估算；对于石砌墩可按拱跨的1/10~1/20估算，其比值将随跨径的增大而减小，且不宜小于80cm；对于单向推力墩，则按具体情况计算确定。

（2）轻型桥墩。

①空心墩。

空心墩是桥墩轻型化的一种途径，是将实体墩改为空心墩，以达到减轻质量，节省坊工的目的。对于高墩，空心墩就更具有优势。

按建筑材料，空心墩可分为素混凝土空心墩和钢筋混凝土空心墩。混凝土空心墩一般用于墩高在 50m 以下的桥墩，墩壁厚度一般要求不小于 50cm；钢筋混凝土空心墩的壁厚应根据设计而定，一般要求不小于 30cm。按截面形式，空心墩可分为圆形、圆端形和矩形，为了便于滑动模板施工，宜采用圆形或圆端形空心截面桥墩。墩身立面形状可做成直坡形、台阶形或斜坡形；一般宜采用斜坡式变截面空心墩，以适应桥墩的受力特点。

空心墩的外形与实体桥墩大致相同，顶帽、托盘的尺寸也与实体桥墩大致相同。空心墩顶帽受力比较复杂，以均匀传递压力和减小列车竖向动力作用；墩身与基础连接处，也设有实体过渡段。实体段连接处，均应增设补充钢筋或设置牛腿。

空心墩内部是否设置横隔板，可根据施工情况确定。为了承受局部应力和温度应力，混凝土空心墩墩身外侧宜设护面钢筋。为了调节墩内外温差，减小施工中混凝土水化热对墩内温度的影响，应设置通风孔。圆形通风孔对墩壁应力分布有利。通风孔离地面不宜低于 5m，并应高出设计频率水位，还应设置栅栏。为排除墩内积水，可在墩下部过渡段顶部设置排水孔。

为了便于进入空心墩内检查和维修，在墩顶应设置带门的进入洞，以及相应的固定或活动的检查设备，墩身内壁可设固定检查梯。

②桩柱式桥墩及双柱式桥墩。

桩柱式桥墩亦称排架式墩，墩身利用基础的桩身延伸到地面，顶帽即为连接桩的帽梁。这类墩的特点是构造简单，用料少，施工快，但纵向刚度小，故其建筑高度常受墩顶位移的限制。这类桥墩多用于铁路小跨度且墩高小于 10m 的桥梁，但在公路桥梁中应用广泛。

双柱式桥墩由钢筋混凝土做成钢架，其基础可为桩基或其他基础，高度一般在 30m 以内。一般用于小跨旱桥及地基承载力较低的软质土壤。

③柔性墩。

柔性墩通过改变桥梁的受力体系，使墩台由单独承受某种荷载变为与其他墩台和梁共同承受荷载，以达到轻型化的目的。其特点是将若干个柔性墩的小截面桥墩和一个刚性墩的大截面桥墩（台）通过桥跨结构用固定支座连接起来（称为一联），在纵桥向形成一个可以共同承受纵向水平力的框架体系，并通过各墩的刚度来分配所承受的水平力，由于柔性墩刚度小，其承受的内力就大为减少。

a. 刚架式柔性墩。

刚架式柔性墩横向为一钢架。单线桥的钢架柔性墩通常由两根立柱、横撑和顶帽组成，墩身采用钢筋混凝土结构。

b. 排架式柔性墩。

排架式柔性墩的特点是墩身直接由基桩延伸至顶帽，地面下不需设置承台，在上端通过顶帽把各个桩顶连接在一起。

c. 板式柔性墩。

板式柔性墩为一实体矩形板壁，设计计算和施工都较为简单，便于滑模施工，比前两种形式柔性墩的横向刚度大，因此，它已被广泛地采用。双薄壁柔性墩适用于连续刚构桥。

d. 上柔下刚墩。

当墩身高度较大，或墩身处于有漂流物的水流湍急的河流中时，为增加墩身的稳定性和加强抵抗漂流物撞击的能力，可采用墩身的上半部为小截面，下半部为大截面的"上柔下刚"墩。

柔性墩截面纤细，抗撞击能力较低，不宜在山坡有落石的傍山谷高架桥或有泥石流、流冰、漂流物、通航的河流上采用。经验表明：为保证运营中有较高的安全度，柔性墩墩高不宜大于 30m，曲线半径不宜小于 500m，联长不宜大于132m。

2. 铁路重力式实体桥墩构造

（1）顶帽的类型与构造。

顶帽有两种形式，即飞檐式顶帽和托盘式顶帽。8m 及更小跨度的普通钢筋混凝土梁选用的矩形或圆端形桥墩其顶帽一般采用飞檐式，顶帽的形状均随墩身形状而定；10～32m 普通钢筋混凝土梁及预应力钢筋混凝土梁的桥墩顶帽常做成托盘式，以节省圬工。托盘式顶帽的形状除圆端形桥墩采用圆端形外，其他桥墩常采用矩形顶帽，托盘的形状则按墩身形状需要确定，目前，高速铁路和客运专线则采用流线型顶帽。

顶帽的作用是安放梁的支座，将桥跨结构传来的集中压力均匀地分散给桥墩，另外顶帽还要有一定宽度以满足架梁施工和养护维修的需要。

《铁路桥涵设计基本规范》规定：顶帽应采用不低于 C30 的混凝土，厚度不应小于 0.4m，一般要求设置钢筋网，其钢筋直径为 10mm，间距为 0.2m。对单线等跨、跨度不大于 16m 的钢筋混凝土梁的实体墩顶帽，有下列情况时，也可不设置顶帽钢筋：

①无支座；

②当地气象条件不会使顶帽受到冻害影响，且顶帽与墩身为整体浇筑，顶帽不带托盘，厚度等于或大于 0.6m 时。

顶帽要设置不小于 3% 的排水坡（无支座的顶帽可不设），并设有突出墩身0.1～0.2m 的飞檐；同时在顶帽上设安放支座的支承垫石平台，垫石内应铺设1～2 层钢筋网，钢筋的直径为 10mm，间距为 0.1m。垫石顶面应不低于排水坡的上棱。设置平板支座的顶帽，宜将垫石加高 0.1m，以便于维修；设置弧形支座的顶帽（配合 10～16m 的钢筋混凝土或预应力钢筋混凝土梁），宜将垫石升高 0.2m，以便顶梁时能在顶帽和梁底之间安放千斤顶。在支承垫石内还须安放固定支座底板的支座锚栓，通常在施工时先按设计要求预留锚栓孔位，架梁时再埋入支座锚栓并固定之。

采用托盘式顶帽时，托盘缩颈处存在应力集中，因此施工时不允许在此处留施工缝，常在距缩颈 40cm 处开始用与托盘相同强度的混凝土连续浇筑顶帽，且在托盘与墩身的连接处沿周边布置直径 10mm、间距 0.2m 的竖向短钢筋以加强之。

（2）顶帽尺寸拟定。

①顶帽厚度。

一般有支座的顶帽厚度都采用 0.5m（因顶梁和维修需要的支承垫石加高部分不包括在内）；无支座的顶帽厚度可采用 0.4m。

②托盘式顶帽的托盘。

当顶部墩帽横向宽度较大，而墩身顶面宽度较小时，为节省圬工，一般在墩帽下设置托盘过渡，这种顶帽称为托盘式顶帽。托盘式顶帽由托盘、墩帽和支承垫石组成。

托盘式顶帽缩颈处的横向宽度 B 不得小于支座下座板外缘的间距久托盘的高度和坡度线视墩帽宽度而定，应符合下列要求：

a. 托盘坡度线与铅垂线间的夹角。不得大于 45°；

b. 支承垫石边缘外侧 0.5m 处，墩帽下缘点与墩颈边缘点之连线与铅垂线的夹角不大于 30°。

在地震区，一般不采用托盘式顶帽，因缩颈处形成一个薄弱面，对抗震性能不利。

按上述原则拟定的托盘，除在缩颈处设置构造钢筋外，其余可不设钢筋。托盘及托盘下一小段墩身混凝土等级与顶帽相同。

（3）非对称式顶帽。

①曲线桥桥墩顶帽。

曲线上的桥墩，由于离心力产生较大力矩，使墩身截面加大，为了减少桥墩所承受的弯矩，节约圬工，曲线桥可将桥墩中心线向曲线外侧移动一定距离，使梁中心线对桥墩中心线有一偏心，称为预偏心，一般为 35 ~ 50cm。预偏心的作用在于使梁体自重及竖向活载对构造桥墩中心线产生力矩，以抵消一部分离心力的弯矩。故梁在曲线上，墩帽的构造与梁在直线上有所不同。

②不等跨桥桥墩顶帽。

当桥墩上相邻两跨的建筑高度不同时，例如当两边跨度不相等，或者一边为上承式另一边为下承式时，桥墩顶帽可采用异形顶帽。为使两个不相等跨度桥梁支座反力的合力尽可能接近桥墩中心轴线，减少垂直力的偏心，宜将大跨的支座靠近桥的中心线。为了适应不同的梁高，在小跨度一端加高墩帽做成小支墩，两相邻梁的梁缝为10cm（对于曲线桥系指内侧），小跨度梁的梁端至小支墩的背墙距离为5cm，使小支墩背墙线位于梁缝的中心。顶帽及支墩加高部分均应设置钢筋。

（4）墩身构造及墩身尺寸拟定。

①墩身构造。

实体墩身目前多用混凝土，为保证桥墩结构的耐久性，混凝土强度一般不低于C30。

②墩身尺寸拟定。

采用托盘式顶帽时，墩身顶面尺寸就是托盘底部的尺寸；采用飞檐式顶帽时，墩身顶面尺寸就是顶帽纵、横向尺寸减去两边飞檐的宽度。

墩身高度应根据墩顶高程（轨底高程减去梁在墩台顶处的建筑高度和顶帽高度）和基地埋深、基础厚度确定。

3.桥墩力学检算的主要内容

桥墩的构造形式和主要尺寸初步拟定之后，就要通过力学检算来验证初拟尺寸是否合理并修正之，有时为了求得较经济合理的尺寸，需反复修正数次。但也应指出：合理尺寸的确定，并不唯一取决于力学检算的需要，有些尺寸是考虑到施工、运营、养护维修以及其他特殊要求而确定的。

实体桥墩是用钢筋混凝土建造的柱式桥墩偏心受压结构，为使其在各种荷载作用下满足强度、刚度、抗裂性与稳定性的要求，应对墩身做如下几方面的检算。

①墩身合力偏心距检算。

由于混凝土的抗拉强度低，当桥墩承受偏心荷载而产生拉应力时，桥墩将出现裂缝。如裂缝过大，潮湿空气及水分即容易沿裂缝侵入墩体使圬工逐渐侵蚀而毁坏。另外，如截面受拉区面积过大也对墩身的稳定不利。检算墩身截面合力偏心距的目的，就是为了控制截面裂缝不致过大。

②墩身截面应力检算。

应力检算的目的是保证墩身有足够的强度，使其在设计荷载作用下，最大压应力不超过圬工材料的容许应力。

③墩身受压稳定性检算。

墩身在竖向压应力作用下，可能会由于纵向弯曲失稳而破坏，故常将此项列为墩身检算内容之一。

④墩顶水平位移检算。

为保证运营时桥上线路具有足够的平稳性，桥墩应具有足够的刚度，《铁路桥涵设计基本规范》对墩顶位移的最大值加以限制。墩顶位移包括墩身弹性水平位移和基础变形、位移等，故检算此项内容时应计入基础的影响。

（二）普通桥墩施工技术

1.普通桥墩施工概述

目前铁路上常用的桥墩大多为混凝土桥墩，其施工方法和桥梁上部结构混凝土构件施工方法相似，对混凝土结构模板的要求也与其他钢筋混凝土构件模板的要求相同。根据施工经验，当墩台高度小于30m时宜采用固定模板一次浇筑或分段浇筑施工；当高度大于或等于30m时常用爬升模板、滑动模板或翻模板施工。

普通桥墩大都在施工现场就地浇筑，桥墩高15m以下、平面尺寸较大的普通桥墩，通常采用大型钢模板一次浇筑法施工，即利用大型组合钢模板或非定型钢模板，在浇筑现场拼装成为整体模板来浇筑墩身混凝土。

2.普通桥墩施工要点

大型钢模板一次浇筑法桥墩混凝土施工的主要作业内容有施工准备、测量定位、钢筋绑扎、模板制作与安装、混凝土浇筑、养护、模板拆除、缺陷修补、质量检查等。模板工程、钢筋工程、混凝土工程相关内容可以参考项目1中相关内容，这里不再详述。

普通桥墩的混凝土施工具有自身的特点，施工时应特别注意：

（1）桥墩混凝土特别是实体桥墩均为大体积混凝土，为了避免水化热过高而导致混凝土因内外温差过大引起裂缝，应优先选用矿渣水泥、火山灰水泥，采用普通水泥时强度不宜过高。

（2）浇筑混凝土之前应对模板、支架、钢筋及预埋构件进行详细检查，并作完整的记录。同时对模板浇水润湿、嵌缝，并在贴混凝土面上涂抹一层隔离剂，以防漏浆和便于拆模。混凝土浇筑过程中还应经常检查模板形状、尺寸，如有问题应及时修理。

（3）当桥墩截面小于或等于100m² 时应连续浇筑混凝土，以保证混凝土的完整性；当桥墩截面大于100m² 时，允许适当分段浇筑，其分段原则如下：

①段与段的竖向接缝方向，应与桥墩宽度即与截面尺寸较短的方向平行；

②为加强段与段之间的相互连接，上下相邻层中的竖直接缝应相互错开，并在水平横缝上和竖直缝上均用片石或钢筋做成适当的接茬；

③桥墩横截面分段的数目应尽量减少，横截面于小于200m² 时一分为二段，300m² 以内者不宜超过三段，在任何情况下每段截面积不得小于50m² ；

④每段高度应为1.5 ~ 2.0m。

（4）为了节省水泥，桥墩大体积施工中可采用片石混凝土。填放石块的数量，不应超过混凝土体积的25%；石块的最大尺寸，不应超过填放石块处最小结构尺寸的1/4；石块的最小尺寸，不宜小于15cm。石块应选用无裂缝、无夹层和未煅烧过的石块，其抗压强度不得低于3000kN/m²，且应具有混凝土粗骨料要求的耐久性。石块填放前应用水洗刷干净，不得有泥浆和其他污物。石块应均匀分布，安放稳妥，两石块的间距应允许插入振捣器进行捣实操作，一般应大于混凝土中粗骨料的最大粒径，并不小于10cm。石块与模板的间距应不小于25cm，且不得与钢筋接触，在最上层石块的顶面应覆盖有不小于25cm 的混凝土层。为了加强混凝土浇筑层间的结合，在浇筑工作中断时应在前层接缝面上埋入接茬石块，并使其体积露出混凝土外一半左右。

3. 桥墩顶帽现场浇筑施工

桥墩顶帽是用以支承桥跨结构的，其位置、高程及垫石表面平整度等均应符合施工图要求，以免桥跨结构安装困难，以及顶帽、垫石等出现碎裂或裂缝，影响桥墩的正常使用功能与耐台帽背墙模板，应特别注意纵向支撑或拉条的刚度，防止浇筑混凝土时发生鼓肚，侵占梁端空隙。

①钢筋和支座垫板的安设。

钢筋绑扎按规范进行。桥墩顶帽上支座垫板的安设一般采用预埋支座垫板和预留锚栓孔的方法。预埋支座垫板法须在绑扎桥墩顶帽和支座垫石钢筋时，将焊有锚固钢筋的钢垫板安设在支座的准确位置上，即将锚固钢筋和顶帽骨架钢筋焊接固定，同时将钢垫板作一个木架，固定在桥墩帽模板上。此法在施工时垫板位置不易准确，应经常检查与校正。预留锚栓孔法须在安装桥墩帽模板时，安装好预留孔模板，在绑扎钢筋时注意将锚栓孔位置留出。此法安装支座施工方便，支座垫板位置准确。

②普通桥墩施工质量标准。

模板及支架安装和拆除的检验必须符合原铁道部《铁路桥涵工程施工质量验收标准》（TB10415-2003）中有关的规定。

第二节　高桥墩施工

一、工作任务

通过学习高桥墩施工相关配套知识，掌握高桥墩类型、构造及高桥墩施工流程、施工关键等内容，完成高桥墩施工关键技术设计，达到学习目标的要求。

二、相关配套知识

（一）高桥墩构造

当桥墩高度大于 30m 时，根据其施工特征，一般称其为高桥墩。高桥墩施工与普通桥墩所用施工设备大体相同，但其模板系统却另有特色。高桥墩一般可以采用滑模、爬模或翻模进行施工。

1. 高桥墩特点

由于高度大，其稳定性检算成为重要项目。施工一般不采用一次浇筑成型，而是多次浇筑而成。

2. 高桥墩类型

高桥墩的结构形式主要分实心墩、空心薄壁墩、双肢薄壁墩、组合式桥墩四种。

（1）实心墩。

实心墩的截面可以采用圆端形、圆形、矩形等。

（2）空心薄壁墩。

空心薄壁墩是墩身为空腔体的桥墩，是实体墩向轻型化发展的一种较好的结构形式，多为混凝土或钢筋混凝土结构。空心薄壁墩便于通过调整截面的尺寸来调节墩身的刚度，应用范围广泛。

（3）双肢薄壁墩。

双肢薄壁墩是指在墩位上有两个相互平行的墩壁与主梁固结的桥墩。由于其顺桥向刚度相对较小，可以很好地适应桥梁的纵向变形，一般用于高度较大的悬臂施工连续刚构桥。

（4）组合式桥墩。

组合式桥墩通常上部采用双薄壁墩，下部采用单薄壁空心墩，兼具以上两种桥墩形式的优点。设计时通过调整上部双薄壁和下部单薄壁空心墩高度，可以获得较好的纵向刚度和横向刚度，从而满足结构在施工阶段和运营阶段的受力要求。

（二）高桥墩施工技术

1.爬模施工技术

爬模法是以凝固的钢筋混凝土墩壁作为承力结构，由内外套架导向，以套架上的液压油缸作动力，使模板上升。铁路桥梁高墩施工中较多采用内爬外挂双臂塔吊式爬模，具有施工速度快，施工质量好，安全可靠，操作简便，劳动强度低，适用性强的特点。适用于 30m 以上各种截面形状的空心高墩施工。

（1）爬模施工工艺原理。

爬模系统的爬升是通过液压油缸对导轨和爬架交替顶升来实现的。它是以空心桥墩已具备一定强度的混凝土墩壁为承力主体，内爬支腿机构的上下爬架及液压顶升油缸为爬升设备主体，油缸的活塞杆与下爬架铰接，缸体与上爬架铰接，上爬架与外套架连接而外套架又与网架工作平台连接，支撑整个爬模结构。通过油缸活塞杆与缸体间一个固定一个上升，上下爬架间也是一个固定，一个相对运动，达到上爬架和外套架，下爬架和内套架交替爬升，从而完成爬模结构整体的爬升、就位、校正等工序。内爬架支腿机构的上下爬架与墩壁的固定连接采用在墩壁上预埋穿墙螺栓，然后在其上连接支撑托架，上下爬架的爬靴支在托架上，以此为支撑点向上爬升。

（2）爬模构造。

现在液压自动爬模已经广泛应用于铁路、公路和市政道路桥梁高墩、塔柱等结构施工，下面简要介绍爬模构造。液压自动爬模体系主要由液压爬架和模板体系组成。

①爬架。

a.外侧爬架。

外侧爬架包括悬挂靴、爬升导轨、液压顶升设备、上部操作平台、主工作平台、下部作业平台及电梯入口平台，爬架总高度一般在 12～16m 之间。主工作平台由三角支撑架及连接型钢组成，承受整个爬架重量及施工荷载，并通过预埋件将荷载传递到混凝土上。主工作平台下面悬挂爬升操作平台、电梯入口平台、支撑模板操作平台、钢筋绑扎平台。所有平台构件均由型钢连接而成，用螺栓和销轴连接，拼装及拆卸极为方便快捷。杆件可以成捆装箱运输，避免了运输途中的损坏。

爬模采用液压顶升设备进行爬架整体提升。根据爬架重量及施工荷载，在墩身顺桥向和横桥向两侧布置液压顶升设备。爬升时其各侧面顶升设备共用一个控制柜，通过操作电子控制板来实现爬架的正常爬升，也可通过远距离电子控制系统达到远程控制的目的。

b. 内侧爬架。

墩身内侧爬架体系基本与外爬架相似，包括悬挂件、上部操作平台、主工作平台、下部作业平台。每层平台高约2m，主平台由型钢组成，承受内爬架模板系统自重及施工荷载，通过预埋件将荷载传递到混凝土上。内爬架采用倒链整体提升，人工操作同步整体提升爬架。

②模板。

模板可以采用钢模板或木梁胶合板模板。下面以木梁胶合板模板为例，简要介绍。

木梁胶合板模板体系由胶合板（面板）、木工字梁、槽钢背楞等构件组合而成，面板与木工字梁通过自攻螺丝和地板钉连接固定，槽钢背楞与木工字梁之间通过螺栓连接。该模板体系具有强度高，重量轻，混凝土成型质量好，标准化程度高等特点，在高桥墩施工中应用广泛。

木工字梁在制造过程中都经过脱水及固化处理，具有重量轻、弹性好、耐高温、防腐蚀、使用寿命长等特点。根据模板的要求可选用不同规格的木工字梁。

木面板经过特殊胶合，具有防水、不变形等性能，其表面经过高压合成树脂处理，可有效减少混凝土的附着。

目前，木面板有三层板及多层板两种形式，厚度约为21mm。

（3）爬模施工技术。

①爬架组装前的准备工作。

a. 爬架各分段构件在工厂加工并现场进行试拼；经过质检和安全部门按设计要求对焊缝、外形尺寸、配件等逐一进行检查验收，合格后方可投入使用。

b. 模板。按大模板制作要求进行加工验收，复核螺栓孔位置是否准确，吊点是否符合要求。特别检查吊环制作和焊接是否符合要求。

c. 检查提升设备、节点板拼接螺栓等配件是否配齐，混凝土墩壁上的预留孔位置是否与爬架孔位一致。

②爬架的组装与安装。

a. 爬架运至施工现场后，由技术和安全部门进行技术、安全交底，由专业组装人员进行组装。

b. 安装爬升模板前，应检查墩身预埋螺栓的孔径和位置、导轨间距是否正确，如有偏差，必须纠正后方可安装爬升模板。

c. 根据爬架结构进行分块，并按图编号。在地面上将承重架段组合成一组爬升架，仔细检查两个承力架段尺寸的正确性。爬架孔与孔之间的尺寸误差应满足要求，检查组合架的稳定性和牢固性。

d. 安装锚固件，将拼装好的承重架、承重平台及爬升架挂装到安装好的锚固件上。在第一次爬升的爬架下安装下吊架平台以便拆除可周转的预埋件，安装完毕后的爬架其各项误差不得超过规定要求。

e. 安装过程由专人负责，必须经质检和安全部门验收合格后才能正式投入使用。

f. 组装完成后，设置各种安全防护设施。

③爬架爬升工艺流程。

爬升前，应再次检查爬升设备，确认符合要求后方可正式爬升。爬架爬升工艺流程为：清理杂物和检查设备固定情况—提升装置就位—拆除固定螺栓—调节限位机构—爬升导轨—均匀提升就位—固定附墙螺栓—爬升架体—就位后上紧螺栓—检查验收—投入使用。

④导轨的爬升。

a. 混凝土强度达到 10MPa 以上时，安装上部爬升悬挂件；清洁爬升导轨后，导轨表面涂上润滑油；调整液压油缸上、下顶升弹簧装置，确保其方向一致向上。

b. 经确认爬升条件具备后，打开液压油缸的进油阀门，启动液压控制柜，拆除导轨顶部的楔形插销，开始导轨的爬升。当液压油缸完成一个行程的顶升后，经确认其上、下顶升装置到位后，再开始下一个行程的顶升。

c. 当导轨顶升到位后，依次插上爬升导轨顶部的楔形插销，以确保插销锁定装置到位。下降导轨顶部楔形插销与悬挂件完全接触。

d. 导轨爬升完成后，关闭油缸进油阀门，关闭控制柜，切断电源。

⑤爬架架体及模板爬升。

a. 清除爬架上的荷载；清除模板表面杂物；解除墩身与爬架的连接件；用砂浆抹平前节段墩身锚锥螺栓留下孔。

b. 经确认爬架爬升条件具备后，打开液压油缸的进油阀门，启动液压控制柜，拔去安全插销，开始爬架爬升。

c. 当爬架爬升 2 个行程后，拔除悬挂插销。

d. 当爬架顶升到位后，应及时插上悬挂插销及安全插销。关闭油缸进油阀门和控制柜，切断电源。

⑥模板的现场安装。

安装模板前，先确定爬架悬挂预埋件位置，然后按测量所放出的理论位置安装模板，通过爬架系统上设置的纵、横向模板可滑动调节系统，在较短的时间内即可完成模板的安装。

2. 翻模施工技术

翻模由滑模演变而来，翻模由上、中、下三组等高模板组成，以墩身作为支承主体，上层模板支撑在下层模板上，随着混凝土的连续浇筑，下层混凝土达到拆模强度后，由下而上将模板拆除、翻升，持续支立，循环交替直达墩顶，完成桥墩的浇筑施工。翻模施工技术适用于圆形、矩形等各种截面的空心墩和实体墩施工。

翻模施工根据模板提升方式分为塔吊翻模和液压翻模两种。

翻模主要由模板、支架、工作平台等组成，再配合塔式起重机、倒链、液压千斤顶等起重提升设备共同完成高墩施工。

（1）塔吊翻模施工。

塔吊翻模的特点是工作平台支撑于模板的牛腿支架或横竖肋背带上，通过塔吊提升模板及工作平台。

①塔吊翻模施工流程。

施工时第一节模板支立于墩身基顶上，第二节模板支立于第一节模板上，第三节模板支立于第二节模板上。当第三节混凝土强度达到 3MPa，且第一节模板内混凝土达到 10MPa 时，此时墩身自重及施工荷载由已硬化的墩身混凝土传至基顶，即可拆除第一节模板。将第一节模板做少量调整后，利用模板内外固定架、塔吊和倒链将其翻升至第四层，依次循环形成拆模、翻升立模、模板拼装、搭设内外工作平台、钢筋绑扎连接、混凝土浇筑与养生、测量定位的不间断作业，直至达到墩身设计高度。

②施工要点。

a.塔吊、电梯的安装。

塔吊的选型一般要结合桥梁上部施工要求而定。如果考虑相邻墩施工使用，则应加大塔吊起重能力。电梯和塔吊可分开布设于墩的两侧，也可以布置在桥梁中心线上。电梯和塔吊基础要根据设备使用要求和结构设置。电梯、塔吊升高时，要根据设备使用要求，设置附臂，将立柱固定于墩身上。

b.模板制作。

模板设计应保证模板有足够的刚度，以保证每节高度混凝土质量。在设计计算时，应考虑混凝土对模板的最大侧压力、泵送混凝土对模板的冲击力及振捣混凝土时产生的荷载。

每节模板均设置工作平台，利用角钢焊接在模板竖背杠上，与模板形成整体，工作平台上铺 3mm 厚钢板，外侧工作平台沿周边设立防护栏杆并挂安全网，可供操作人员作业、行走及存放小型机具。

模板在安装前必须试拼。通过试拼检查模板加工精度是否达到设计要求，并及时处理模板接缝、错台、连接等方面可能出现的问题。

c. 模板安装。

根据承台中心放出墩身立模边线，在承台上沿模板的底面用砂浆做 3 ~ 5cm 厚找平层。对墩身角点放样，弹墨线，沿墨线立模板。模板安装前，表面应清理干净，并涂脱模剂。安装模板时应注意接缝平整、严密，防止漏浆。模板可设置紧固拉杆和内撑，确保墩身结构尺寸。

模板用塔吊吊装，人工辅助就位，内外模板用螺栓连成整体。模板成型后检测各部分安装尺寸，符合安装标准后吊装模板固定架，最后安装防护栏和安全网。

d. 钢筋和混凝土作业。

竖向钢筋接长采用螺纹套管机械连接或焊接方式。钢筋定位或固位可利用墩内设置的支架、劲性骨架或可提升的钢支架。在设置刚劲性骨架的墩身施工时，可利用劲性骨架定位、固定钢筋；也可以加工可提升的钢支架，置于内外层竖向钢筋之间，用以固定、定位钢筋。

水平箍筋和拉筋按照常规工艺施工。如果设计有钢筋网片，可以采用定型的钢筋网片产品，也可预先在现场加工成片，待主钢筋安装完毕后整体安装、固定。

墩身混凝土采用塔吊或泵送入模，水平分层浇筑，每层厚度一般为 30cm，用插入式振动器振捣，振捣过程中不得出现过振或漏振现象。浇筑完毕后要及时养生，待混凝土强度达到 3MPa 以上时，人工清除浮浆，凿毛混凝土表面，然后按工艺流程进行第二、第三节施工。

当第三节末段混凝土强度达到 3MPa，第一节末段混凝土强度达到 10MPa 以上时，凿毛清理第三节段混凝土表面，准备第四节段墩身施工。

e.模板翻升作业。

模板解体：在混凝土达一定强度时，准备解体第一节模板。解体前要预先用倒链将模板吊在第二节模板上，并拉紧，防止模板突然脱落。然后将模板对称分解成几大部分进行整体解体。

模板提升：先抽出拉杆，然后卸除模板的连接螺栓，将模板向外拉出。待模板完全与混凝土脱开后，用塔吊微微吊起模板，将与第二节模板相连的倒链解下，然后将模板吊到模板修整处进行修整，等待下一次组装。吊升作业应有专人检查巡视，以防模板与固定物刮碰。

模板安装：待上层钢筋安装完毕后，用塔吊将模板吊起，调整模板至准确位置，紧固对穿拉杆进行安装，安装方法同前述。

第二、第三节模板及以后各节段的翻升，均待混凝土达到可拆模强度后，按第一节模板的翻升次序进行模板的解体、提升和安装。

f.垂直度控制。

采用全站仪进行施工放样和检测，每节混凝土浇筑前测量模板四角的平面坐标，如有偏差及时进行调整。

g.拆除模板。

施工至墩顶后，墩顶仍保留 3 个节段模板，待墩身混凝土强度达到规范要求时，拆除模板。拆除时按先底节段，再中节段，最后顶节段的顺序进行。

用塔吊吊运拆除模板，将模板及模板组件一并吊运至存放场修整、存放。

（2）液压翻模施工。

液压翻模的特点是工作平台与模板是分离的，工作平台支撑于提升架上，模板的提升靠固定于墩身主筋上的倒链来完成，平台的提升系统采用液压穿心千斤顶进行提升，自动化程度高，可控性能良好。

液压翻模由模板、工作平台、吊架、顶杆及液压提升设备组成。模板一般由上、中、下三层组成一套，以墩身作为支承主体。上层模板支撑在下层模板上，循环交替上升。工作平台采用槽钢组拼成空间桁架结构，配合随升收坡吊架，为墩身施工人员提供作业平台，稳定性能良好。

①液压翻模施工流程。

先在承台顶面浇筑基础段混凝土墩身，建立起工作平台，将顶杆装置支撑于墩身混凝土内，并用千斤顶将作业平台提升至一定高度。施工过程中，模板翻升、模板调整及纠偏、绑扎钢筋、混凝土浇筑、平台提升等项工作是循环进行的，直至墩帽托盘。其间穿插平台对中调平、接长顶杆、混凝土养生等工作。

②施工要点。

a. 墩身基础段作业。

在墩身下部先预浇一节，预留好顶杆孔位置，浇筑高度根据墩身高度和模板周转次数和翻模设备高度确定，一般为 4～5m。

b. 模板制作。

单块模板的宽度根据墩身尺寸、外观质量要求等因素确定。对于收边墩身，需要根据墩身坡度，设计角模和小块活动模板，以达到收坡的目的。

c. 工作平台组装。

组装按由内到外的顺序，在平地上进行组装。组装时，内外钢环按圆心对称安装在辐射梁上，不得有偏心；辐射梁均匀分布在半个圆周，采用丁顺结合布置，安装好后将所有螺丝拧紧，并涂上黄油。

利用吊机进行整体吊装，每侧辐射梁下设 2 台千斤顶。平台安装就位后安装千斤顶，插入顶杆套管，并采取措施保护套管不与混凝土粘连。

d. 模板安装。

模板按顺序、部位进行组装。组装时，模板间缝隙要严密，内外模板间按设计尺寸进行校正，并安设拉筋和撑木。第一层模板组装时必须确保中线和水平的精度要求，模板间连接缝保证平顺密贴。

安装新一节模板时，要按照墩身坡度变化准确安装调整节段模板，模板调整好后，用经纬仪和水准仪校正、调整模板中心与高程。

e. 钢筋和混凝土作业。

此部分内容详见塔吊翻模施工中内容。

f. 提升工作平台。

翻模组装后，第一次提升平台应在混凝土灌入达到一定高度后进行，时间宜在混凝土初凝后及终凝前，提升高度以千斤顶的 1 ~ 2 个行程（3 ~ 6cm）为限。第二次及以后每次提升工作平台，提升高度与第一次相同。

平台提升总高度以能满足一节模板组装高度为准，同时控制在终凝后达到设计高度，切忌空提过高。提升过程中应随时进行纠偏、调平。

g. 模板翻升。

模板解体：模板可视情况分为若干个大块模板整体翻升，此工作在浇筑最上层模板混凝土过程中提前进行。解体前先用挂钩吊住模板，然后拆除拉筋、围带等。

模板翻升：待平台提升到位后，用倒链将最下层模板吊升至安装位置并组装好。提升过程中（包括平台的提升）有专人检查，以防模板与固定物刮碰。

最后检查模板组装质量，合格后方可安放撑木，拧紧拉筋。

h. 翻模拆除。

模板拆除按照与组装相反的顺序进行，先拆除模板，后拆除平台。拆除工作必须严格对称进行。

拆除顺序为：拆模板—卸吊装—拆提升支架—去平台铺板—卸液压控制台—卸千斤顶—除套管连接螺栓—平台解体—抽顶杆—灌孔。

第三节　桥台施工

一、工作任务

通过学习桥台施工相关配套知识，掌握桥台类型、构造及桥台施工流程、施工关键等内容，完成桥台施工关键技术设计，达到学习目标的要求。

二、相关配套知识

（一）桥台类型及特点

1. 桥台类型

桥台是指连接桥跨结构和路基的支挡建筑物，铁路桥梁常用的桥台有 U 形桥台、T 形桥台、埋式桥台及耳墙式桥台，在高速铁路中，还有一字形桥台、矩形桥台、空心桥台等结构。

桥台由台顶、台身及基础三部分组成，其中台顶包括道砟槽及顶帽。道砟槽承托道砟、轨枕、钢轨等。此外，桥台还有防排水、检查台阶和锥体护坡等附属设备。桥台的结构形式取决于路堤填土高度、上部构造、水文、地质、地形地貌等因素。

（1）U 形桥台。

U 形桥台因其台身是由前墙和两个侧墙构成的 U 字形结构而得名。其优点是构造简单，基底承压面大，应力小，可以用混凝土或片、块石砌筑，适用于填土高度在 8 ~ 11m 以下或跨度稍大的桥梁；缺点是桥台体积和自重较大，也增加了对地基的强度要求。此外，桥台两个侧墙之间的填土容易积水，结冰后冻胀，易使侧墙产生裂缝。所以宜用渗水性好的土夯实，并做好台后排水措施。

（2）T 形桥台。

这是一般大中桥使用最广泛的一种桥台形式。此种桥台的特点是节省坞工，并克服了 U 形桥台中间积水的缺点，但道砟槽需要钢筋较多，台身长度也随着填土高度增加，所以当填土较高时，砟工量较大。一般用于填土高度在 4 ~ 12m，跨度为 5.0 ~ 20.0m 的钢筋混凝土梁及跨度 8.0 ~ 32.0m 的预应力钢筋混凝土梁。

（3）耳墙式桥台。

为了缩短台长，节省坞工，避免锥体过多侵入桥孔，可采用两片耳墙代替一部分台尾与路堤相连接，此种桥台称为耳墙式桥台，其优点是节省坞工。此种桥台的缺点是耳墙施工较困难，并且需要较多的钢筋；当填土较高时，锥体坡脚伸出前墙，需加固坡脚或加设挡土墙；桥台基底应力较大。

（4）埋式桥台。

遇路基填土较高时，可使部分台身埋入锥体，压缩桥孔，缩短桥台长度，此种桥台称为埋式桥台。当路基填土很高，并且桥跨结构为上承式时，可考虑采用埋式桥台。埋式桥台台身为矩形，结构简单，节省圬工，可做成较高的桥台，适用于地面坡度很缓而填土较高之处。埋式桥台的缺点是锥体侵入桥孔，减少过水面积，锥体填土和铺砌的数量很大，护坡易受水流冲刷，增加养护困难，故常用于跨越深谷的高桥上。

（5）一字形桥台。

一字形桥台是介于耳墙式桥台与 T 形桥台之间的一种新桥台，它以混凝土砌块代替耳墙式桥台的耳墙部分与路基相连，台身长度适当增加，台身后坡采用直墙式，前墙采用斜坡式，台身截面采用矩形截面。从平面看，台身纵向尺寸较横向尺寸小很多，形状像一字形，故称为一字形桥台，广泛应用于高速铁路和客运专线。

2. 桥台组成及构造

（1）台顶。

①台帽。

台帽直接承受梁传下来的荷载，并把它传到台身。台帽的构造尺寸、建筑材料和墩帽一样。其平面尺寸除需满足放置支座和传力的要求外，还应考虑架梁和桥梁养护工作的方便。为了适应这种要求，有时做成托盘式台帽。

②道砟槽。

道砟槽是台顶铺设道石砟的地方，其顶面应做成斜坡以利排水。道砟槽两侧有挡非墙，挡粹墙内预埋 U 形螺栓，以便设置栏杆。道砟槽前端地挡挡墙又称为胸墙。胸墙至道砟槽后端（台尾）的距离称为台长（或桥台长）。道砟槽顶宽不应小于 3.9m，轨底应高出挡砟墙顶不小于 20cm。轨底道砟厚度不应小于

25cm。

（2）台身。

台身指桥台顶帽底面线以下，基础顶面以上的部分。因为桥台两侧有锥体填土，可以帮助抵抗横向的荷载，故台身的侧面常做成竖直的。在纵向上，台身后面稍向后仰。台身前面称为前墙，一般都是竖直的，但有时由于受力的要求而做成斜坡，以加大台身底部面积。

台身纵向尺寸的拟定应满足下述要求：

①台尾上部伸入路肩至少为 0.75m，以保证路堤与桥台的良好连接；

②自支承垫石顶面的后缘至锥体坡面的垂直距离不应小于 0.3m；

③除埋式桥台外，锥体的坡脚不得超出桥台的前缘；

④埋式桥台锥体坡脚可伸出桥台前缘，但坡面与台身前缘相交处应高出设计水位不少于 0.25m。

（3）附属设备。

①锥体填土及其护坡。

路基前方填土伸入桥台部分呈锥体形状，故称为桥台锥体填土，其作用是加强桥台和路基的连接并包裹桥台，增加桥台的横向稳定性。锥体填土宜用渗水土填筑。锥体填方的坡面，一般以全高防护，并根据流水、流冰等情况，决定防护标准。

锥体护坡的纵、横向坡度规定如下：

a. 纵向坡度。路肩下 0 ~ 6m 不陡于 1：1，6 ~ 12m 不陡于 1：1.25，大于 12m 不陡于 11.5；如用最小边长大于 25cm 的石块分层码砌时，全坡可采用不陡于 1：1 的坡度。

b. 横向坡度：应与路堤边坡坡度一致。

②检查台阶。

当填土高度大于 4m 时，为便于检查桥台及护坡，在桥台台尾路堤与锥体填土交界处的边坡上应修筑检查台阶，台阶可用混凝土或浆砌片石砌筑。

说明:把 BC 和 CD 等分为 8 段, 然后按图 6.34 的方法相连, 得到 I、U、Ⅲ、IV、V、VI、W 七个交点, 再从 B 到 I、U、DI、IV、V、VI、VlI、D 按序依次连接, 得到的这条线就是所求的锥坡放样线 (也可用曲线连)。

（2）锥体填土。

锥体填土必须分层夯打密实, 达到最佳密实度的 90% 以上。沙砾石土类应洒水夯填。采用不易风化的块石作为填料时, 应注意层次均匀, 铺填密实, 不可堆填或倾填。有坡面防护的护坡, 在锥体填土时, 就应留出坡面防护砌筑位置。

为使桥台与路堤连接良好, 必要时可在锥体顶面以下 1.50m 范围内, 采用干砌片石实体砌筑。

（3）锥体坡面砌筑。

锥体坡面采用干砌片石或铺砌大卵石砌筑, 也可采用预制块砌筑或铺草皮等防护办法。

使用片石或大卵石砌筑护坡的底层时, 应以卵砾石或碎石等作为垫层, 在砌筑坡面时, 随砌随垫保证垫层厚度。坡面以栽砌为主, 预制块和大面片石可以码砌, 但不如栽砌牢固美观。栽砌是指把石料轴线垂直于斜坡面的砌法, 如图 6.35 所示。石料砌筑应相互咬合作缝, 其空隙应用小石楔紧塞实; 大卵石要分出层次砌筑, 要求上下错缝, 左右挤紧, 层层压牢。

（4）护坡施工要点。

①在大孔土地区, 护坡施工前应检查护坡基底及护坡附近有无陷穴, 并彻底进行处理, 保证护坡稳定。

②锥体填土应按高度及坡度填足, 砌筑片石厚度不够时再将土挖去; 不允许填土不足, 临时边砌石、边补填土。护坡拉线时, 坡顶应预先放高 2 ~ 4cm, 使护坡能随同锥体填土沉陷, 坡度仍符合规定。

③护坡基础与坡脚的连接面应与护坡坡度垂直, 以防坡脚滑走。

④砌石时拉线要张紧, 表面要平顺, 护坡片石背后应按规定做碎石反滤层, 防止锥体土方被水侵蚀变形。

⑤护坡与路肩或地面的连接必须平顺，便于排水，以免砌体背后冲刷或渗透坍塌。

（5）锥体护坡工程数量计算。

桥台一侧的锥体护坡，是一个截头椭圆体的 1/4（锥体底面不规则部分及衔接锥体楔形部分除外）。计算工程数量时，应采用棱台公式进行计算：

斜拉桥是由塔、梁、索三种基本构件组成的组合结构。在此组合结构中，塔和梁是主要承重构件，与斜拉索组合成整体结构。桥塔是竖向受力构件，在施工时常常采用爬模或翻模施工，和高桥墩施工有较多的相似之处。下面主要介绍斜拉桥桥塔的类型和特征。

①桥塔的结构形式。

桥塔一般为空心断面，用钢结构或钢筋混凝土制作，根据需要也可采用预应力钢筋混凝土结构。桥塔的结构形式应根据斜缆索的布置、桥面宽度以及主梁跨度等因素决定。在顺桥方向有柱形、A 字形及倒 Y 形等几种形式。A 字形钢架在顺桥向刚度较大，有利于承受索塔两侧斜缆索的不平衡拉力。在横桥方向，可分为单柱形、双柱形、门形或斜腿门形、倒 V 形或倒 Y 形。

单柱形配以单面索体系适用于桥面较宽（双线铁路桥或有中央分车带的公路桥）的情况。其优点是外形简洁、结构经济。缺点是要求主梁有较高的抗扭刚度。设计时要注意考虑桥塔截面尺寸时，应尽量减少所占桥面宽度，顺桥向桥塔下端尺寸也应尽量减少，只要满足一般应力要求即可，桥的上部则应满足斜缆索锚面或索鞍安装的要求。

倒 V 形或倒 Y 形桥塔，缆索可为单面索或双斜面索。当桥跨度大，又不宜在轴线上设置单柱形桥塔时可采用此类桥塔。其缺点是需要一个宽度很大的桥墩以支承塔腿。设计改进的方法是采用修正形桥塔，即顶部设有短横梁的斜拉式门形框架。

门形和斜腿门形桥塔特别适用于桥面较窄的桥梁，如铁路桥。其优点是横向刚度较大。

②桥塔的支承形式。

斜拉桥桥塔的支承形式大致有以下三种。

a. 塔墩固结。塔柱下端固结于墩顶，塔柱中产生的弯矩较大，这种形式的塔柱具有相当的柔性，能使荷载和温度对结构不产生过大的应力。

b. 塔梁固结。采用这种形式的主梁大都是箱形截面，此时不仅要在固结点对箱形截面做必要的补强，并且还要在其底部提供大型承载支座。

c. 铰接塔柱。塔柱底部在桥的纵向采取铰接形式，可减少塔柱的弯矩和降低桥跨结构的超静定次数。当地基支承条件较差时，采用此种形式可使基础免受较大的弯矩。

除此之外，还有其他形式，如塔、墩、梁三者固结，但这种形式对地震特别不利，所以用得不多。

③塔柱的类型。

组成桥塔的主要构件是塔柱，按材料分为以下两种类型。

a. 钢塔柱。钢桥塔的实例以日本最多，且其钢塔柱的截面多为矩形空心箱，箱室四周各主壁板上均有竖向加劲肋，箱室内上下相隔一定距离设有水平横隔板。

b. 混凝土塔柱。混凝土塔柱分为实体柱和空心柱两种，其截面多采用矩形，且一般是长边与桥轴线平行，短边与塔轴线平行。有时为改善外观，塔柱截面也采用五角形或六角形。国内斜拉桥桥塔多采用混凝土桥塔。

参考文献

[1] 郭振宇 . 基于高速铁路桥梁施工技术及质量控制方式的研究 [J]. 新型工业化，2022，12(06):127-130+152.

[2] 米哲 . 铁路桥梁施工技术与质量控制措施探究 [J]. 建筑与预算，2022(02):19-21.

[3] 郭勇 . 铁路桥梁施工技术与质量控制研究分析 [J]. 大众标准化，2022(01):19-21.

[4] 谢丹 . 铁路桥梁钻孔灌注桩施工质量控制策略 [J]. 工程建设与设计，2021(23):215-217.

[5] 李维刚 . 铁路桥梁施工技术与质量控制的研究分析 [J]. 居舍，2021(22):67-68.

[6] 孙伟 . 高速铁路桥梁工程中钻孔灌注桩施工技术及质量控制要点分析 [J]. 广东建材，2021，37(07):78-80.

[7] 申虹 . 铁路桥梁连续梁挂篮施工质量控制研究 [J]. 山东农业工程学院学报，2021，38(06):37-41.

[8] 陆尚豪 . 铁路桥梁施工技术与质量控制研究分析 [J]. 砖瓦，2021(06):184-185.

[9] 刘满健 . 铁路桥梁施工技术与质量控制研究 [J]. 城市住宅，2021，28(05):235-236.

[10] 高慧亮 . 铁路桥梁施工技术与质量控制措施探究 [J]. 中国物流与采购，2021(10):80.

[11] 孙海军 . 铁路桥梁桩基施工技术及质量控制分析 [J]. 交通世界，2021(09):14-15.

[12] 罗腾 . 铁路桥梁施工中冲击钻灌注桩质量控制分析 [J]. 郑州铁路职业技术学院学报，2021，33（01）:42-44+51.

[13] 思积栋 . 铁路桥梁施工技术与质量控制的研究分析 [J]. 四川水泥，2021（02）:196-197.

[14] 姜宏润，孔甲东，高峰，欧阳章财 . 铁路桥梁施工技术与质量控制措施研究 [J]. 运输经理世界，2021（03）:64-65.

[15] 程鑫 . 铁路桥梁施工技术与质量控制措施探究 [J]. 四川建材，2020，46（12）:169-170.

[16] 周俊磊 . 铁路桥梁连续梁挂篮施工质量控制研究 [J]. 运输经理世界，2020（11）:78-79.

[17] 李和如 . 铁路桥梁施工技术与质量控制的研究分析 [J]. 设备管理与维修，2020（18）:132-133.

[18] 孙波 . 铁路桥梁连续梁挂篮施工质量控制研究 [J]. 工程技术研究，2020，5（16）:92-93.

[19] 薛晓涵 . 关于铁路桥梁施工技术和质量控制的研究分析 [J]. 科技风，2020（23）:94.

[20] 侯晓晶，周斌 . 浅析铁路桥梁混凝土施工质量控制要点 [J]. 农家参谋，2020（16）:233.

[21] 孙铭鸿，赵越洋 . 高速铁路桥梁连续梁挂篮施工技术及质量控制 [J]. 智能城市，2020，6（09）:235-236.

[22] 洪大勇 . 铁路桥梁施工质量控制的要点研究 [J]. 建材与装饰，2020（10）:251-252.

[23] 盛强 . 关于铁路桥梁施工技术与质量控制的研究分析 [J]. 居舍，2020（09）:58.

[24] 解桂坤 . 关于铁路桥梁施工技术与质量控制的研究分析 [J]. 居舍，2020（05）:44.

[25] 张庚 . 铁路桥梁连续梁挂篮的施工质量控制 [J]. 科技风，2020（03）:119.

[26] 王明强. 铁路桥梁施工技术与质量控制措施探究 [J]. 工程技术研究，2020，5(01):83-84.

[27] 于洋. 铁路桥梁工程路基隧道施工质量控制及其关键工序研究 [J]. 建筑技术开发，2019，46(23):138-139.

[28] 张会良. 高速铁路桥梁墩帽施工技术及质量控制 [J]. 住宅与房地产，2019(34):185.

[29] 孙桂森. 关于铁路桥梁施工技术与质量控制的研究分析 [J]. 价值工程，2019，38(32):76-77.

[30] 曹叡. 铁路桥梁连续梁挂篮施工质量控制探讨 [J]. 山东农业工程学院学报，2019，36(09):52-55.

[31] 姚建国. 铁路桥梁施工质量控制的要点探析 [J]. 绿色环保建材，2019(07):111-112.

[32] 王振. 铁路桥梁施工技术及质量控制 [J]. 门窗，2019(12):72+75.

[33] 冷志强. 高速铁路桥梁连续梁挂篮施工技术及质量控制 [J]. 绿色环保建材，2019(05):125+128.

[34] 沈景磊. 铁路桥梁施工技术与质量控制措施分析 [J]. 智能城市，2019，5(09):121-122.

[35] 刘畅. 铁路桥梁桩基施工的质量控制 [J]. 技术与市场，2018，25(12):66-68.

[36] 林鑫鑫. 铁路桥梁施工技术与质量控制研究分析 [J]. 工程技术研究，2018(15):119-120.

[37] 郭劲光. 铁路桥梁施工混凝土工艺的质量控制 [J]. 城市建设理论研究(电子版)，2018(34):120-121.

[38] 赫雨. 高速铁路桥梁施工技术与质量控制分析 [J]. 建筑技术开发，2018，45(20):99-100.

[39] 赵国龙. 铁路桥梁施工技术与质量控制的探讨 [J]. 民营科技，2018(10):121.

[40] 周宪礼.高速铁路桥梁施工技术与质量控制 [J].建筑技术开发，2018，45(19):52-53.

[41] 毕道树.铁路桥梁施工混凝土工艺质量控制技术 [J].上海铁道科技，2018(03):109-110.

[42] 贾俊.关于铁路桥梁施工技术与质量控制的研究 [J].建材与装饰，2018(37):268-269.

[43] 管彦文.关于铁路桥梁施工技术与质量控制的研究 [J].低碳世界，2018(05):249-250.

[44] 李航.高速铁路桥梁弹性体伸缩缝施工质量控制 [J].科技创新导报，2018，15(15):52-53+55.

[45] 孙振兴.铁路桥梁墩身施工技术及其质量控制 [J].建筑技术开发，2018，45(09):90-91.

[46] 李戈平.铁路桥梁施工管理中的安全与质量控制 [J].工程技术研究，2018(03):167-168.

[47] 林海涛.铁路桥梁混凝土施工质量控制要点分析 [J].中国建材，2018(03):106-108.

[48] 李雷.铁路桥梁施工技术与质量控制措施分析 [J].门窗，2017(06):104.

[49] 郑文江.铁路桥梁施工技术与质量控制措施分析 [J].建材与装饰，2017(21):242-243.

[50] 周鹏.铁路桥梁施工技术与质量控制研究 [J].科技视界，2017(13):184.

[51] 刘泰成.铁路桥梁施工混凝土工艺质量控制路径综述 [J].建材与装饰，2017(17):251-252.

[52] 胡文光.高速铁路桥梁施工技术及质量控制探讨 [J].中国标准化，2017(08):199.

[53] 刘振峰.铁路桥梁施工混凝土工艺的质量控制分析 [J].城市建设理论研究（电子版），2017(12):218-219.

[54] 曲衍宾.高速铁路桥梁施工技术措施与质量控制方法分析 [J].中国高新

技术企业，2017(08):252-253.

[55] 许会艳.浅析大体积混凝土在施工过程中的质量控制——基于铁路桥梁混凝土裂缝原因的分析 [J]. 低碳世界，2017(09):175-176.

[56] 刘艺.铁路桥梁施工技术与质量控制措施分析 [J]. 四川水泥，2017 (01):24.

[57] 郭军.高速铁路桥梁施工技术及质量控制方法分析 [J]. 中国标准化，2016(17):164-165.

[58] 高真，刘宇航.铁路桥梁施工混凝土工艺的质量控制 [J]. 江西建材，2016(23):151+155.

[59] 刘继伟.铁路桥梁施工混凝土工艺质量控制路径综述 [J]. 城市建设理论研究（电子版），2016(34):72-73.

[60] 张健.高速铁路桥梁施工技术与质量控制 [J]. 科技视界，2016(19):218.

[61] 李政发.铁路桥梁施工质量控制的要点探析 [J]. 江西建材，2016 (10):172+176.

[62] 李瑞龙.高速铁路桥梁施工技术与质量控制 [J]. 江西建材，2016(09):199.

[63] 赵阳.铁路桥梁施工技术与质量控制措施分析 [J]. 江西建材，2016 (08):146+150.

[64] 熊彬臣.分析铁路桥梁施工技术与质量控制 [J]. 低碳世界，2016 (07):181-182.

[65] 魏峰.铁路桥梁施工安全及质量控制措施 [J]. 江西建材，2016 (02):185+188.

[66] 万才松.关于铁路桥梁施工技术与质量控制的研究分析 [J]. 黑龙江科技信息，2016(03):177.

[67] 王晗.铁路桥梁施工安全及质量控制措施探讨 [J]. 城市地理，2015 (18):118.

[68] 郭勇生.高速铁路桥梁施工技术与质量控制 [J]. 中小企业管理与科技(下旬刊)，2015(04):194.

[69] 祁亚 . 浅谈铁路桥梁桩基施工质量控制 [J]. 四川水泥, 2015(04):184-185.

[70] 陈伟 . 铁路桥梁墩身施工技术与质量控制 [J]. 江西建材, 2015（ 07 ）:201+204.

[71] 张宾 . 铁路桥梁混凝土施工工艺质量控制措施 [J]. 江西建材, 2015（ 05 ）:156+159.

[72] 郭乐 . 高速铁路桥梁施工技术与质量控制 [J]. 中小企业管理与科技（下旬刊）, 2014(03):103-104.

[73] 韩春军 . 关于铁路桥梁施工技术与质量控制的研究分析 [J]. 科技传播, 2014，6(04):55-57.

[74] 孙焕重 . 铁路桥梁混凝土施工质量控制 [J]. 甘肃科技, 2013，29（ 23):141-142+118.

[75] 郭万辉，王海军，侯驰 . 重载铁路桥梁高墩施工质量控制 [J]. 铁道建筑技术, 2013(S2):44-48.

[76] 谢永清 . 高速铁路桥梁施工技术与质量控制 [J]. 中国建材科技, 2013，22(02):99-101.

[77] 陈彦 . 高速铁路桥梁聚脲防水层施工质量控制 [J]. 建筑技术, 2012，43（ 02):131-133.

[78] 张宏强 . 铁路桥梁工程墩台施工质量控制 [J]. 中小企业管理与科技（下旬刊）, 2011(07):187-188.

[79] 赵同生，陈康荣 . 高速铁路桥梁桥面二次防水层施工质量控制 [J]. 铁道建筑, 2011(06):37-40.

[80] 张钊 . 铁路桥梁施工混凝土工艺质量控制 [J]. 企业导报, 2010(02):291-292.